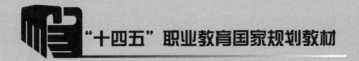

"十四五"职业教育国家规划教材

汽车
车身电气系统维修（第3版）

QICHE CHESHEN
DIANQI XITONG WEIXIU

程丽群　主编

西安交通大学出版社
XI'AN JIAOTONG UNIVERSITY PRESS

内 容 简 介

本书采用任务驱动的编写模式,对汽车车身电气系统进行了详细介绍,主要内容包括汽车空调系统常规检查、制冷剂不足故障诊断与排除、空调不制冷故障诊断与排除、自动空调温度调节异常故障诊断与排除、电动车窗工作异常故障诊断与排除、电动座椅工作异常故障诊断与排除、中控门锁及防盗系统工作异常故障诊断与排除、发动机防盗系统工作异常故障诊断与排除、汽车安全气囊故障指示灯常见故障诊断与排除。本书配套有《汽车车身电气系统维修学习工作单》。

本书可作为高职高专院校汽车类专业的教科书,也可供汽车检测、汽车维修技术人员学习参考。

图书在版编目(CIP)数据

汽车车身电气系统维修/程丽群主编. —3版. —西安:西安交通大学出版社,2018.7(2023.7重印)
ISBN 978-7-5693-0772-6

Ⅰ.①汽… Ⅱ.①程… Ⅲ.①汽车—车体—电气系统—车辆修理 Ⅳ.①U472.41

中国版本图书馆 CIP 数据核字(2018)第 162291 号

QICHE CHESHEN DIANQI XITONG WEIXIU(DI 3 BAN)

书　　名	汽车车身电气系统维修(第3版)
主　　编	程丽群
策 划 编 辑	张瑞娟　崔永政
责 任 编 辑	贺彦峰
责 任 校 对	韦鸽鸽
出 版 发 行	西安交通大学出版社 (西安市兴庆南路1号　邮政编码 710049)
网　　址	http://www.xjtupress.com
电　　话	(029)82668357　82667874(发行中心) (029)82668315(总编办)
传　　真	(029)82668280
印　　刷	陕西金德佳印务有限公司
开　　本	787mm×1092mm　1/16　印张 18.625　字数 507 千字
版次印次	2018年8月第3版　2023年7月第4次印刷
书　　号	ISBN 978-7-5693-0772-6
定　　价	59.00元

版权所有　侵权必究

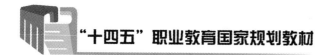

"十四五"职业教育国家规划教材

汽车车身电气系统维修
（第3版）

学习工作单

姓名：_____

班级：_____

学号：_____

西安交通大学出版社
XI'AN JIAOTONG UNIVERSITY PRESS

目 录

学习工作单 1 ……………………………………………………………… 1
学习工作单 2 ……………………………………………………………… 3
学习工作单 3 ……………………………………………………………… 5
学习工作单 4 ……………………………………………………………… 9
学习工作单 5 ……………………………………………………………… 12
学习工作单 6 ……………………………………………………………… 13
学习工作单 7 ……………………………………………………………… 16
学习工作单 8 ……………………………………………………………… 18
学习工作单 9 ……………………………………………………………… 20
学习工作单 10 …………………………………………………………… 25
学习工作单 11 …………………………………………………………… 33
学习工作单 12 …………………………………………………………… 41
学习工作单 13 …………………………………………………………… 44
学习工作单 14 …………………………………………………………… 46
学习工作单 15 …………………………………………………………… 47
学习工作单 16 …………………………………………………………… 50
学习工作单 17 …………………………………………………………… 52
学习工作单 18 …………………………………………………………… 53

学习工作单 1

课程：_____ 姓名：_____ 班级：_____ 日期：_____

项目一：<u>汽车空调系统常规检查</u>　　　　车　型：_____
任务一：<u>汽车空调系统认识</u>　　　　　　总成型号：_____

1. 图 1-1 为某车型空调系统调节风门的位置，请将各元件名称填写在横线上并回答问题。

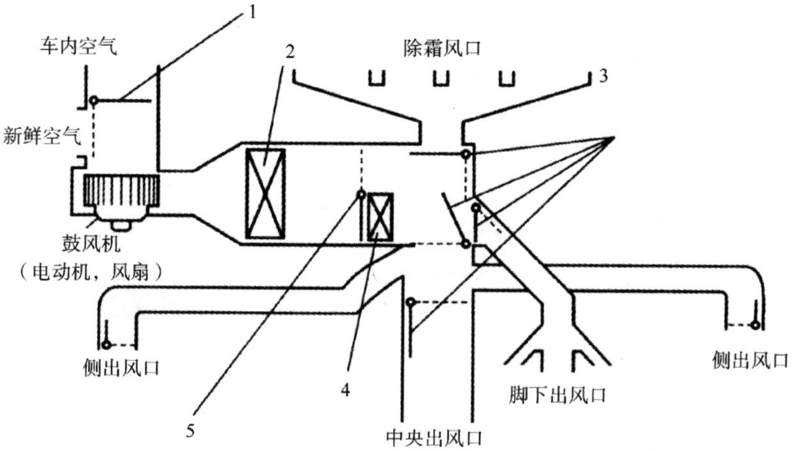

图 1-1 丰田花冠轿车配气系统

1：_____　2：_____　3：_____
4：_____　5：_____

从图中可以看出，该车型空调系统是通过改变_____来达到调节温度的目的。

2. 某客户向你咨询如何使用汽车空调，请根据你对空调系统的认识，编制汽车空调的操作方案（表 1-1）。

表 1-1　空调面板操作方案

	A/C 开关	鼓风机转速	进气模式	温度设置	出风模式
最大制冷					
一般制冷					
快速取暖					
舒适取暖					
冬季除霜					
夏季除雾					

3. 讨论：运用辩证思维分析内外循环使用场合？

4. 图1-2为某车型空调系统控制面板、空气通道以及风门分布图，请在车上找出图示各元件，将各元件名称填写在横线上并回答问题。

1：_____　　2：_____　　3：_____　　4：_____
5：_____　　6：_____　　7：_____　　8：_____
9：_____　　10：_____　　11：_____　　12：_____
13：_____　　14：_____　　15：_____　　16：_____
17：_____
A/B：_____　　C：_____　　D：_____　　E：_____

从图中可以看出，该车型空调系统是通过改变_____来达到调节温度的目的。

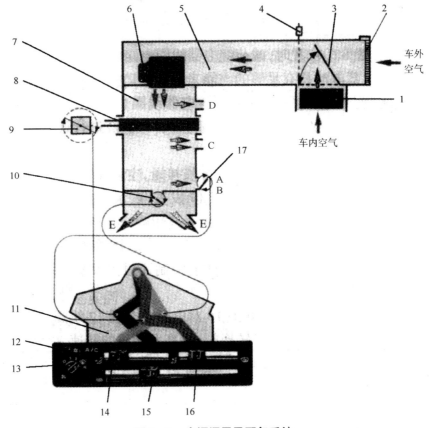

图1-2　空调通风及配气系统

学习工作单 2

课程：_____ 姓名：_____ 班级：_____ 日期：_____

项目一：<u>汽车空调系统检查</u>　　车　　型：_____
任务二：<u>汽车空调系统常规检查</u>　　总成型号：_____

1. 根据小组所分配的车辆（台架），完成汽车空调仪表盘下的检查，完成表 2-1（在"正常"或"异常"中打上"√"）。

表 2-1　仪表盘下的检查

功能	正常	异常
制冷		
取暖		
温度调节		
出风模式切换		
鼓风机调速		
操纵机构的灵活性		
蒸发器滤网堵塞情况		

2. 根据小组所分配的车辆（台架），完成汽车空调发动机罩下的检查，完成表 2-2（在"正常"或"异常"中打上"√"）。

表 2-2　发动机罩下的检查

功能	正常	异常
皮带松紧度		
内外循环切换		
压缩机工作情况		
冷凝器风扇工作情况		
蓄电池电压		
制冷剂数量		
加热器芯软管		
制冷剂管路和软管		
线束连接情况		

3. 根据你从视液镜中看到的情景（在图 2-1 所示中对应图像上打"√"），描述制冷剂量情况。

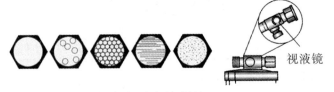

图 2-1 视液镜迹象
（a）制冷剂情况图；（b）视液镜位置图。

(1) 清晰：_____ (2) 气泡：_____
(3) 泡沫：_____ (4) 机油条纹：_____
(5) 污蚀：_____

4. 考核评价表。

姓名		班级		学号		
时间		地点		团队号		
序	观察点	评分标准		分值	得分	备注
1	学习态度	学习态度是否主动、积极		5		
		是否守纪（不迟到、不早退、不高声说话、不串岗）				
2	学习能力	是否运用各种资料提取信息进行学习，获得新知识		3		
		掌握新知识的情况（能够完成教材上任务实施提出的问题）		3		
3	工作能力	是否按照学习任务要求，运用所学知识制定空调系统检查方案		5		
		在工作过程中，是否发现问题、分析问题和解决问题		2		
4	专业技术能力	实践技能掌握良好，能完成个人所负责的作业项目或独立完成整个作业项目		35		
		最终能在车上找出空调系统元部件，完成空调系统常规检查并做好记录		20		
		操作是否规范		5		
5	职业素养	是否认真对待他人意见，共同制定决策		2		
		是否融于团队之中，团队关系融洽		2		
		是否遇到问题商量解决，没有相互指责		2		
		是否做到 5S		2		
		是否具备安全防护与环保意识		2		
6	档案资料	学习工作单填写是否完整		10		
		资料归档是否完整（方案、教材上任务实施中的问题答案、学习工作单）		2		
		总分		100		

学习工作单 3

课程：_____ 姓名：_____ 班级：_____ 日期：_____

项目二：__制冷剂不足故障诊断与排除__	车　　型：_____
任务一、二：__制冷剂鉴别与压力测量__	总成型号：_____

1. 图 3-1 中制冷剂状态发生了变化，试在空框内填入吸热或者放热。

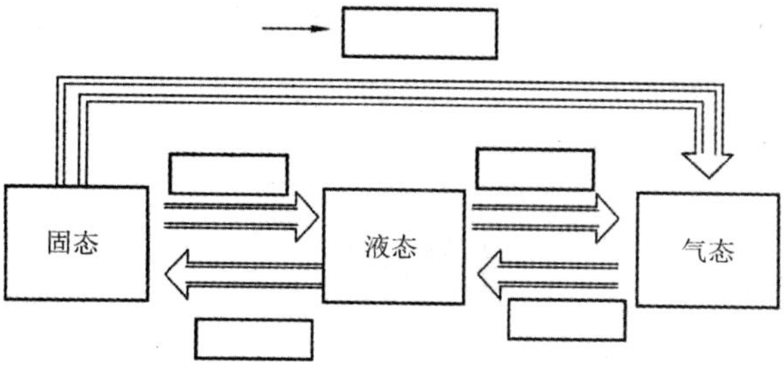

图 3-1　制冷剂状态变化图

2. 将图 3-2 中制冷循环工作过程中的制冷剂状态、温度及压力填写在横线上。

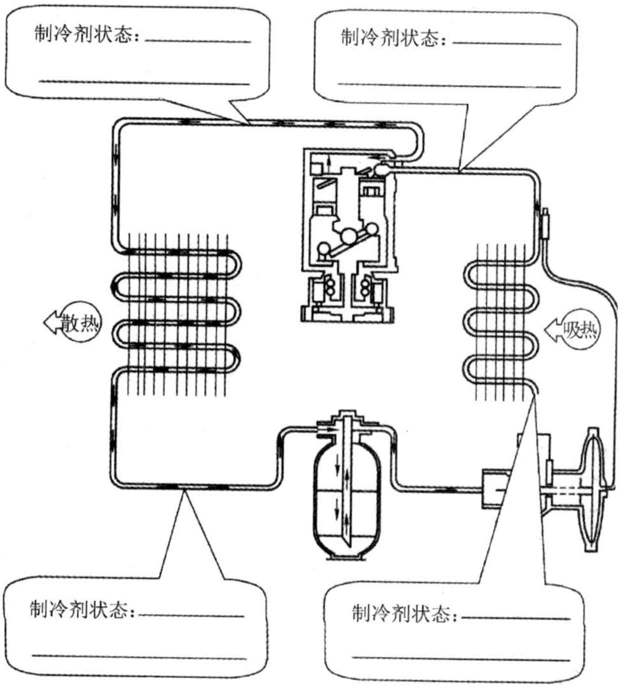

制冷剂状态：_____

制冷剂状态：_____

制冷剂状态：_____

制冷剂状态：_____

图 3-2　制冷循环工作过程

3. 指出图 3-3 中制冷循环各元件的名称,并将其填在方框内。

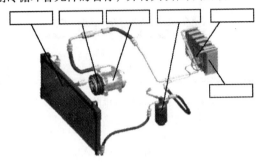

图 3-3 制冷循环组成图

4. 写出图 3-4 中各元件的名称。

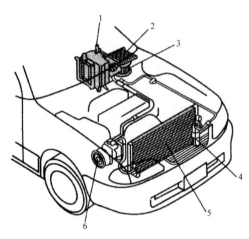

图 3-4 制冷循环元件

1：_____　　2：_____　　3：_____

4：_____　　5：_____　　6：_____

5. 说出在对汽车空调进行测试操作应注意的安全事项。

_____

_____

_____

6. 试分析 CCTXV 系统与 CCOT 系统的区别,说出你所观察到的制冷循环的类型。

_____

_____

_____

7. 如何区分压缩机的进口和出口？
   _____
   _____
   _____

8. 如何区分冷凝器的进口和出口，如果接反会有什么后果？
   _____
   _____
   _____

9. 制冷系统的各元件为何不能全部用刚性金属材料连接？
   _____

10. 将制冷剂的鉴别结果填在表 3–1 内。

表 3–1　制冷剂鉴别结果

项目	检测数据	结果分析
R134a		
R12		
R22		
HC		
AIR		

11. 指出图 3–5 所示歧管压力表各部件的名称。

1：_____　　2：_____　　3：_____
4：_____　　5：_____　　6：_____
7：_____　　8：_____

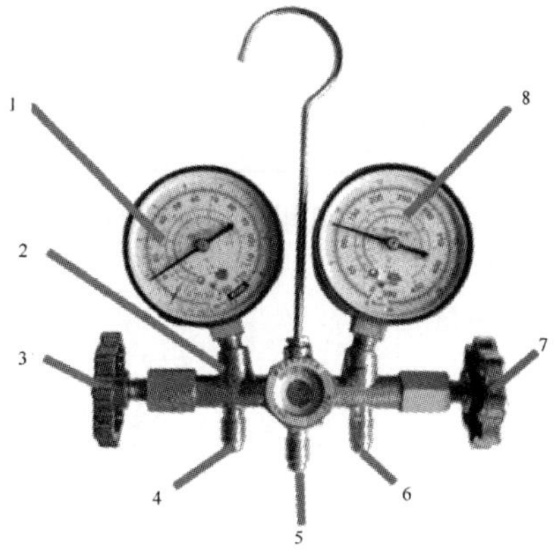

图 3–5　歧管压力表

12. 根据歧管压力表的不同应用,填写表 3-2。

表 3-2 歧管压力表的应用

应用	高压手动阀	低压手动阀	红色软管	蓝色软管	黄色软管
测量压力					
回收					
抽真空					
加压缩机油					
初充制冷剂					
补充制冷剂					

13. 简述压力的操作步骤,并将你所测得的高、低压侧压力记录下来。

(1) 请写出测试压力的条件。

①外界环境温度:_____

②发动机转速:_____

③空调系统工作条件:_____

④高、低压手动阀状态:_____

(2) 将所测得的压力值记录在表 3-3 中。

表 3-3 制冷系统压力值

	低压侧/bar	高压侧/bar
静态压力		
动态压力		

(3) 根据所测量的压力分析你所维修的车辆制冷循环的故障原因,并编制制冷循环维修工艺路线。

①故障原因:_____

②制冷循环故障维修工艺路线:
_____
_____

14. 讨论:从制冷剂选用看中国应对全球气候变化体现的绿色发展理念和大国担当。

学习工作单 4

课程：_____ 姓名：_____ 班级：_____ 日期：_____

项目二： 制冷剂不足故障诊断与排除	车　　型：_____
任务三、四、五、六： 制冷系统检漏、制冷剂回收、充注及性能测试	总成型号：_____

1. 写出你所使用的检漏方法、检漏步骤和检漏结果。
   （1）检漏方法：_____
   （2）检漏部位：_____
   _____
   （3）检漏结果：_____

2. 按照 JT/T 2010－774《汽车空调制冷剂回收、净化、加注工艺规范》执行制冷剂回收充注作业，确保维修质量，并将数据记录在表 4－1 中。

表 4－1　制冷剂回收、充注记录表

管路连接情况	压力/bar		管路连接结果	
	低压侧压力			
	高压侧压力			
制冷剂回收	名称		数值	回收量
	制冷剂	回收前罐重/kg		
		回收后罐重/kg		
	冷冻机油	回收前的液面/mL		
		回收后的液面/mL		
制冷剂净化	净化情况			
初抽真空	抽真空时间设定			
	压力/bar		分析	
	保压前压力			
	保压后压力			
注油	冷冻机油		加注量	
	注油前液面/mL			
	注油后液面/mL			
抽真空	抽真空时间			
	压力/bar			
定量加注制冷剂	制冷剂		加注量	
	加注前罐重/kg			
	加注后罐重/kg			
管路回收	清洗管路时间			
	完成情况			

3. 简述用歧管压力表、真空泵对制冷系统抽真空。

_____

_____

_____

_____

4. 简述用歧管压力表对制冷系统充注制冷剂的注意事项。

（1）从高压侧充注：

_____

_____

（2）从低压侧充注：

_____

_____

5. 将空调性能测试数据记录在表 4-2 内，并进行分析。

表 4-2　空调系统性能测试记录表

	参数		数值	结果分析
空调性能测试	压力	吸气口压力/bar		
		排气口压力/bar		
	温度	环境温度/℃		
		出风温度/℃		
	相对湿度	环境湿度/%		
		车内湿度/%		
备注：在图 4-1、图 4-2 中进行标定并判断空调性能				

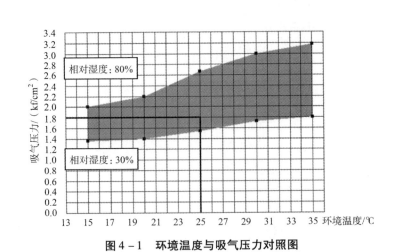

图 4-1　环境温度与吸气压力对照图

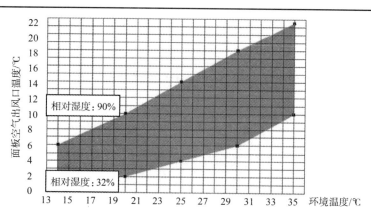

图4-2 环境温度与面板空气出风口温度对照图

6. 考核评价表。

姓名			班级		学号		
时间			地点		团队号		
序号	观察点	评分标准		分值	得分		备注
1	学习态度	学习态度是否主动、积极		5			
		是否守纪（不迟到、不早退、不高声说话、不串岗）					
2	学习能力	是否运用各种资料提取信息进行学习，获得新知识		3			
		掌握新知识的情况（能够完成教材上任务实施提出的问题）		3			
3	工作能力	是否按照学习任务要求，运用所学知识制定制冷剂不足故障诊断与排除方案		5			
		在工作过程中，是否发现问题、分析问题和解决问题		2			
4	专业技术能力	实践技能掌握良好，能完成个人所负责的作业项目或独立完成整个作业项目		35			
		最终能在车上找出制冷循环元部件、完成制冷剂压力测量、制冷系统泄漏检查、制冷剂回收充注作业		20			
		操作是否规范		5			
5	职业素养	是否认真对待他人意见，共同制定决策		2			
		是否融于团队之中，团队关系融洽		2			
		是否遇到问题商量解决，没有相互指责		2			
		是否做到5S		2			
		是否具备安全防护与环保意识		2			
6	档案资料	学习工作单填写是否完整		10			
		资料归档是否完整（方案、教材上任务实施中的问题答案、学习工作单）		2			
		总分					

学习工作单 5

课程：_____ 姓名：_____ 班级：_____ 日期：_____

	项目三：空调不制冷故障诊断与排除	车　　型：_____
	任务一：手动空调电路识读	总成型号：_____

1. 根据空调系统电路图，试分析：

（1）鼓风机电路。

①鼓风机继电器工作条件：
_____

②鼓风机继电器工作电路：
_____

③鼓风机控制模块各端子测量：

测试端子	测试条件	实测数值	标准值	结果判定
6#				
5#				
2#				
1#				
3#				

根据测量，可以得出，鼓风机挡位越高，鼓风机调速模块信号线占空比占空比越_____（大/小），鼓风机调速模块对电机输出端电压差越_____（大/小）。

（2）压缩机控制电路。

①压缩机电磁离合器开启条件：

A/C：_____　　鼓风机开关：_____

②压缩机切断条件：

蒸发器温度：_____；环境温度：_____

空调压力：_____；发动机工况：_____

③经测量，压缩机电磁离合器电阻为_____。

④控制压缩机电磁离合器和电磁阀的是_____（PCM/FCIM）。

2. 讨论：当保险丝熔断时，从标本兼治的角度，必须检测什么项目？

学习工作单 6

课程：_____ 姓名：_____ 班级：_____ 日期：_____

	项目三：__空调不制冷故障诊断与排除__	车　　型：_____
	任务二：__手动空调电路故障诊断与排除__	总成型号：_____

1. 确认故障现象。

描述故障现象	

2. 分析可能原因。

绘制电路简图	
分析故障范围	

3. 检测过程。
（1）步骤1。

数据测量	测量对象	
	测量条件	
	实测数值	
	正常数值	
	结果判定	
结果分析		

(2) 步骤2。

数据测量	测量对象	
	测量条件	
	实测数值	
	正常数值	
	结果判定	
结果分析		

(3) 步骤3。

数据测量	测量对象	
	测量条件	
	实测数值	
	正常数值	
	结果判定	
结果分析		

(4) 步骤4。

数据测量	测量对象	
	测量条件	
	实测数值	
	正常数值	
	结果判定	
结果分析		

(5) 步骤5。

数据测量	测量对象	
	测量条件	
	实测数值	
	正常数值	
	结果判定	
结果分析		

(6) 步骤6。

数据测量	测量对象	
	测量条件	
	实测数值	
	正常数值	
	结果判定	
结果分析		

4. 确诊故障部位。

故障部位	线路故障 （线路区间）	故障点1： □ 短路　　□ 断路　　□ 虚接
		故障点2： □ 短路　　□ 断路　　□ 虚接
	器件故障 （器件名称）	故障点1： □ 机械故障　　□ 电气故障
		故障点2： □ 机械故障　　□ 电气故障
故障机理		

5. 考核评价表。

姓名		班级		学号	
时间		地点		团队号	

序号	观察点	评分标准	分值	得分	备注
1	学习态度	学习态度是否主动、积极	5		
		是否守纪（不迟到、不早退、不高声说话、不串岗）			
2	学习能力	是否运用各种资料提取信息进行学习，获得新知识	3		
		掌握新知识的情况（能够完成教材上任务实施中提出的问题）	3		
3	工作能力	是否按照学习任务要求，运用所学知识识读与分析新蒙迪欧轿车空调系统电路	5		
		在工作过程中，是否发现问题、分析问题和解决问题	2		
4	专业技术能力	实践技能掌握良好，能完成个人所负责的作业项目或独立完成整个作业项目	35		
		最终能识读新蒙迪欧轿车空调系统电路并诊断与排除其空调电路系统故障	20		
		操作是否规范	5		
5	职业素养	是否认真对待他人意见，共同制定决策	2		
		是否融于团队之中，团队关系融洽	2		
		是否遇到问题商量解决，没有相互指责	2		
		是否做到5S	2		
		是否具备安全防护与环保意识	2		
6	档案资料	学习工作单填写是否完整	10		
		资料归档是否完整（方案、教材上任务实施中的问题答案、学习工作单）	2		
	总分		100		

学习工作单 7

课程：_____ 姓名：_____ 班级：_____ 日期：_____

	项目四：__自动空调温度调节异常故障诊断与排除__ 任务一：__自动空调系统认识__	车　　型：_____ 总成型号：_____

1. 试写出图 7-1 所示丰田花冠轿车自动空调系统各部件的名称。

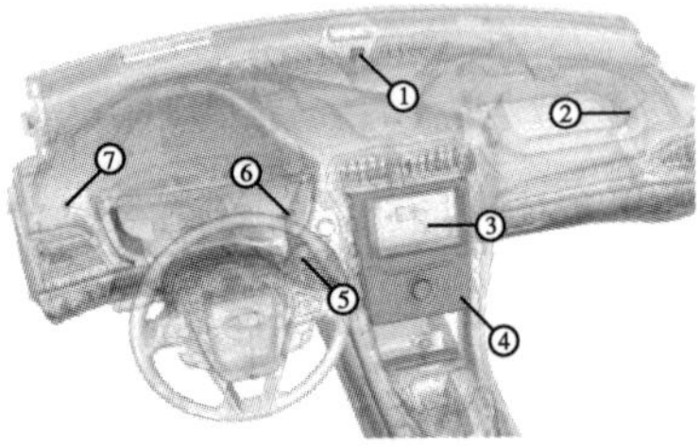

(a)

1：_____
2：_____
3：_____
4：_____
5：_____
6：_____
7：_____

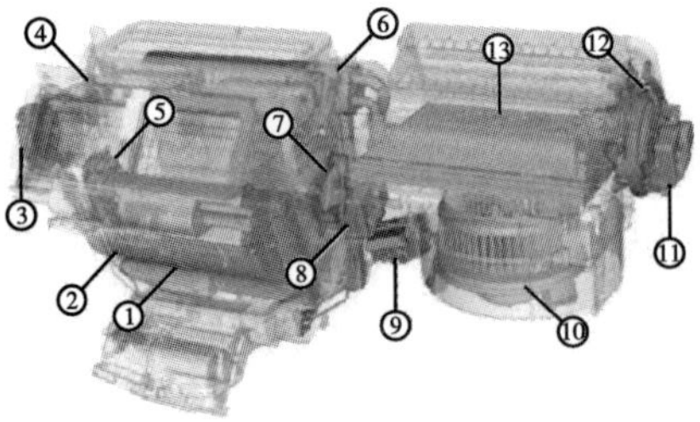

(b)

1：_____
2：_____
3：_____
4：_____
5：_____
6：_____
7：_____
8：_____
9：_____
10：_____
11：_____
12：_____
13：_____

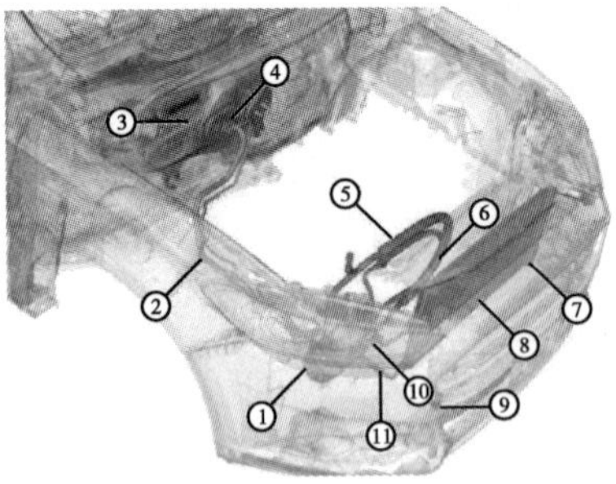

(c)

1：_____
2：_____
3：_____
4：_____
5：_____
6：_____
7：_____
8：_____
9：_____
10：_____
11：_____

图 7-1　新蒙迪欧轿车自动空调系统组成

2. 请将车内温度传感器、车外温度传感器、蒸发器表面温度传感器、日光传感器、水温传感器在自动空调中的作用以及安装位置填写在表 7-1 内。

表 7-1　各传感器的作用及安装位置

	作用	安装位置
车内温度传感器		
车外温度传感器		
日光传感器		
蒸发器表面温度传感器		
水温传感器		

3. 讨论：当发现压缩机调节阀密封圈损坏时，本着节约原则时，应采取何种维修方案？

学习工作单 8

课程：_____ 姓名：_____ 班级：_____ 日期：_____

项目四：	自动空调温度调节异常故障诊断与排除	车　　型：_____
任务二：	自动空调系统自诊断与检修	总成型号：_____

1. 连接故障诊断仪，进入空调控制单元，读取故障码，并记录在表 8-1 中。

表 8-1　读取故障码

故障码	含义

故障原因为：_____

2. 连接诊断仪，读取相应的数据流填写在表 8-2 中。

表 8-2　读取数据流

信号名称	未操作 A/C 按钮参数值	操作 A/C 按钮参数值
A/C 按钮		
蒸发箱温度		
空调压力		
车内温度		
车外温度		
发动机温度		

3. 温度风门执行器检测。

(1) 查阅电路图（图 5-2），确认温度风门执行器的针脚号功用，并填写在表 8-3 中。

表 8-3 温度风门执行器针脚号功用

针脚号	功用
1	
2	
3	
4	
5	

(2) 测量温度风门执行器电机阻值为_____，____（是/否）正常。
(3) 测量温度风门执行器电位计阻值为_____，____（是/否）正常。

4. 考核评价表。

姓名		班级		学号		
时间		地点		团队号		
序号	观察点	评分标准	分值	得分	备注	
1	学习态度	学习态度是否主动、积极	5			
		是否守纪（不迟到、不早退、不高声说话、不串岗）				
2	学习能力	是否运用各种资料提取信息进行学习，获得新知识	3			
		掌握新知识的情况（能够完成教材上任务实施中提出的问题）	3			
3	工作能力	是否按照学习任务要求，运用所学知识分析自动空调系统传感器及执行器检测方法	5			
		在工作过程中，是否发现问题、分析问题和解决问题	2			
4	专业技术能力	实践技能掌握良好，能完成个人所负责的作业项目或独立完成整个作业项目	35			
		最终能在车上找出自动空调系统各元部件、完成自动空调系统自诊断与执行器测试	20			
		操作是否规范	5			
5	职业素养	是否认真对待他人意见，共同制定决策	2			
		是否融于团队之中，团队关系融洽	2			
		是否遇到问题商量解决，没有相互指责	2			
		是否做到5S	2			
		是否具备安全防护与环保意识	2			
6	档案资料	学习工作单填写是否完整	10			
		资料归档是否完整（方案、教材上任务实施中的问题答案、学习工作单）	2			
	总分		100			

学习工作单 9

课程：_____ 姓名：_____ 班级：_____ 日期：_____

	项目五：电动车窗工作异常故障诊断与排除 任务一： 左前电动车窗无法升降故障诊断与排除	车　　型：_____ 总成型号：_____

1. 写出实训车辆参与左前车窗控制的各控制单元名称及代号填写在表 9-1 中。

表 9-1　车窗控制单元名称及代号

序号	控制单元代号	控制单元名称

2. 用最少的线束完成左前车窗布线，并填写以下表格。

序号	功能	导线过程记录				
		器件名称及线脚号	图号		器件名称及线脚号	图号
1				→		
2				→		
3				→		
4				→		
5				→		
6				→		
7				→		
8				→		
9				→		
10				→		
11				→		
12				→		
13				→		
14				→		
15				→		
16				→		
17				→		
18				→		
19				→		
20				→		

3. 将你排除故障的过程及检测结果填写在下表内。

准确描述故障现象，并列举故障原因
故障现象描述：   ....
原理图，电路图来源（　　　）。
初步分析测试结果，不用者不填。   ....
故障可能范围，分析到第一层即可，不用者不填：   ....

(　　) 基于以上诊断结论，实施下一层诊断，确定故障范围。				
测试对象				
测试条件			使用设备	
电路参数测试结果，不用者不填				
测试参数				
标准描述				
测试结果				
是否正常				
波形测试结果，不用者不填。				
波形名称	标准波形（注意单位）		实测波形（请圈出异常位置）	
分析测试结果，必要时简单修复，并做进一步诊断（或验证），不用者不填。				

_____

_____

_____

_____

诊断结论：引起故障的可能原因，不用者不填。	
（1）	原理图，来源（　　　　）

( ) 基于以上诊断结论，实施下一层诊断，确定故障范围。			
测试对象			
测试条件		使用设备	
电路参数测试结果，不用者不填			
测试参数			
标准描述			
测试结果			
是否正常			
波形测试结果，不用者不填。			
波形名称	标准波形（注意单位）		实测波形（请圈出异常位置）

分析测试结果，必要时简单修复，并做进一步诊断（或验证），不用者不填。

诊断结论：引起故障的可能原因，不用者不填。

（1）	原理图，来源（　　　　）

(　　)最终诊断结论，引起故障的可能原因：

分析故障机理，提出维修建议

----

4. 讨论：当左前车窗不能升降时，如何运用科学思维快速锁定故障范围？

学习工作单 10

课程：_____ 姓名：_____ 班级：_____ 日期：_____

	项目五：电动车窗工作异常故障诊断与排除 任务二： 左后电动车窗无法升降故障诊断与排除			车　型：_____ 总成型号：_____		

1. 用最少的线束完成左后车窗布线，并填写以下表格。

序号	功能	导线过程记录				
		器件名称及线脚号	图号		器件名称及线脚号	图号
1				→		
2				→		
3				→		
4				→		
5				→		
6				→		
7				→		
8				→		
9				→		
10				→		
11				→		
12				→		
13				→		
14				→		
15				→		
16				→		
17				→		
18				→		
19				→		
20				→		
21				→		
22				→		

2. 将你排除故障的过程及检测结果填写在下表内。

准确描述故障现象,并列举故障原因
故障现象描述: .... 原理图,电路图来源（　　　）。   初步分析测试结果,不用者不填。 .... 故障可能范围,分析到第一层即可,不用者不填: ....

( ) 基于以上诊断结论，实施下一层诊断，确定故障范围。			
测试对象			
测试条件		使用设备	
电路电压测试结果，不用者不填			
测试参数			
标准描述			
测试结果			
是否正常			
波形测试结果，不用者不填。			
波形名称	标准波形（注意单位）		实测波形（请圈出异常位置）

分析测试结果，必要时简单修复，并做进一步诊断（或验证），不用者不填。

诊断结论：引起故障的可能原因，不用者不填。

(1)	原理图，来源（　　　）

( ) 基于以上诊断结论，实施下一层诊断，确定故障范围。			
测试对象			
测试条件		使用设备	
电路电压测试结果，不用者不填			
测试参数			
标准描述			
测试结果			
是否正常			
波形测试结果，不用者不填。			
波形名称	标准波形（注意单位）		实测波形（请圈出异常位置）

分析测试结果，必要时简单修复，并做进一步诊断（或验证），不用者不填。

诊断结论：引起故障的可能原因，不用者不填。

（1）	原理图，来源（　　　）

( ) 基于以上诊断结论，实施下一层诊断，确定故障范围。				
测试对象				
测试条件			使用设备	
电路电压测试结果，不用者不填				
测试参数				
标准描述				
测试结果				
是否正常				
波形测试结果，不用者不填。				
波形名称	标准波形（注意单位）		实测波形（请圈出异常位置）	

分析测试结果，必要时简单修复，并做进一步诊断（或验证），不用者不填。

诊断结论：引起故障的可能原因，不用者不填。

（1）	原理图，来源（　　　）

( ) 基于以上诊断结论，实施下一层诊断，确定故障范围。				
测试对象				
测试条件			使用设备	
电路电压测试结果，不用者不填				
测试参数				
标准描述				
测试结果				
是否正常				
波形测试结果，不用者不填。				
波形名称	标准波形（注意单位）		实测波形（请圈出异常位置）	

分析测试结果，必要时简单修复，并做进一步诊断（或验证），不用者不填。

_____

_____

_____

_____

诊断结论：引起故障的可能原因，不用者不填。

(1)	原理图，来源（ ）

(） 基于以上诊断结论，实施下一层诊断，确定故障范围。			
测试对象			
测试条件		使用设备	
电路电压测试结果，不用者不填			
测试参数			
标准描述			
测试结果			
是否正常			
波形测试结果，不用者不填。			
波形名称	标准波形（注意单位）		实测波形（请圈出异常位置）

分析测试结果，必要时简单修复，并做进一步诊断（或验证），不用者不填。

诊断结论：引起故障的可能原因，不用者不填。

（1）	原理图，来源（ ）

（　　）最终诊断结论，引起故障的可能原因：

::

::

::

::

分析故障机理，提出维修建议

::

::

::

学习工作单 11

课程：_____ 姓名：_____ 班级：_____ 日期：_____

	项目五：电动车窗工作异常故障诊断与排除 任务三：__右前电动车窗无法升降故障诊断与排除__	车　　型：_____ 总成型号：_____

1. 在实训车型上，火开关 15 电信号传递给右后车窗控制单元路径为：
点火开关→_____（控制单元）→_____（控制单元）→_____总线→_____（控制单元）→_____总线→_____（控制单元）。

2. 窗锁止开关 E318 在主开关控制车窗升降时，_____（是/否）起作用，在右前分开关 E107 控制右前车窗升降时，_____（是/否）起作用，左后分开关 E52 控制左后车窗升降时，_____（是/否）起作用，右后分开关 E54 控制右后车窗升降器时，_____（是/否）起作用。

3. 用最少的线束完成左后车窗布线，并填写以下表格。

序号	功能	导线过程记录				
		器件名称及线脚号	图号		器件名称及线脚号	图号
1				→		
2				→		
3				→		
4				→		
5				→		
6				→		
7				→		
8				→		
9				→		
10				→		
11				→		
12				→		
13				→		
14				→		
15				→		
16				→		
17				→		
18				→		
19				→		
20				→		
21				→		
22				→		

4. 将你排除故障的过程及检测结果填写在下表内。

准确描述故障现象,并列举故障原因
故障现象描述: ....
原理图,电路图来源(　　　　)。
初步分析测试结果,不用者不填。 ....
故障可能范围,分析到第一层即可,不用者不填: ....

( ) 基于以上诊断结论，实施下一层诊断，确定故障范围。			
测试对象			
测试条件		使用设备	
电路参数测试结果，不用者不填			
测试参数			
标准描述			
测试结果			
是否正常			
波形测试结果，不用者不填。			
波形名称	标准波形（注意单位）		实测波形（请圈出异常位置）

分析测试结果，必要时简单修复，并做进一步诊断（或验证），不用者不填。

诊断结论：引起故障的可能原因，不用者不填。

（1）	原理图，来源（ ）

( ) 基于以上诊断结论，实施下一层诊断，确定故障范围。			
测试对象			
测试条件		使用设备	
电路参数测试结果，不用者不填			
测试参数			
标准描述			
测试结果			
是否正常			
波形测试结果，不用者不填。			
波形名称	标准波形（注意单位）		实测波形（请圈出异常位置）
分析测试结果，必要时简单修复，并做进一步诊断（或验证），不用者不填。			
诊断结论：引起故障的可能原因，不用者不填。			
(1)		原理图，来源（ ）	

(　　) 基于以上诊断结论，实施下一层诊断，确定故障范围。				
测试对象				
测试条件			使用设备	
电路参数测试结果，不用者不填				
测试参数				
标准描述				
测试结果				
是否正常				
波形测试结果，不用者不填。				
波形名称	标准波形（注意单位）		实测波形（请圈出异常位置）	

分析测试结果，必要时简单修复，并做进一步诊断（或验证），不用者不填。

诊断结论：引起故障的可能原因，不用者不填。

（1）	原理图，来源（　　　　）

（　　）基于以上诊断结论，实施下一层诊断，确定故障范围。			
测试对象			
测试条件		使用设备	
电路参数测试结果，不用者不填			
测试参数			
标准描述			
测试结果			
是否正常			
波形测试结果，不用者不填。			
波形名称	标准波形（注意单位）		实测波形（请圈出异常位置）

分析测试结果，必要时简单修复，并做进一步诊断（或验证），不用者不填。

诊断结论：引起故障的可能原因，不用者不填。

（1）	原理图，来源（　　　　）

（　　）最终诊断结论，引起故障的可能原因：

分析故障机理，提出维修建议

---

4. 讨论：当右前车窗不能升降时，如何运用科学思维快速锁定故障范围？

5. 考核评价表

姓名			班级		学号	
时间			地点		团队号	
序号	观察点		评分标准	分值	得分	备注
1	学习态度		学习态度是否主动、积极	5		
			是否守纪（不迟到、不早退、不高声说话、不串岗）			
2	学习能力		是否运用各种资料提取信息进行学习，获得新知识	3		
			掌握新知识的情况（能够完成教材上任务实施中提出的问题）	3		
3	工作能力		是否按照学习任务要求，运用所学知识分析电动车窗系统原理及检测方法	5		
			在工作过程中，是否发现问题、分析问题和解决问题	2		
4	专业技术能力		实践技能掌握良好，能完成个人所负责的作业项目或独立完成整个作业项目	35		
			最终能在车上找出电动车窗各元部件、完成电动车窗故障诊断与排除方法	20		
			操作是否规范	5		
5	职业素养		是否认真对待他人意见，共同制定决策	2		
			是否融于团队之中，团队关系融洽	2		
			是否遇到问题商量解决，没有相互指责	2		
			是否做到5S	2		
			是否具备安全防护与环保意识	2		
6	档案资料		学习工作单填写是否完整	10		
			资料归档是否完整（方案、教材上任务实施中的问题答案、学习工作单）	2		
总分				100		

学习工作单 12

课程：_____ 姓名：_____ 班级：_____ 日期：_____

项目六：电动座椅工作异常故障诊断与排除	车　型：_____
任务一、二：__电动座椅无法前后移动、自动座椅无记忆功能故障诊断与排除__	总成型号：_____

1. 写出图 12-1 中自动座椅各组成部件的名称。

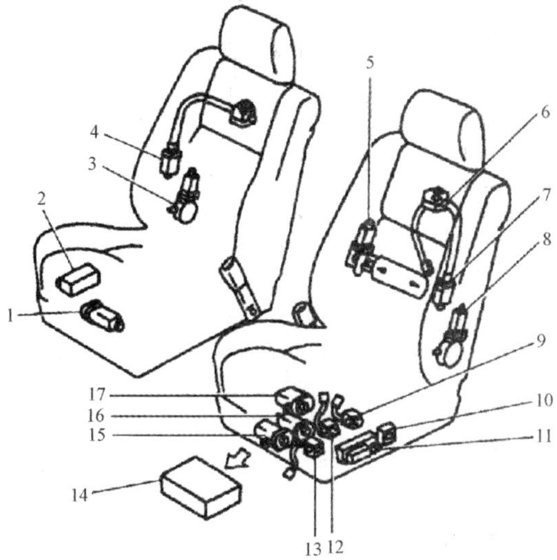

图 12-1　自动座椅组成

1：_____　　2：_____　　3：_____
4：_____　　5：_____　　6：_____
7：_____　　8：_____　　9：_____
10：_____　11：_____　12：_____
13：_____　14：_____　15：_____
16：_____　17：_____

2. 查阅资料，举出一种车型自动座椅的设定方法。

3. 将你排除故障的过程及检测结果填在表12-1内。

表12-1 排除故障的过程及检测结果

序号	项目	作业记录
1	车辆故障现象	
2	故障可能的原因	
3	以下填写电器元件、线路检查项目	以下填写电器元件、线路检查参数及阶段性结论
4	确认的故障点	
5	故障排除方法	
6	故障机理分析	

4. 讨论：随着汽车向"电动、智能、网联、共享"的新四化转型，智能座舱成为 汽车空间塑造的核心载体，而汽车座椅扮演着重要角色。国产汽车座椅有哪些自主创新技术呢？

5. 考核评价表。

姓名		班级		学号		
时间		地点		团队号		
序号	观察点	评分标准	分值	得分	备注	
1	学习态度	学习态度是否主动、积极	5			
		是否守纪（不迟到、不早退、不高声说话、不串岗）				
2	学习能力	是否运用各种资料提取信息进行学习，获得新知识	3			
		掌握新知识的情况（运用电动车窗电路原理分析电动座椅电路）	3			
3	工作能力	是否按照学习任务要求，运用所学知识识读电动座椅电路并编制故障诊断流程	5			
		在工作过程中，是否发现问题、分析问题和解决问题	2			
4	专业技术能力	实践技能掌握良好，能完成个人所负责的作业项目或独立完成整个作业项目	35			
		最终能诊断与排除电动座椅故障	20			
		操作是否规范	5			

5	职业素养	是否认真对待他人意见，共同制定决策	2	
		是否融于团队之中，团队关系融洽	2	
		是否遇到问题商量解决，没有相互指责	2	
		是否做到5S	2	
		是否具备安全防护与环保意识	2	
6	档案资料	学习工作单填写是否完整	10	
		资料归档是否完整（方案、教材上任务实施中的问题答案、学习工作单）	2	
		总分	100	

学习工作单 13

课程：_____ 姓名：_____ 班级：_____ 日期：_____

 项目七：中控门锁及防盗系统工作异常故障诊断与排除 任务一：某侧车门无法实现中控上锁故障诊断与排除	车　　型：_____ 总成型号：_____

1. 简述你所看到的中控门锁的功能。
　　_____
　　_____

2. 图 13-1 为福特蒙迪欧轿车中控门锁位置图，请写出图中各元件名称。

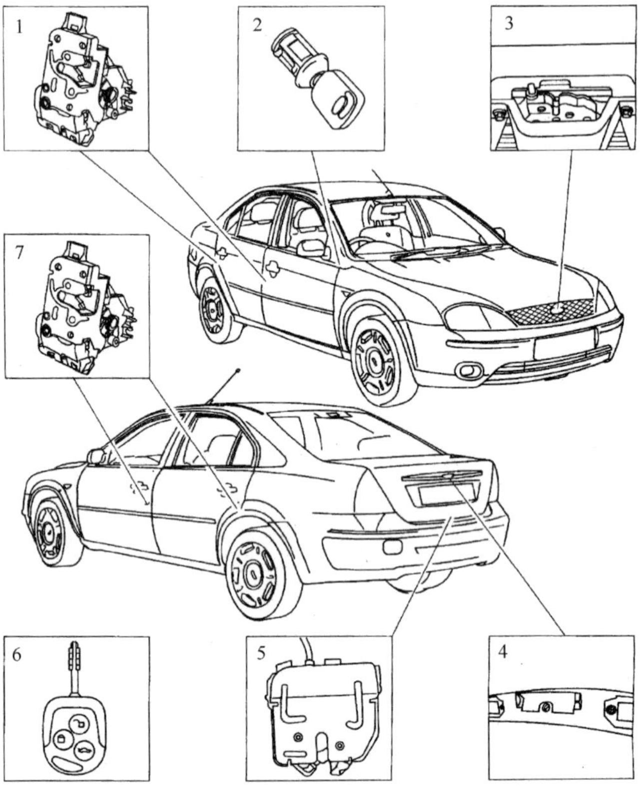

图 13-1　福特蒙迪欧轿车中控门锁位置图

1：_____　　2：_____　　3：_____
4：_____　　5：_____　　6：_____
7：_____

3. 查阅车型资料，列举两种不同机械开锁与上锁方法。

4. 将你排除故障的过程及检测结果填写在表 13-1 中。

表 13-1　故障排除过程及结果记录表

序号	项目	作业记录
1	车辆故障现象	
2	故障可能的原因	
3	以下填写电器元件、线路检查项目	以下填写电器元件、线路检查参数及阶段性结论
4	确认的故障点	
5	故障排除方法	
6	故障机理分析	

5. 讨论：双重锁、分段式开锁、无钥匙进入门锁、应急开锁等功能无不体现了"科技以人为本"的理念，用你的创新思维畅想未来门锁的发展趋势。

学习工作单 14

课程：_____ 姓名：_____ 班级：_____ 日期：_____

项目七：中控门锁及防盗系统工作异常故障诊断与排除	车　　型：_____
任务二：__中控门锁失效故障诊断与排除__	总成型号：_____

1. 你所测得遥控器电池电压为_____V，_____（是/否）正常。
2. 按照维修手册的标准操作流程对经典福克斯车型遥控器进行匹配，并回答以下问题：
   在匹配钥匙时，应在_____时间内反复开关点火开关_____次；而后_____（关闭/打开）点火开关；_____内按住遥控器的开锁（或闭锁）按钮；当出现_____情况时，说明遥控器匹配完成。
3. 将你排除故障的过程及检测结果填写在表14-1中。

表14-1　故障排除过程及结果记录表

序号	项目	作业记录
1	车辆故障现象	
2	故障可能的原因	
3	以下填写电器元件、线路检查项目	以下填写电器元件、线路检查参数及阶段性结论
4	确认的故障点	
5	故障排除方法	
6	故障机理分析	

学习工作单 15

课程：_____ 姓名：_____ 班级：_____ 日期：_____

| 项目七：中控门锁及防盗系统工作异常故障诊断与排除 | 车　　型：_____ |
| 任务三：防盗报警装置工作异常故障诊断与排除 | 总成型号：_____ |

1. 写出图 15-1 中车身防盗系统各元件的作用。

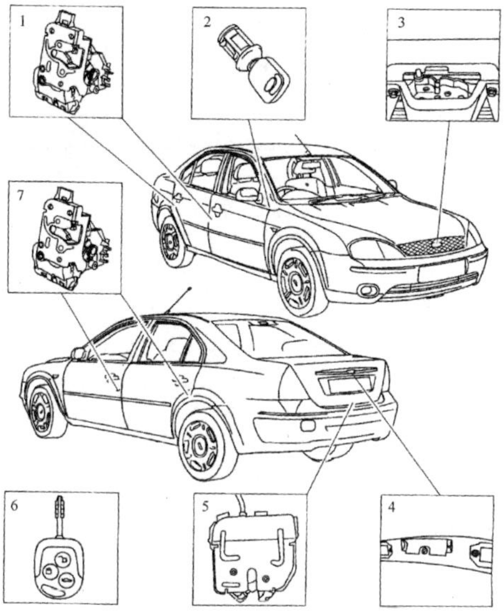

图 15-1　车身防盗系统组成

门控开关：_____　　门锁电机和位置开关：_____
发动机盖开关：_____　　行李厢门锁总成：_____
点火开关：_____　　钥匙未锁警告开关：_____
安全指示灯：_____
防盗 ECU：_____
车身 ECU：_____
报警喇叭：_____　　车辆危险报警灯：_____

2. 请解释图 15-2 中的各个名词。
（1）无备状态

（2）有备准备状态

（3）有备状态

（4）报警状态

(5) 条件 A
_____

(6) 条件 B
_____

(7) 条件 C
_____

(8) 条件 D
_____

(9) 条件 E
_____

(10) 条件 F
_____

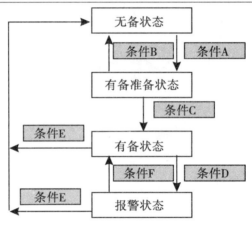

图 15-2　车身防盗系统状态及条件

3. 将你排除故障的过程及检测结果填写在表 15-1 中。

表 15-1　故障排除过程及结果记录表

序号	项目	作业记录
1	车辆故障现象	
2	故障可能的原因	
3	以下填写电器元件、线路检查项目	以下填写电器元件、线路检查参数及阶段性结论
4	确认的故障点	
5	故障排除方法	
6	故障机理分析	

4. 考核评价表。

姓名			班级		学号		
时间			地点		团队号		
序号	观察点		评分标准		分值	得分	备注
1	学习态度	学习态度是否主动、积极			5		
		是否守纪（不迟到、不早退、不高声说话、不串岗）					
2	学习能力	是否运用各种资料提取信息进行学习，获得新知识			3		
		掌握新知识的情况（能够完成教材上任务实施中提出的问题）			3		
3	工作能力	是否按照学习任务要求，运用所学知识分析典型车型中控门锁及车身防盗系统组成及工作原理			5		
		在工作过程中，是否发现问题、分析问题和解决问题			2		
4	专业技术能力	实践技能掌握良好，能完成个人所负责的作业项目或独立完成整个作业项目			35		
		最终能验证中控门锁功能、设定及解除车身防盗系统、能诊断及排除中控门锁及车身防盗系统常见故障			20		
		操作是否规范			5		
5	职业素养	是否认真对待他人意见，共同制定决策			2		
		是否融于团队之中，团队关系融洽			2		
		是否遇到问题商量解决，没有相互指责			2		
		是否做到5S			2		
		是否具备安全防护与环保意识			2		
6	档案资料	学习工作单填写是否完整			10		
		资料归档是否完整（方案、教材上任务实施中的问题答案、学习工作单）			2		
		总分			100		

学习工作单 16

课程：_____ 姓名：_____ 班级：_____ 日期：_____

 | 项目八：发动机防盗系统工作异常故障诊断与排除 | 车　型：_____
总成型号：_____

1. 实训车型应急启动的钥匙感应点在_____。
2. 用万用表分别测量 DLC 的 6 与 14 之间的电阻值、其分别对地电阻、对电源电阻并填写在表 16-1 中。

表 16-1

测量对象	测量结果/Ω	结果分析
6 与 14 之间		
6 与 16 之间		
6 与 4 之间		
14 与 16 之间		
14 与 4 之间		

3. 测量动力 CAN 电压。

测量对象	测量结果/V	结果分析
6 对地电压		
14 对地电压		
6 与 14 之间电压		

4. 测量动力 CAN 总线波形，并将其记录下来。

V　HS-CAN

2V/格
0V
　　　　　　T
时间是 _____

5. 测量 CAN 休眠波形，并将其记录下来。

V　HS-CAN

2V/格
0V
　　　　　　T
时间是 _____

6. 简述实训车型防盗系统匹配条件是什么？

7. 试讨论如果现在有一把钥匙丢失，对新钥匙进行编程，应如何进行操作。

8. 考核评价表。

姓名			班级		学号		
时间			地点		团队号		
序号	观察点	评分标准			分值	得分	备注
1	学习态度	学习态度是否主动、积极			5		
		是否守纪（不迟到、不早退、不高声说话、不串岗）					
2	学习能力	是否运用各种资料提取信息进行学习，获得新知识			3		
		掌握新知识的情况（能够完成教材上任务实施中提出的问题）			3		
3	工作能力	是否按照学习任务要求，运用所学知识分析发动机防盗系统故障诊断方法			5		
		在工作过程中，是否发现问题、分析问题和解决问题			2		
4	专业技术能力	实践技能掌握良好，能完成个人所负责的作业项目或独立完成整个作业项目			35		
		最终能在车上找出发动机防盗系统各元部件、完成钥匙匹配及偏程			20		
		操作是否规范			5		
5	职业素养	是否认真对待他人意见，共同制定决策			2		
		是否融于团队之中，团队关系融洽			2		
		是否遇到问题商量解决，没有相互指责			2		
		是否做到5S			2		
		是否具备安全防护与环保意识			2		
6	档案资料	学习工作单填写是否完整			10		
		资料归档是否完整（方案、教材上任务实施中的问题答案、学习工作单）			2		
		总分			100		

学习工作单 17

课程：_____ 姓名：_____ 班级：_____ 日期：_____

	项目七：<u>汽车安全气囊故障指示灯常见故障诊断与排除</u> 任务一：<u>汽车安全气囊自诊断与检修</u>	车　　型：_____ 总成型号：_____

1. 进行安全气囊的任何作业时，必须等拆下蓄电池搭铁线_____s 以上方可进行。
2. 将你所测得的碰撞传感器的阻值填写在横线上。
 (1) 线束连接可靠时：_____。
 (2) 线束连接不可靠时：_____。
3. 对安全气囊电路进行检查时，必须要使用_____万用表来诊断电路系统的故障。
4. 简述如何处理废旧安全气囊。

_____
_____
_____
_____

5. 请将你读出的安全气囊系统故障代码记录下来，并指出故障代码的含义，填写表 17-1。

表 17-1　丰田花冠轿车安全气囊系统故障代码表

故障代码	含义

6. 讨论：试从"生命至上"角度分析：为何安全气囊引爆后，要更换气囊控制模块？

学习工作单 18

课程：_____ 姓名：_____ 班级：_____ 日期：_____

 项目七：汽车安全气囊故障指示灯常见故障诊断与排除 任务二：汽车安全气囊系统拆装	车　　型：_____ 总成型号：_____

1. 请写出图 18-1 中安全气囊组成部件的名称。

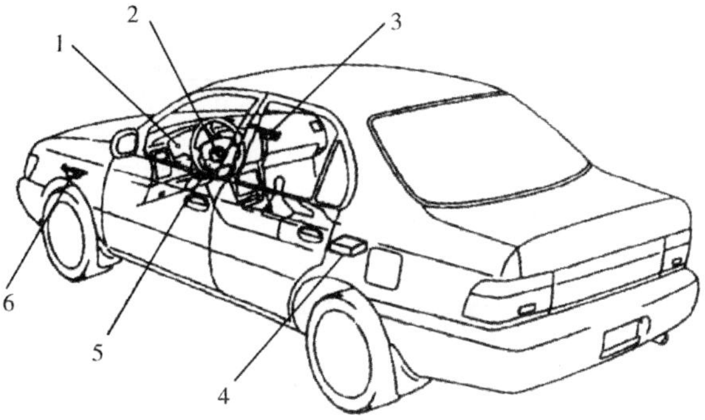

图 18-1　汽车安全气囊系统组成

1：_____　　2：_____　　3：_____
4：_____　　5：_____　　6：_____

2. 图 18-2 为轿车安全气囊系统电路连接件，请将线束编号填写在横线上。

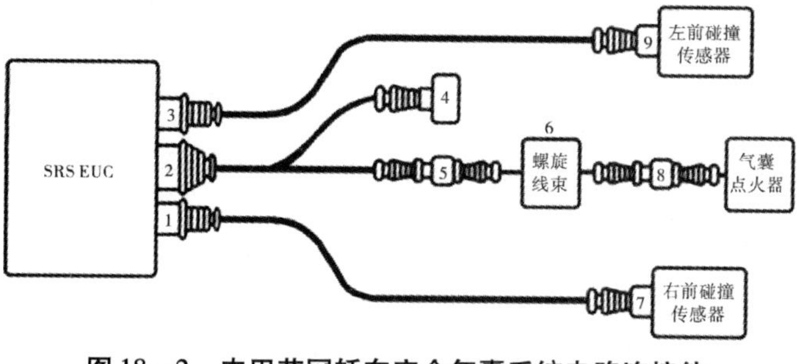

图 18-2　丰田花冠轿车安全气囊系统电路连接件

（1）防止气囊误爆机构：_____
_____。

（2）电路连接诊断机构：_____
_____。

3. 简述正面安全气囊引爆的条件。
_____
_____

4. 在图18-3所列情况中，哪些正面气囊可能会被引爆，哪些不可能被引爆？

撞到路的边围或硬质材料
（a）

（b）

掉入或跳过一个深洞
（c）

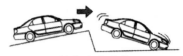
硬着陆或跌落
（d）

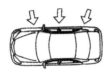
来自侧面的碰撞
（e）

汽车翻转
（f）

图18-3 碰撞情形

（1）可能被引爆的情况：

（2）不可能被引爆的情况：

5. 考核评价表

姓名			班级		学号		
时间			地点		团队号		
序号	观察点	评分标准			分值	得分	备注
1	学习态度	学习态度是否主动、积极			5		
		是否守纪（不迟到、不早退、不高声说话、不串岗）					
2	学习能力	是否运用各种资料提取信息进行学习，获得新知识			3		
		掌握新知识的情况（能够简述汽车安全气囊系统的工作原理）			3		
3	工作能力	是否按照学习任务要求，运用所学知识分析汽车安全气囊系统组成及工作原理			5		
		在工作过程中，是否发现问题、分析问题和解决问题			2		
4	专业技术能力	实践技能掌握良好，能完成个人所负责的作业项目或独立完成整个作业项目			35		
		能对汽车安全气囊系统进行自诊断、能正确拆装汽车安全气囊传感器、气囊组件及气囊控制单元			20		
		操作是否规范			5		

5	职业素养	是否认真对待他人意见，共同制定决策	2	
		是否融于团队之中，团队关系融洽	2	
		是否遇到问题商量解决，没有相互指责	2	
		是否做到5S	2	
		是否具备安全防护与环保意识	2	
6	档案资料	学习工作单填写是否完整	10	
		资料归档是否完整（方案、教材上任务实施中的问题答案、学习工作单）	2	
		总分	100	

前言

随着职业教育的不断发展，教师教材教法改革的深入推进，高职教育教学理念、教学方法都发生很大变化。党的二十大报告明确把大国工匠和高技能人才作为人才强国战略的重要组成部分，职业教育要全面贯彻党的教育方针，落实立德树人根本任务，坚持为党育人，为国育才，努力培养更多高技能人才和大国工匠。在此背景下，基于2014年第二版"十二五"规划教材和2018年"十三五"江苏省高等学校重点教材的良好基础上，笔者基于"岗课赛证融通"的职业教育教材开发理念，对教材进行了修订，及时将汽车车身电气系统涉及的新技术、新工艺、新规范及新要求融入教材内容，以适应我国汽车维修行业高技能人才培养的需要。

本书内容紧贴实际工作岗位的具体需要，围绕汽车车身电气系统的使用与维护、检测与维修、诊断与分析三方面能力展开，主要内容包括汽车空调系统维修、电动车窗、电动座椅系统维修、汽车中控门锁及防盗系统维修和汽车安全气囊系统维修。其中汽车空调系统维修分解为4个项目：汽车空调系统的常规检查、制冷剂不足故障诊断与排除、空调不制冷故障诊断与排除以及自动空调温度调节异常故障诊断与排除。本书具有以下特色：

1. 教材内容对接1+X职业技能等级标准。本教材内容对接汽车运用与维修职业技能等级标准的"汽车电子电气与舒适空调系统技术"模块相关内容，结合汽车维修工岗位能力要求进行编写，保证人才培养与企业需求零距离对接。

2. 采用项目导向任务驱动的编写思路。对接汽车车身电气系统维修的典型工作任务，立足学生职业能力的培养，确定完成具体工作任务所需要的知识、具备的技能和职业素养，然后基于工作过程，设计学习任务，而不是将知识、技能简单罗列和堆砌，即完成一个任务，学习者不仅要学会动手做（技能训练），还要动脑想（为什么要这样做，知识储备），在完成任务时还要具备良好的职业道德，养成良好的工作习惯、具有良好的职业作风。

3. 采用全新的结构编排模式。本书由主教材和配套学习工作单两部分组成。对应每个项目设置项目描述、项目实施、相关知识、知识链接以及自我测试题。"项目描述"部分采用实际工作故障案例引入，然后对项目进行分析，阐述实施该项目需达到的要求。"项目实施"主要明确完成各任务实施所需的设备、要求及步骤，用以指导学生的任务训练。"相关知识"主要用于学生在任务实施前或任务实施过程中的知识查询。由于学时有限，汽车上运用的新技术及知识编为"知识链接"，可用于学生课余时间学习。每个项目结束后还设置了相应的"自我测试"题，能及时地让学生测试自己的学习效果。配套学习工作单内容包括知识准备以及任务实施的记录，以更好地引导学生完成训练任务。

本书图文并茂，深入浅出，在重点知识和技能旁放置了二维码，扫码可观看动画和视频。

参加本书编写工作的有：南京交通职业技术学院程丽群（编写项目一、项目二、项目三、项目四、项目五、项目九），南京新港汽车服务有限公司武玉林（编写项目六），南京交通职业技术学院刘静（编写项目七），南京交通职业技术学院张从学（编写项目八）。全书由程丽群担任主编，陈林山担任主审。

本书在编写过程中参考了大量文献资料，同时得到了南京市相关汽车4S店维修技术人员的特别帮助，在此表示感谢。鉴于时间仓促、编者水平有限，书中难免存在不足之处，恳请各位读者批评指正。

编者
2022年11月

目 录

项目一 汽车空调系统检查 /1

一、项目描述 /1
二、项目实施 /2
　　任务一　汽车空调系统认识 /2
　　任务二　汽车空调系统常规检查 /4
三、相关知识 /8
四、知识链接：汽车空调系统的清洗 /18
五、自我测试题 /18

项目二 制冷剂不足故障诊断与排除 /20

一、项目描述 /20
二、项目实施 /21
　　任务一　制冷循环认识 /21
　　任务二　制冷剂鉴别 /22
　　任务三　制冷系统压力测量 /23
　　任务四　制冷系统泄漏检查 /24
　　任务五　制冷循环元部件拆装与检修 /27
　　任务六　制冷剂回收、充注 /40
　　任务七　空调系统性能测试 /45
三、相关知识 /47
四、知识链接：变排量压缩机与制冷循环工艺流程 /67
五、自我测试题 /71

项目三 空调不制冷故障诊断与排除 /76

一、项目描述 /76
二、项目实施 /77
　　任务一　手动空调系统电路识读 /77
　　任务二　手动空调电路故障诊断与排除 /78
三、相关知识 /79
四、知识链接：丰田威驰手动空调电路分析 /86
五、自我测试题 /89

1

项目四 自动空调温度调节异常故障诊断与排除 /92

- 一、项目描述 /92
- 二、项目实施 /93
  - 任务一 自动空调系统认识 /93
  - 任务二 自动空调系统自诊断与检修 /94
- 三、相关知识 /98
- 四、知识链接：自动空调电路原理分析 /107
- 五、自我测试题 /112

项目五 电动车窗工作异常故障诊断与排除 /115

- 一、项目描述 /115
- 二、项目实施 /116
  - 任务一 左前车窗无法升降故障诊断与排除 /116
  - 任务二 左后车窗无法升降故障诊断与排除 /118
  - 任务三 右侧车窗无法升降故障诊断与排除 /120
- 三、相关知识 /123
- 四、知识链接：CAN/LIN 总线通信原理 /131
- 五、自我测试题 /147

项目六 电动座椅工作异常故障诊断与排除 /150

- 一、项目描述 /150
- 二、项目实施 /151
  - 任务一 电动座椅无法前后移动故障诊断与排除 /151
  - 任务二 自动座椅无记忆功能故障诊断与排除 /155
- 三、相关知识 /156
- 四、知识链接：座椅舒适系统 /161
- 五、自我测试题 /164

项目七 中控门锁及防盗系统工作异常故障诊断与排除 /165

- 一、项目描述 /165
- 二、项目实施 /166
  - 任务一 某侧车门无法实现中控上锁故障诊断与排除 /166
  - 任务二 中控门锁失效故障诊断与排除 /168

　　　　任务三　防盗报警装置工作异常故障诊断与排除　/169
　三、相关知识　/171
　四、知识链接：电动尾门系统　/183
　五、自我测试题　/188

项目八　发动机防盗系统工作异常故障诊断与排除　/192

　一、项目描述　/192
　二、项目实施　/193
　　　　任务一　车辆应急启动　/193
　　　　任务二　动力CAN总线故障诊断与排除　/194
　　　　任务三　钥匙更换与编程　/197
　三、相关知识　/200
　四、自我测试题　/205

项目九　汽车安全气囊故障指示灯常见故障诊断与排除　/207

　一、项目描述　/207
　二、项目实施　/208
　　　　任务一　汽车安全气囊系统自诊断与检修　/208
　　　　任务二　汽车安全气囊系统拆装　/210
　三、汽车安全气囊系统基本知识　/214
　四、汽车安全气囊系统组成与工作原理　/217
　五、汽车安全气囊系统储存、安装、运输的要求　/227
　六、汽车安全气囊系统应急处理方式　/228
　七、废旧气囊处理　/229

参考文献　/230

项目一

汽车空调系统检查

一、项目描述

客户报修一辆轿车空调系统故障,作为维修顾问,请全面检查并确认空调系统故障,填写好派工单。

要完成该任务,要求首先应会操作空调系统的控制面板并能掌握空调配气系统的结构及组成;为了发现并确定故障现象,完成汽车空调系统的"仪表盘下"及"发动机罩下的检查"是非常有必要的。

通过该项目的实施,应达到以下要求。

1. 知识要求

(1) 了解汽车空调系统的组成及分类。

(2) 熟悉汽车空调系统的功能。

(3) 熟悉汽车空调系统的各组成部件的布置位置及作用。

(4) 掌握汽车空调系统的工作原理。

2. 技能要求

(1) 能制定汽车空调系统操作方案。

(2) 能在车上找出汽车空调系统的相关元部件。

(3) 能对汽车空调系统进行检查并确定汽车空调系统故障。

3. 素质要求

(1) 树立安全规范意识。

(2) 具备团队合作精神。

(3) 具有表达沟通能力。

(4) 具备5S理念。

(5) 坚持系统观念,树立辩证思维。

二、项目实施

任务一　汽车空调系统认识

（一）训练目标与要求

（1）能够正确操纵空调控制面板。
（2）能查阅汽车空调系统使用手册。
（3）能够区分手动空调和自动空调。
（4）能够在车上找到空调系统各组成部件。

（二）训练设备

迈腾 B7L 轿车或空调台架。

（三）训练步骤

1. 训练前准备

明确完成本项目所需要的知识准备，请学习相关知识，完成学习工作单 1 第 1 题并回答以下问题：

（1）汽车空调系统的功能与分类。
（2）汽车空调系统的组成。
（3）暖风、通风及配气系统组成及原理。
（4）空调控制面板上五大按键的含义。

2. 制定空调系统操作方案

写出在最大制冷、一般制冷、快速取暖、舒适取暖、冬季除霜、夏季除雾六种不同情形下控制面板的操作方法，完成学习工作单 1 中第 2 题。要求每个小组上交一份方案。

1）风窗及侧窗除霜

（1）将空气分配旋钮设置为除霜位置。
（2）将鼓风机转速调节旋钮设置为中高档位。
（3）将温度旋钮向右旋至最热位置。
（4）将前面正面左右两侧出风口的出风方向对准侧窗。

2）风窗及侧窗除雾

由于空气潮湿致使玻璃和窗结雾时，建议做下列调节：

（1）将空气分配旋钮设置为除霜位置。
（2）将鼓风机转速调节旋钮设置为中高档位。
（3）将温度旋钮向右旋至适中位置。
（4）将正面、左右两侧出风口的出风方向对准侧窗。
（5）按下 A/C 开关，使制冷系统工作，从而能够快速有效地消除风窗及侧窗上的雾气，确保行车安全。

3）车内快速取暖
（1）将空气分配旋钮设置为吹脸/吹脚位置。
（2）将温度旋钮向右旋至最热位置。
（3）将侧出风口打开。
（4）中央出风口关闭。
（5）鼓风机调节旋钮调节至2档或3档。

4）车内舒适取暖
当车窗已明朗，所需温度已达到时，建议用如下取暖方式：
（1）将空气分配旋钮设置为吹脚/除霜位置。
（2）将温度旋钮向右旋至适中位置。
（3）将鼓风机转速调节旋钮置于1档或2档。

5）通风
暖风切断后，各出风口输出的都是新鲜空气。

6）最大制冷
（1）关闭所有车门和窗户。
（2）按下A/C开关，开关信号灯亮起。
（3）将空气分配旋钮设置为吹脸位置。
（4）将温度旋钮1向左旋至最低位置。
（5）将鼓风机转速调节至中档。
（6）将正面通风口完全打开，并将叶片向下翻。

7）一般制冷
（1）按下A/C开关，开关信号灯亮起。
（2）将温度旋钮旋至适当温度位置。
（3）按需要选择鼓风机转速调节旋钮的挡位。
（4）将空气分配旋钮设置为吹脸/吹脚模式。

3. 认识并操纵全自动空调控制面板
（1）开启、关闭空调。
（2）操作鼓风机调速旋钮。
（3）操作温度调节旋钮。
（4）切换内外循环两种进气模式。
（5）切换空调出风模式。
（6）操作A/C开关。

4. 找出空调系统元部件
在对空调系统进行检查之前，分组上车（台架）找出空调系统的各组成部件并填写好学习工作单。

5. 训练后工作
（1）各组同学派代表完成项目汇报。
（2）拓展知识：请归纳总结空调系统两种调温系统的区别，并完成学习工作单。

任务二　汽车空调系统常规检查

（一）训练目标与要求

（1）能够完成空调系统仪表盘下和发动机罩下检查。

（2）能够选用汽车空调维修设备和仪器。

（3）能够正确描述汽车空调系统故障。

（二）训练设备

迈腾轿车或空调台架、歧管压力表、风速计、皮带张紧计、温度计、防护眼镜、手套、万用表。

（三）训练步骤

1. 训练前准备

明确完成本项目所需要的知识准备，请学习相关知识，对学习工作单 2 第 1 题至第 2 题中列举的项目进行优化，并思考下列问题：

（1）哪些项目需要在发动机静态下进行，为什么？

（2）哪些项目需要在发动机运行且开启空调下运行？

2. 仪表盘下的检查

仪表盘下的检查可分为发动机熄火状态的检查和发动机运行状态的检查，如表 1-1 所示。

表 1-1　仪表盘下的检查

检查条件	检查内容
发动机熄火状态	鼓风机最高挡风速
	鼓风机风量能否根据挡位调节而变化
	配气系统是否漏气或堵塞
	蒸发器芯表面
	空气滤清器芯表面
	出风模式切换情况
	各操纵机构是否灵活
发动机运行状态	电源电压是否正常（充电指示灯）
	空调系统温度是否可调，冷风和热风的效果如何

1）发动机熄火状态的检查

在发动机熄火状态下，打开点火开关，开启鼓风机，进行以下检查：

（1）最大风速的检查。将鼓风机置于最高挡位，将出风模式位于吹脸处，用风速计检查出风量的大小。图 1-1 为 SPXTIF3220 风速计。如桑塔纳 3000VISTA 风速为 11m/s，若风速过小，则需进一步检查鼓风机电机电路、蒸发器表面堵塞情况、配气系统漏气及堵塞情况、空气滤清器堵塞情况。若存在堵塞，一般能听到配气系统中发出"咚咚"声。

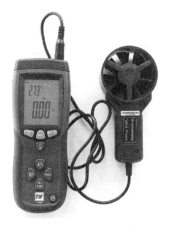

图 1-1　SPXTIF3220 风速计

（2）风速变化情况的检查。用风速计或用手感觉鼓风机风速应随鼓风机挡位变化而变化，若不变化，则需进一步检查鼓风机电路。

（3）出风模式切换情况的检查。将鼓风机置于最高挡位，切换出风模式，用风速计或用手感觉各出风口处的出风情况是否正常。若不正常，则需进一步排查是机械部分故障还是电路故障。

（4）操作机构的检查。移动各机械控制杆，检查操作机构的灵活性，若不正确，应进行调整或更换。

2）发动机运行状态的检查

（1）电源电压的检查。当发动机运行一会儿后，发电机充电指示灯应该熄灭，否则应该检查车辆充电系统。

（2）空调系统温度调节的检查。运行发动机至规定温度（80℃以上即可）后，发动机转速控制在 1500r/min～2000r/min，开启 A/C 开关，将空调置于最大制冷模式，将温度计置于左侧中央出风口 50mm 处测量出风口温度，如图 1-2 所示。然后将温度设定为最高值，测量出风口温度。出风口温度应符合规定值，否则说明空调效果不良。

图 1-2　测量出风口温度

3. 发动机罩下的检查

发动机罩下"0"的检查可分为发动机熄火状态下的检查和发动机运行状态下的检查，如表 1-2 所示。

表1-2 发动机罩下的检查

检查条件	检查内容
发动机熄火状态	确定车辆基本信息
	线束连接情况
	进气模式切换情况
	冷却液液位
	蓄电池电压
	冷凝器和散热器芯表面
	皮带松紧度
	压缩机连接螺栓紧固情况
	压缩机电磁离合器间隙
	制冷剂管路和软管
	散热器和加热器芯软管
	制冷剂类型及纯度
发动机运行状态	压缩机的工作情况
	冷凝器风扇运转情况
	制冷剂管路和软管的温度
	加热器软管的温度
	蒸发器的排水情况

1）发动机熄火状态下的检查

（1）检查并记录车辆的基本信息。维修车辆时，要先确认车辆的基本信息。车辆的基本信息包括车辆型号、发动机型号、车辆 VIN 码。

（2）检查线束的连接情况。检查通往电磁离合器、鼓风机电机和所有空调开关的线路是否紧密的连接，是否存在损坏。

（3）检查进气模式切换情况。打开点火开关和鼓风机开关，切换内外循环模式，用一张白纸放在外循环进风口处测试吸力，当进气模式处于外循环时，白纸应该贴在进风口处，否则应进一步检查进气风门的机械部分和电路部分。

（4）检查冷却液液位。冷却液液位应处于 MAX 与 MIN 两条刻度线之间。

（5）检查蓄电池电压。发动机熄火时，蓄电池电压应为 12.6V 左右。

（6）检查冷凝器和散热器表面。冷凝器和散热器表面应该干净且没有明显的泄漏。

（7）检查皮带轮张紧度。检查皮带轮张紧度最精确的办法是使用皮带轮张紧计，图1-3 为 OTC6673 皮带轮张紧计。红色区表示皮带过松，绿色区表示新皮带，黑色区表示可以正常使用，白色区表示旧皮带。

（8）检查压缩机连接螺栓紧固情况，确保紧固，同时根据压缩机的外形和型号来判别定排量压缩机和变排量压缩机。

（9）检查压缩机电磁离合器间隙。间隙应为 0.4mm～0.78mm。

（10）检查制冷剂管路和软管。

①通过观察制冷循环是否配有储液干燥器来确定制冷循环的类型。若有储液干燥器，则为 CCTXV 系统，否则为 CCOT 系统。

②观察制冷剂软管和管接头是否有油污和损坏，若有油污和油垢表示系统有泄漏。

③观察空调检修阀是否丢失，检修阀盖帽的丢失会使制冷剂每年的泄漏量达到 2.2kg。

（11）检查散热器和加热器芯软管，看是否有膨胀、变软、开裂或泄漏现象。

（12）检查制冷剂类型及纯度。制冷剂类型及纯度不合格，不仅会造成制冷效果变差，还会损坏制冷系统元部件。现在市场已经推出了检查制冷剂类型和纯度的专用仪器——制冷剂鉴别仪（图 1-4），具体操作步骤在项目二中详细介绍。

图 1-3 OTC6673 皮带轮张紧计

图 1-4 制冷剂鉴别仪

2）发动机运行状态下的检查

（1）检查压缩机的工作情况。

①按下 A/C 开关，确保压缩机电磁离合器吸合且压缩机在运行最可靠的方法就是用歧管压力表检查制冷循环的压力。若压缩机不工作，高、低侧压力应为平衡压力且相等，环境温度在 25℃～35℃时，为 5bar～6bar（1bar=0.1MPa）；若压缩机工作，低压侧压力为 0.15MPa～0.25MPa，高压侧压力为 1.37MPa～1.57MPa（丰田车系）。

②听压缩机运行有无异响。若有噪声，且噪声随着离合器的断开而停止，则故障是由压缩机导致的；如果噪声连续，则故障是由离合器轴承导致的。

（2）检查冷凝器风扇运转情况。可以将一张白纸放在冷凝器前面，使发动机在急速下运行，白纸应该贴在冷凝器表面。

（3）检查制冷剂管路和软管的温度。可用手感觉制冷剂管路的温度，也可用红外测温仪检查制冷管路的温度。

（4）检查加热器软管的温度。如果发动机达到工作温度，两个管都应该是烫的，若带有热水阀，则进出软管会有一定的温差。

（5）检查蒸发器的下方区域是否有水滴排出，开启 A/C 时，蒸发器下方区域应有水滴排出。

（6）检查观察孔。轿车的观察孔大多数安装在储液干燥器或高压管路上，通过观察孔来观察制冷系统内部工质流动的情况。

①检查条件：发动机转速为 2000r/min；鼓风机转速为最高挡；按下 A/C 开关，将温度调至最低；打开左、右出风口；关闭所有车门及车窗。

②检查制冷剂量。通过视液镜看到的制冷剂情况可能有五种，如图 1-5 所示。

图 1-5 视液镜迹象

（a）制冷剂情况图；（b）视液镜位置图。

a. 清晰、无气泡。若开、关空调的瞬间制冷剂起泡沫，随后变清，则说明制冷剂适量。如果开关空调从视液镜看不到动静，而且出风口不冷，压缩机进出口之间没有温差，则说明制冷剂已漏光。若出风口不冷，而且关闭压缩机后无气泡，无流动，则说明制冷剂过多。

b. 偶尔出现气泡。若偶尔出现气泡，且伴有膨胀阀结霜，则说明系统中有水分。若无膨胀阀结霜现象，则可能是制冷剂少量缺少或有空气进入。

c. 有泡沫出现。若有泡沫不断出现，则说明制冷剂不足。如果泡沫很多，也可能是因为空气存在。若判断为制冷剂不足，则要查明原因。不能随便补充制冷剂。由于胶管内制冷剂存在自然泄漏问题，因此若在使用两年后才发现制冷剂不足，则可以判断为胶管自然泄漏。

d. 出现机油条纹。若视液镜玻璃上有条纹状的油渍，则说明冷冻机油量过多。此时，应想办法从系统内释放一些冷冻机油，再加入适量的制冷剂。若视液镜上留下的油渍是黑色的或有其他杂物，则说明系统内的冷冻机油已变质，必须清洗制冷系统。

4. 训练后工作

（1）写出小组所分配的车辆（台架）汽车空调的故障现象，并将其填写在学习工作单的表格内。

（2）各组同学派代表完成项目汇报。

三、相关知识

（一）汽车空调系统的组成与类型

空调在汽车上的应用最早源于 1925 年美国通用汽车公司，他们在自己的汽车上采用了具有单一采暖功能的空调器，后来分别经历了单一冷气、冷暖一体化、自动控制和微机控制几个阶段。汽车空调被划分为汽车电气设备中的附属设备，因为使用费用比较昂贵，早期被视为一种奢侈品。随着人民生活水平的提高，对舒适性的要求越来越高，目前汽车空调已经基本上成为汽车的一种标准配置。不仅如此，随着使用频率的提高，用户对汽车空调系统的性能要求也越来越高。

1. 空调系统的功能

汽车车厢内空气调节的内涵：在封闭的空间内（驾驶室或车厢）调节车内的温度、湿度、气流速度及空气洁净度等参数指标。

1）调节车内的温度

汽车空调在冬季利用暖风系统升高车室内的温度。轿车和中小型汽车一般以发动机冷却液作为暖气的热源，而大型客车则采用独立式加热器作为暖气的热源。在夏季，车内由制冷系统来降温除湿。

2）调节车内的湿度

通过制冷系统冷却能去除空气中的水分，达到除湿的目的。但在汽车上目前还没有安装加湿器，只能通过打开车窗或通风设施，靠车外新鲜空气来调节空气湿度。

3）调节车内的气流速度

空气的流速，即气流速度和流向对人体舒适性影响很大。夏季，气流速度稍大，有利于人体散热降温，但过大的风速直接吹到人体上，也会使人感到不舒服。舒适的气流速度一般为 0.25m/s 左右。冬季，风速大了会影响人体保温，因而冬季采暖时气流速度应尽量小一些，一般为 0.15m/s～0.20m/s。根据人体的生理特点，头部对冷比较敏感，脚部对热比较敏感，因此在布置空调出风口时，应采用"上冷下暖"的方式，即让冷风吹到乘员头部，暖风吹到乘员脚部。

4）过滤、净化车内空气

由于空间小，乘员密度大，车内极易出现缺氧和二氧化碳浓度过高的情况。汽车发动机废气中的一氧化碳和道路上的灰尘、野外有毒的花粉都容易进入车内，造成车内空气污浊，影响乘员的身体健康，因此必须要求汽车空调具有补充车外新鲜空气、过滤和净化空气的功能。一般汽车空调装置上都设有进风门、排风门、空气过滤装置和空气净化装置。

2. 汽车空调系统的分类

1）按功能分类

（1）单一功能。指冷风、暖风各自独立，自成系统，一般用于大、中型客车上。

（2）组合式。指冷、暖风合用一个鼓风机、一套操作机构。这种结构又分为冷、暖风分别工作和冷、暖风同时工作两种方式，多用于轿车上。

2）按驱动方式分类

（1）非独立式汽车空调系统。空调制冷压缩机由汽车本身的发动机驱动，汽车空调系统的制冷性能受汽车发动机工况的影响较大，工作稳定性较差。尤其是低速时制冷量不足，而在高速时制冷量过大，并且消耗功率较大，影响发动机的动力性。这种类型的汽车空调系统一般多用于制冷量相对较小的中、小型汽车。

（2）独立式汽车空调系统。空调制冷压缩机由专用的空调发动机（副发动机）驱动,故汽车空调系统的制冷性能不受汽车主发动机工况的影响,工作稳定,制冷量大。但由于加装了一台发动机,不仅成本增加,而且体积和质量增加。这种类型的汽车空调系统多用于大、中型客车。

3) 按控制方式分类

(1) 手动空调。空调的进气方式、温度控制、气流选择模式、鼓风机转速等都由驾驶员手动调节。

(2) 自动空调。空调控制器可根据车内温度、车外温度、阳光辐射强度、蒸发器温度、发动机冷却液温度、驾乘人员设定温度等实现空气混合风门或热水阀的不断调节及修正,从而实现车内恒温。自动空调同时也可实现风量、进气方式、气流选择模式的控制,根据传感器的数量、执行器的控制数量可分为半自动空调和全自动空调。

4) 按照温度区域分

(1) 单区空调。空调控制面板上只有一个温度调节旋钮。

(2) 双区空调。空调控制面板上有两个温度调节旋钮,驾驶员与副驾可根据各自的需求调节不同的温度。图1-6所示为宝马E65双区空调控制面板。

(3) 多区空调。除了前排驾乘人员以外,后排乘客也可根据自己的需求调节不同的温度。

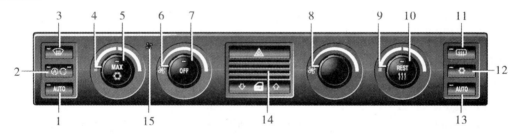

图1-6 宝马E65双区空调控制面板

1—自动空调按钮,负责整个车内空间或左侧车内空间;2—内外循环切换开关;3—前挡风玻璃除霜键;4—左侧车内空间温度调节旋钮;5—最大制冷;6—整个空间或左侧车内空间风速调节旋钮;7—自动空调关闭;8—右侧车内空调风速调节旋钮;9—右侧车内空间温度调节旋钮;10—余热利用;11—后窗加热;12—A/C开关;13—自动空调按钮,负责右侧车内空间;14—带车内温度传感器的进气格栅;15—停车通风/停车余热装置。

3. 汽车空调的组成

汽车空调主要由制冷系统、暖风系统、通风系统、空气净化系统以及电子控制系统五大系统组成。在高级轿车和高级大、中客车上还有加湿装置。

(1) 制冷系统。制冷系统用于夏季降温除湿,也可以用于夏季对挡风玻璃除雾。

(2) 暖风系统。暖风系统在冬季为车厢提供暖气,同时也可以用于为前挡风玻璃除霜。

(3) 通风系统。通风系统将车外新鲜空气引入车厢内,实现车厢内通风换气。

(4) 空气净化系统。除去车内空气的尘埃、臭味、烟气及有毒气体,使车内空气变得清新。

(二) 汽车空调配气及调节系统

1. 配气系统

汽车空调不仅能将新鲜空气引入车厢内，而且能将冷气、暖气、新鲜空气有机地进行配合调节，形成冷暖适宜的气流吹出。配气系统常见的空气混合方式有以下几种。

1) 冷暖风独立式

制冷和暖风两套机构完全各自独立，温度控制系统也完全分开。制冷完全是内循环（吸入车内空气），采暖可用内循环空气，也可吸入车外新鲜空气，如图1-7所示。

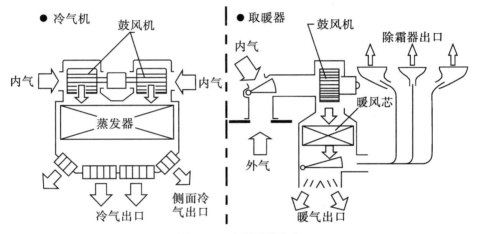

图1-7 冷暖风独立式

2) 冷风、暖风转换式

在暖风机的基础上增加蒸发器芯子及冷气出风口，但制冷工作与采暖工作各自分开，不能同时工作（桑塔纳系列轿车就属于此种）。车内部分形状根据仪表板下空间设计，由几部分拼接而成，如图1-8所示。

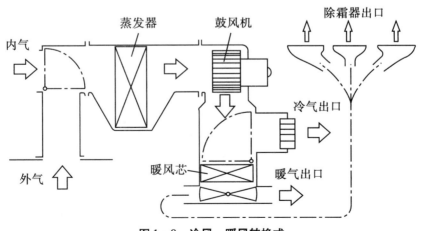

图1-8 冷风、暖风转换式

3）空气混合式

制冷和采暖完全用一套温度控制系统，可同时工作，采暖和制冷，从冷到热温度连续调节。车内部分形状根据仪表板下面空间设计，是一个整体式外壳。又分空气混合式和再加热式两种。目前，很多车辆采用这种配气方式。如图 1-9 所示，它是在蒸发器与加热器之间设置了可连续改变角度的混合风门，从蒸发器出来的空气可根据需要全部或部分通过加热器芯，经过蒸发器的空气被冷却后（一般都降温到零点以下）被除湿，出来的空气虽然绝对含水量下降，但相对湿度却在95%以上，人会感到不舒服，经加热器部分加热后，温度升高，相对湿度下降。相对湿度下降的程度，对空气混合式主要靠调节混合风门来实现；对再加热式主要靠调节热水阀开度来实现。这种调温调湿空调可全天候使用。

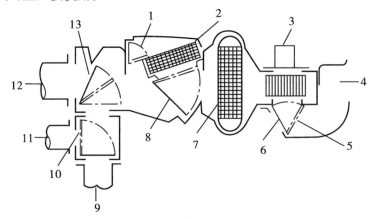

图 1-9 空气混合式

1—限流风门；2—加热器芯；3—鼓风机；4—车外空气入口；5—进气选择风门；6—车内空气入口；7—蒸发器芯；8—空气混合风门；9—至面板风口；10—除霜风门；11—至除霜风口；12—至底板出口；13—加热除霜口。

由于空气经过加热，温度会升高，为保证达到相同的出风温度，需要加大制冷量，即对从蒸发器出来的空气是经过加深冷却的，这样制冷系统及功耗都要加大一些。

这种配气系统一般由三部分构成：第一部分为空气进入段，主要由气源门和伺服器组成，用来控制室内循环空气和室外新鲜空气进入；第二部分为空气混合段，主要由蒸发器、加热器和调温门（空气混合风门）组成，用来调节所需温度的空气；第三部分为空气分配段，分别可使空气吹向面部、脚部和挡风玻璃上，主要包括中风门（至面板风口）、下风门（至底板风口）、除霜门和上、中、下风口。

汽车空调配气系统主要工作过程：空气进入段的气源门用于控制新鲜空气和室内空气的循环比例。例如：当夏季室外空气温度较高、冬季室外温度较低的情况下，尽量开小风门叶片，使压缩机运行时间减少。当汽车长期运行时，车内空气品质下降，这时应定期开大风门叶片。一般气源门开启比例为15%～30%。

空气混合段的调温门主要用于调节通过加热器的空气量，实现降温除湿的变化。当调温门处于全开位置状态时，冷空气经过加热器；当调温门处于全闭位置状态时，冷空气不经过加热器。这样，只要调温门处于全开或全闭位置，就能得到最高或最低温度空气。另外,也可调节调温门处于全开或全闭之间的不同位置,得到不同温度和湿度的空气。

空气分配段的除霜门、中风门、下风门,可调节空调风吹向挡风玻璃、乘员的中上部或脚部;另外,控制空调器鼓风机转速,调节空调出风的流量,改变人体感觉的温度。

2. 调节系统

空调的调节系统有手动调节和自动调节两种。手动空调需要驾驶员通过旋钮或拨杆对控制对象进行调节,如改变温度等;自动空调只需驾驶员输入目标温度,空调系统便可按照驾驶员的设定自动进行调节。图1-10为典型的手动控制空调系统的控制面板。

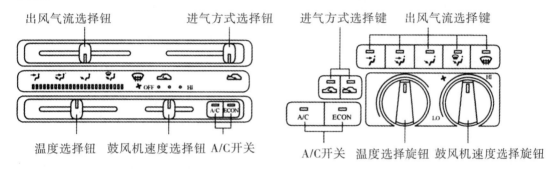

图1-10 手动控制空调系统的控制面板

现以手动调节为例来说明空调调节系统的工作情况:空调控制面板上有空气进气方式选择(内/外循环)调节、温度调节、气流选择调节、鼓风机速度调节、空调开关(A/C)和运行模式选择模式开关。其中,温度调节、气流选择、空气进气选择是通过气道中的调节风门实现的;空调开关和运行模式选择开关、鼓风机速度选择是通过电路控制来实现的。空调控制面板到调节风门的控制方式有拉线式、真空式和电动式。

1)空气进气选择调节

空气调节系统可以选择进入车内的空气是外部的新鲜空气还是车内的非新鲜空气,即是内循环也是外循环。这种选择是通过控制面板上的内外循环选择按钮或拨杆控制进气口处的调节风门实现,如图1-11所示。

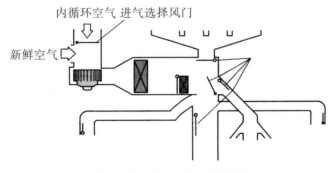

图1-11 空气进气选择调节

2)温度调节

温度调节通过移动温度调节拨杆或转动温度选择选择旋钮,改变空气混合风门的位置,从而改变冷、热风的比例来实现温度的改变,如图 1-12 所示。

3)气流选择调节

现代轿车空调系统的出风口分别设置了中央出风口、侧出风口、脚下出风口和挡风玻璃除霜口等,其空调系统可以根据需要,选择不同的出风口出风。这种功能是通过控制面板上的气流选择调节拨杆或旋钮进行调节,一般有面部、面部和脚部、脚部、除霜、除霜和脚部五种模式。图 1-13 为面部和脚部同时出风的情况。

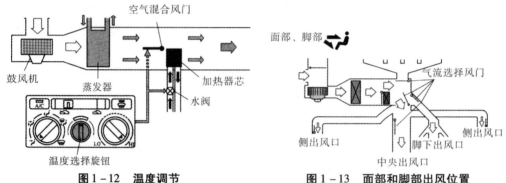

图 1-12 温度调节　　　　图 1-13 面部和脚部出风位置

4)鼓风机转速的调节

鼓风机转速的调节主要是通过改变串联在鼓风机电路中的外电阻来实现的,如图 1-14 所示。在鼓风机电路中,串入了三个电阻,通过鼓风机开关控制,实现四个转速挡(空调控制面板上的 LO、2、3、HI)。如果将电阻改为电子控制,则可以实现无级控制。

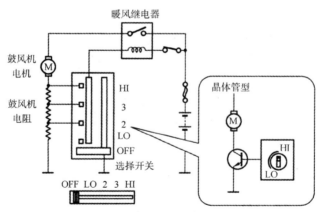

图 1-14 鼓风机电路

5)空调开关

A/C 开关为制冷功能开关。当按下 A/C 开关时,制冷系统工作。

(三)汽车空调暖风系统

现代汽车空调基本上都发展为冷暖一体化空调,不仅能制冷,而且能制热,成为适应全天候气候的空气调节系统。汽车空调暖风系统的主要作用:能与蒸发器一起将空气调节到乘员舒适的温度;在冬季向车内提供暖气,提高车内温度;当车上玻璃结霜和结雾时,以输送热风用来除霜和除雾。

汽车空调暖风系统按所使用的热源可分为发动机余热式和独立热源式;按空气循环方式可分为内循环、外循环和内外混合循环式三种;按照载热体可分为水暖式和气暖式两大类。以下将按热源的不同,分水暖式、废气式和独立燃烧式三种暖风系统分别进行介绍。

1. 水暖式暖风系统

轿车、载货汽车和小型客车经常利用发动机冷却液的余热作为热源,将其引入热交换器(加热器芯),由鼓风机将车厢内(内循环)或车外部空气(外循环)吹过热交换器而使之升温。此装置设备简单,安全经济,但热量小,受发动机运行工况影响较大。

如图 1-15 所示,水暖式暖风系统工作原理是通过从发动机分流出来的冷却液送入暖风系统的加热器芯,放热后的冷却液由加热器芯出水管流回发动机。冷空气被加热器鼓风机强迫通过加热器芯,被加热后,由不同的风口吹入车厢内,进行风窗除霜和取暖。另一路冷却液通过散热器进水管进入水箱,降温后由散热器出水管回到发动机。

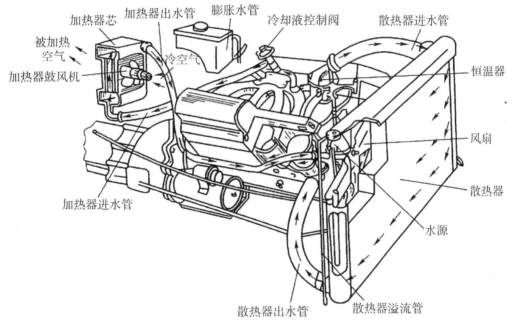

图 1-15 水暖式暖风系统

2. 废气式暖风系统

废气式暖风系统是利用发动机废气的热量来达到取暖的目的。在排气管道上安装一个特殊的热交换器,如图 1-16 所示。热交换器中废气与空气进行热交换,把产生的暖风吹入车内,供采暖和除霜用,多用于风冷式发动机。

3. 独立燃烧式暖风系统

燃烧式暖风系统的采暖方式不是利用汽车发动机的余热,而是专门用汽油、煤油、柴油等作为燃料在燃烧筒中燃烧所产生的热量,对采暖用空气进行热交换。这种采暖方式的优点是不受汽车工况的影响,而且采暖迅速;缺点是结构复杂。

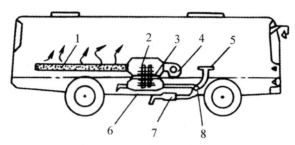

图1-16 废气式暖风系统

1—暖风管；2—热管；3—密封隔板；4—鼓风机；5—发动机排气口；
6—热交换器废气通道；7—消声器；8—电磁转换阀。

（四）汽车空调通风系统

通风系统的主要功能是通风换气，将车外的新鲜空气引入车内，将车内的污浊空气排出车外，使车内的空气保持新鲜，提高汽车的舒适性。同时，通风系统还具有对风窗除霜除雾的作用。目前，汽车上的通风有两种方式：一种是利用汽车行驶中产生的动压进行通风；另一种是利用车上的鼓风机进行强制通风。

1. 动压通风

动压通风又称自然通风，是利用汽车在行驶时，对车外部所产生的风压，通过进风口和排风口实现通风换气。一般车身大部分是负压区，仅前面挡风玻璃及前围板上部等少部分为正压区。在设置时，要求进风口必须装在正压区，排风口装在负压区，如图1-17所示，以便利用汽车行驶所产生的动压而引入大量的新鲜空气。这种通风方式因为不需要另外加动力，所以比较经济；但在汽车低速行驶时通风效果较差。

图1-17 动压通风

2. 强制通风

强制通风时采用鼓风机强制性地将外界新鲜空气引入车内，鼓风机安装在进风口处，如图1-18所示。这种通风方式不受车速的限制，通风效果好。目前，汽车空调系统都是利用空调系统的鼓风机进行强制通风。

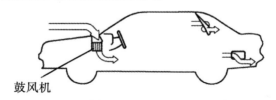

图1-18 强制通风

在汽车行驶时，强制通风和动压通风一起使用，又称综合通风。

(五)汽车空调空气净化系统

空气净化系统用来去除车内空气中的灰尘,保持车内空气清洁。最常见的是在进气口安装空气滤清器去除空气中的灰尘、杂质等,如图1-19所示。

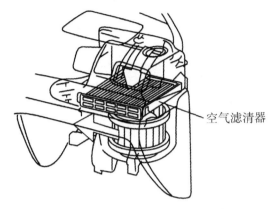

图1-19 空调进气口装有空气滤清器

有些车辆在空气滤清器中安装活性炭,可吸收空气中的异味;有些车辆在净化系统中设有烟雾传感器。当传感器检测到车内存在烟气时,便通过放大器自动使鼓风机以高速挡运转,排出车内的烟气,如图1-20所示。

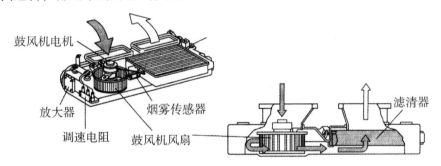

图1-20 装有烟雾传感器的空气净化系统

高档车辆的空气净化除上述功能外,还在系统中装有活性炭、负氧离子发生器和杀菌灯,如图1-21所示。

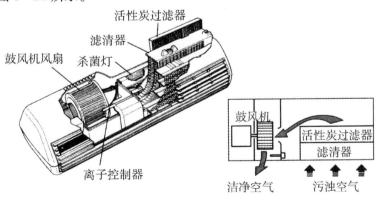

图1-21 装有活性炭、杀菌灯和负氧离子发生器的空气净化系统

四、知识链接：汽车空调系统的清洗

1. 汽车空调清洗的必要性

由于夏季让空调长期处于超负荷运转的状态，空调冷凝器和水箱冷凝网上都聚集了不少杂质，空调使用寿命缩短，细菌容易滋生，引发车内异味生成霉斑。冬季暖风与春秋季节的自然风或夏季的凉风，风道路径不同，一个季节风道内存留的灰尘较多，同时风道内会滋生一定的细菌，因此换季时有必要清洁空气滤清器滤芯和空调风道。如果空调滤芯太脏，最好更换新的，效果会大为增强。在南方雨季，车辆在雨水中行驶，潮湿的天气容易滋生细菌，对车内进行防潮，首要的任务是对空调清洗，对车辆空气滤清器进行清洗或更换工作，对空调蒸发器及管道进行杀菌清洗。

2. 汽车空调清洗项目

清洗汽车空调包括对空气滤清器的清洗和汽车空调管路的清洗。清洗空气滤清器时，应根据空气滤清器被污染的程度，分别采用更换滤芯、使用清洗剂进行清洗或整个更换空调气滤清器等方法。其中，更换整个空调滤清器的方法最简便，稍有机械常识的人都可以自己动手更换。一般情况下，每行驶5000km或3个月（以先到者为准）对空气滤清器进行一次清洁，每行驶20000km或12个月（以先到者为准）更换空调滤清器。

3. 清洗方法

（1）拆下空调滤清器滤芯，以德系轿车为例，其空调滤清器都在汽车的前挡风玻璃的下边并被流水槽盖住。更换空气滤清器时，先把发动机盖掀开，取下固定流水槽的卡子，拆下流水槽就可以看见空气滤清器了。根据情况，可以用高压空气吹气枪按过滤的反方向吹空调滤清器滤芯2遍~3遍或者更换空调滤清器。

（2）发动汽车，打开空调，鼓风机转速调至最高，将进气模式打到外循环模式，打开车门及车窗，关闭空调出风口。

（3）用一张餐巾纸放在空调进风口附近，确认一下哪里是吸力最大的位置。

（4）把空调清洗剂充分摇匀后，在进风口吸力最大的位置，将导管插入。

（5）将泡沫涂抹在进风口处。

（6）15~20 min后，关闭空调。在空调关闭大约10 min后，就可以看到脏水从位于底盘的空调管道系统流出。

（7）重复上述动作2次~3次，清洗结束。

五、自我测试题

（一）填空题

1. 汽车空调系统由_____、_____、_____、_____、_____五个子系统组成。

2. 桑塔纳2000GSi空调系统中，是通过改变_____来实现调节温度的目的，而在丰田花冠轿车中是通过改变_____来实现调节温度的目的。

3. 汽车空调通风系统的通风方式有_____和_____两种。
4. 汽车暖风系统由_____、_____、_____以及_____组成。
5. 汽车空调实现调节温度的方式按照控制方式分有两种，分别为_____和_____。
6. 汽车空调实现调节温度的方式从结构上分有两种，分别为_____和_____。
7. 空调系统工作所需的动力和驱动汽车的动力都来自同一发动机，这种系统叫_____空调；采用专用发动机驱动空调制冷压缩机的系统叫_____空调。

（二）判断题

1. 对于非独立式空调，汽车空调的制冷性能受发动机转速影响。（   ）
2. 运行空调时，当从视液镜上看到有大量气泡时，说明制冷剂过量。（   ）
3. 非独立式采暖装置利用冷却水提供热量，不受汽车运行状态的影响。（   ）
4. 汽车空调系统中，除霜装置的作用是防止汽车后挡风玻璃结霜。（   ）
5. 桑塔纳2000GSi轿车空调系统内外循环是通过A/C开关来控制的。（   ）

（三）选择题

1. 汽车空调风道控制面板"BI－LEVEL"挡是指可将风道内的空气输送至（   ）。
   A. 面部和脚部   B. 前挡风玻璃除霜和脚部
   C. 面部和前挡风玻璃除霜 D. 面部、脚部和前挡风玻璃除霜
2. 汽车空调系统中，A/C开关是（   ）开关。
   A. 制冷   B. 取暖
   C. 通风   D. 空气净化系统
3. 桑塔纳2000轿环境温度传感器安装在（   ）。
   A. 进风口处   B. 仪表板下方
   C. 挡风玻璃下方   D. 冷凝器支架上
4. 下列关于空气滤清器的陈述中哪个陈述是正确的?（   ）
   A. 当空气滤清器变脏并堵塞时，吸入空气很难，空调效果变差
   B. 空气滤清器安装在空气出口附近
   C. 如果定期清理，空气滤清器不需要更换
   D. 没有专用工具，空气滤清器不能拆除
5. 汽车空调风道控制面板中，（   ）模式可将车外新鲜空气导入车内。
   A. RECIRC   B. NORM
   C. FRESH   D. DEFROST

（四）简述题

1. 简述空调系统的类型及应用。
2. 简述汽车空调系统发动机罩下的检查内容。
3. 简述汽车空调系统仪表板下的检查内容。

项目二

制冷剂不足故障诊断与排除

一、项目描述

客户报修空调制冷不足，压缩机工作，出风口温度偏高，请首先检查制冷剂量并进行维修。

制冷剂量不足在汽车空调系统的故障率达到70%，通过测量制冷系统压力可以初步确定制冷剂量；确定制冷剂量不足后，应首先检查空调系统是否出现泄漏并确定泄漏部位；在进行维修前，应对车辆空调系统制冷剂进行回收，实现绿色维修；换件维修后充注制冷剂之前应对系统进行抽真空、排压缩机油及加注压缩机油工作。目前，市场上制冷剂纯度及质量参差不齐，在进行制冷循环维修前应进行制冷剂鉴别。

通过该项目的实施，应达到以下要求。

1. 知识要求

（1）熟悉制冷剂、冷冻机油特性。
（2）掌握制冷循环原理。
（3）熟悉汽车空调压缩机的功能与分类。
（4）掌握汽车空调压缩机的结构与工作原理。
（5）掌握冷凝器和蒸发器的构造与工作原理。
（6）掌握膨胀阀和节流管的构造与工作原理。
（7）掌握储液干燥器和集液器的构造与工作原理。
（8）掌握JT/T774—2010汽车空调制冷剂回收、净化、加注工艺规范的应用。

2. 技能要求

（1）能在车上找出制冷系统的相关元部件。
（2）能对汽车制冷循环各元部件进行解体与组装。
（3）能测量制冷循环压力并根据压力值判断制冷循环故障。
（4）能编制汽车空调系统回收、净化及充注工艺流程。
（5）能正确使用专用工具及设备对制冷循环进行维修作业。
（6）能对汽车空调系统进行竣工检验。

3. 素质要求

(1) 具备团队合作精神。
(2) 具有表达沟通能力。
(3) 具备 5S 理念。
(4) 能够自觉遵守车间及实训室各项规章制度。
(5) 树立标准意识和质量意识。
(6) 树立诚信意识和服务意识。
(7) 树立绿色环保理念。

二、项目实施

任务一 制冷循环认识

(一) 训练目标与要求

(1) 能区分制冷循环类型。
(2) 能在车上或台架上找出制冷循环的元部件。

(二) 训练设备

迈腾 B7L 轿车或空调台架、制冷循环散件、手套、眼镜。

(三) 训练步骤

1. 训练前准备

明确完成本项目所需要的知识准备，请学习相关知识，完成学习工作单 3 第 1 题至第 5 题，并思考以下问题：

(1) 何谓真空度？何谓制冷？何谓显热？何谓潜热？
(2) 何谓相对湿度？若用干湿球温度计测量相对湿度，干湿球温度计温差越大，说明相对湿度越大还是越小？
(3) 制冷循环工作原理如何？
(4) 压缩机的作用是什么？为什么要有压缩机？
(5) 冷凝器散热不良的后果是什么？为什么？
(6) 制冷循环存在水分会对制冷循环造成什么影响？为什么？

2. 制冷循环各元部件认识

在台架上找出制冷循环各元部件，对照实物讲出制冷循环工作原理，并回答以下问题：

(1) 膨胀阀式制冷循环与膨胀管式制冷循环的区别在哪里？在车上如何区分空调系统是膨胀阀系统还是膨胀管系统？
(2) 从结构上如何来区分压缩机的进出口，请说出理由？
(3) 从结构上如何来区分冷凝器进出口，请说出理由？

(4) 从结构上如何来区分储液干燥器进出口,接反会有何影响?
(5) 膨胀阀安装位置在哪里?若膨胀阀感温包包扎不严,对制冷剂流量有何影响?
(6) 蒸发器的排水管路在哪里?
(7) 制冷循环的各元部件为何不能全部采用刚性金属材料进行连接?
(8) 空调系统高低压维修阀在哪里?

3. 训练后工作

(1) 完成学习工作单 3 中第 6 至 9 题。
(2) 各组同学派代表完成任务汇报。

任务二　制冷剂鉴别

(一) 训练目标与要求

(1) 能够对制冷剂进行鉴别作业。
(2) 能够对制冷剂鉴别结果进行分析。

(二) 训练设备

整车或空调台架、制冷剂鉴别仪 SPX16910、防护眼镜、手套。

(三) 训练步骤

1. 训练前准备

明确完成本项目所需要的知识准备。请学习相关知识,查阅相关设备产品使用手册,掌握其使用方法。

2. 制冷剂鉴别

(1) 检查采样管入口、出口,洁净、无堵塞,如图 2-1 所示。
(2) 检查采样管无破损、脏堵或污染,选择与制冷系统制冷剂型号一致的采样管(R12 采样管的接头是螺纹形式,R134a 采样管的接头是快速接头形式,采样管与制冷系统的低压阀匹配),如图 2-2 所示。
(3) 检查过滤器无红斑,如图 2-3 所示。
(4) 开机,同时按下 A 和 B 键设定海拔高度为 100 米。
(5) 进行系统设定。

图 2-1　检查采样管入口、出口及进气口

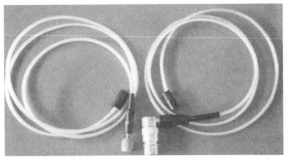

图 2-2　检查采样管　　　　图 2-3　检查过滤器

（6）将快速接头旋钮逆时针旋到底，连接采样管至低压维修阀，然后顺时针旋转旋钮，调节系统压力 5psi～25psi（1psi=6.895kPa），如图 2-4 所示。

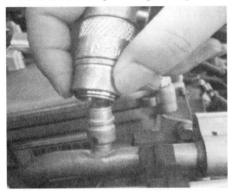
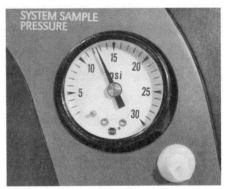

图 2-4　连接管路及压力调节

（7）按 A 键开始进行样品检验，记录检查结果并填写在学习工作单 3 第 10 题上。

3. 训练后工作

（1）根据制冷剂鉴别结果，分析制冷剂是否需要净化或特殊处理。
（2）各组同学派代表完成任务汇报。

任务三　制冷系统压力测量

（一）训练目标与要求

（1）能够正确使用歧管压力表。
（2）能够检测汽车空调系统的压力并对压力进行分析。
（3）能够根据测量压力值制定制冷循环维修方案。

（二）训练设备

整车或空调台架、歧管压力表组、防护眼镜、手套。

（三）训练步骤

1. 训练前准备

明确完成本项目所需要的知识准备。请学习相关知识，完成学习工作单 3 第 11 题及第 12 题，并思考以下问题。

（1）歧管压力表具有哪些功能？在不同的用途中，压力表管路应如何进行连接？高低压手动阀的状态如何？

（2）如何利用歧管压力表诊断制冷循环故障？

2．测量制冷系统压力

（1）卸掉高、低压管路上的维修阀盖帽。

（2）将歧管式压力表组件高、低压手动阀都关闭，蓝色的低压侧软管接低压维修阀，红色的高压侧软管接高压维修阀，测量并记录空调系统静态压力值。

请思考，为什么高低压侧静态压力值相同？静态压力标准值为多少？若测量出的静态压力值为零，说明什么？

（3）启动发动机，调整发动机转速至 1500r/min～2000r/min；启动空调系统，将鼓风机转速置于高速状态，温度控制开关置于最冷位置，环境温度为 30℃～25℃，按需要使发动机温度正常（约运行 5min）后进行检测。

（4）通过歧管压力表组件高、低压侧压力的读数，来判断制冷系统的故障，制冷系统高压侧压力一般为 1.3MPa～1.5MPa，低压侧压力一般为 0.15MPa～0.3MPa。其压力值会因车型和环境温度、湿度的不同而有所不同。

（5）检测完后，关闭发动机，卸掉歧管压力表组件，把维修阀的盖帽旋回。

3．训练后工作

（1）根据压力测量结果编制制冷循环故障维修工艺流程并完成学习工作单 3 第 13 题。

（2）各组同学派代表完成任务汇报。

（3）拓展知识介绍：请写出至少两种车型空调系统的标准压力值，并以小组形式提交。

任务四　制冷系统泄漏检查

（一）训练目标与要求

（1）能够正确使用空调常用检修工具及设备。

（2）能够对制冷系统进行检漏。

（二）训练设备

整车或空调台架、电子检漏仪 TIFXP-1A、荧光检漏仪、防护眼镜、手套。

（三）训练步骤

1．训练前准备

（1）明确完成本项目所需的知识准备，选择完成本项目需要的空调维修设备和仪器。

（2）请学习相关知识并查阅相关维修设备产品使用手册，掌握检漏工具的使用方法。

2. 目测检漏

制冷剂泄漏部位往往会渗出冷冻机油，若发现在某处有油污渗出，可用毛巾擦拭或用手直接触摸检查，如仍有油污，则可能是泄漏。

3. 肥皂水检漏

（1）向系统充入 0.98MPa~1.96MPa 压力的氮气。操作步骤如下：

①正确连接歧管压力表组件，高压软管接在高压管道上，低压软管接在低压管道上。操作时要注意：将歧管压力表组件与压缩机高、低压检修阀连接时，只能用手（不能用工具）拧紧其螺母，以防止损坏设备。

②打开高低压检修阀，向系统中充入干燥的压缩氮气，待压力达到 0.98MPa~1.96MPa 时，停止充气。

（2）在系统各部位涂上肥皂水，冒泡处即为泄漏点。需要重点检漏的部位如下：

①查看各个管道接头及阀门连接处是否有气泡、裂纹、油渍；

②查看压缩机轴封、前后盖板、密封垫、检修阀等处；

③查看冷凝器表面被刮坏、压扁、碰伤处；

④查看蒸发器表面被刮坏、压扁、碰伤处；

⑤查看膨胀阀的进出口连接处，膜盒周边焊接处及感温包与膜盒焊接处；

⑥查看储液干燥器的易熔塞，视液镜，高低压阀连接处；

⑦查看歧管压力表组件（如果安装的话）的连接头，手动阀及软管处。

这种办法范围有限，很多时候根本看不到漏点。使用时，要防止弄湿车上的电气系统，否则可能引起不必要的麻烦。

4. 电子检漏仪检查

1）操作注意事项

（1）确保系统内有足够的制冷剂来产生正常的压力（至少 350kPa），对于空的系统，需充入总充注量的 7%~10%。

（2）电子检漏仪应在通风良好并干燥的地方使用，避免在存放爆炸物或其他危险品的地方使用。

（3）实施检查时，发动机要停止运转（关闭发动机和空调系统后，在压力处于最高时应立即检查高压侧的泄漏）。

（4）不能将探头置于制冷剂有严重泄漏的地方，这样会使检漏仪的灵敏元件受到损坏。

（5）在检漏前，最好用干布把油污清洁干净，残余的溶剂可能会干扰电子检漏仪。

（6）确保电子检漏仪探头不接触被检查的部位。

2）操作步骤

（1）按电源键，开机。

（2）调节灵敏度。按灵敏度选择键，调节灵敏度，使第一个 LED 灯点亮，其他 LED 灯熄灭，仪器发出频度不高的声音。

（3）将仪器的探头放在被检查的部位下面（因为制冷剂比空气重）。在沿管路检查时，每秒移动探头 2.5cm，沿软管检查时，每秒移动 0.6cm。若点亮的 LED 灯增多，声音频率增高，则说明有泄漏现象。

（4）利用重设键可以找到泄漏的源头。当检测到泄漏时按下该键，继续检测，直到检测到比原来浓度更大的地方才会再次报警。

请思考以下问题：

①使用电子检漏仪进行泄漏检查时，空调应处于静态还是动态？检测探头应重点放置在待测元件的上部还是下部？

②使用电子检漏时，对空调系统压力有何要求？

5. 紫外线荧光剂检漏

（1）用加注工具把荧光剂加入到制冷系统内。

①对汽车空调系统抽真空后，将荧光剂瓶的封口拉开，使之与注射枪连接，顺时针旋转拧紧，如图 2-5 所示。

②连接荧光剂瓶与注射枪，如图 2-6 所示，拨动注射枪拉杆可释放推杆，然后逆时针旋转使注射枪上紧。

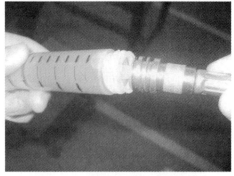

图 2-5　连接荧光剂瓶与注射枪

③用注射枪将荧光剂从空调系统低压阀处推入空调系统内（注射量为 1 格），如图 2-7 所示。

（a）释放推杆　　　　　　（b）上紧注射枪

图 2-6　连接注射枪与荧光剂瓶

图 2-7　从系统低压阀处注入荧光剂

(2) 启动空调，系统运行 15min。

(3) 戴上滤光眼镜，连接射灯，用射灯照射系统管路，如图 2-8 所示。如果有地方泄漏，该处将出现荧光（黄绿色），如图 2-9 所示。

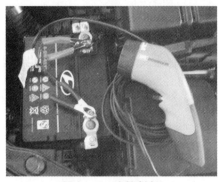

图 2-8　连接射灯　　　　　　　　图 2-9　泄漏处出现荧光

(4) 修复后，用喷雾清洗剂清洗泄漏处。再用射灯检查，如果不出现荧光，则表示已修好。

该方法的优点是只需加注一次以后可长期使用，即使很小的泄漏都容易查出，且不用拆卸，可就车检查，只要射灯能照到的地方都能检查到；缺点是成本稍高。

6. 真空检漏

在抽真空时进行保压，若在保压时压力表会回升，说明系统存在泄漏。真空检漏法对于小的泄漏针对性不强，且很难确定泄漏点。

7. 氮气水检漏

向系统充入 0.98MPa～1.96MPa 压力氮气，把系统浸入水中，冒泡处即为泄漏点。这种方法和前面的肥皂水检漏方法实质一样。该检漏方法的优点是很小的泄漏都能检出，并且能看出具体泄漏的部位。缺点是要把待检的部件（如高/低压管、蒸发器、冷凝器等）从车上拆下来才能检测，并且要车管接头。

8. 训练后工作

(1) 将检查结果记录在学习工作单 4 中第 1 题上并制定进一步维修计划。

(2) 各组同学派代表完成任务汇报。

任务五　制冷循环元部件拆装与检修

（一）训练目标与要求

(1) 能够正确拆装制冷系统各部件。

(2) 能够对制冷系统各部件进行检修。

(3) 能够对制冷系统连接管路进行拆卸和更换。

（二）训练设备

整车或空调台架，常用拆装工具，离合器毂夹持器，离合器皮带轮拔出器，O 形圈。

(三) 训练步骤

1. 训练前准备

明确完成本项目所需的知识准备，选择完成本项目需要的工量具。

2. 拆装和检修的注意事项

（1）在更换零件前，应回收制冷系统制冷剂。

（2）拆开的零件应立即加塞子，以防止水分和灰尘进入系统。新的零件也应加塞子后放置。

（3）在安装新压缩机前，应从检测充注阀排出制冷剂气体。如果不先排出制冷剂气体，当拔除塞子时，压缩机油将会和制冷剂气体一起喷出。

（4）在进行管子弯曲或拉长操作时，不要使用喷灯；否则，管子内会产生氧化皮，从而堵塞系统管道。

（5）注意事项：安装时，空调系统必须保持一定的润滑油总量。如果要更换压缩机、蒸发器、冷凝器、储液干燥器或空调管路，必须向系统补充规定量润滑油，以补偿随原来部件流失的润滑油。

3. 连接管路拆装

1）拆卸

（1）在开始拆卸零件之前，必须将蓄电池的负极拔掉。

（2）当制冷系统、空调的管路打开时，一定要给每个开口盖上保护帽以防灰尘杂质或水分进入。

在每个管子的末端都要安上保护帽，直到管子被接到制冷系统上。

（3）在连接管子的时候，给O形圈加一点压缩机油，并且用两个扳手来紧固螺母，如图2-10所示。注意：不要将压缩机油溅到涂漆的零件或塑料零件上，以免污蚀。如果已溅到这些零部件上，要立即擦除。

图2-10 更换管道的O形圈

2）制冷系统管道检查

（1）检查管子和软管的连接是否松动，若松动应拧紧至规定力矩。

（2）检查管子和软管是否有泄漏现象，若有应查明原因并按要求修理。

4. 冷凝器总成的拆装与检修

1）拆卸

注意事项：断开蓄电池会影响某些车辆的电子系统。断开蓄电池要按照蓄电池断开程序进行。

（1）断开蓄电池搭铁引线。

（2）从空调系统中回收制冷剂。

(3) 查阅车型维修手册，拆卸冷凝器。

2) 检修

(1) 检查冷凝器散热片是否阻塞或损坏，如果散热片有污垢，则可用水清洗，并用压缩空气吹干。如果散热片已弯曲，则可用螺钉刀或钳子校直，但应小心不要损伤散热片。

(2) 用电子检漏仪检查冷凝器接头是否泄漏，如有泄漏，应检查各接头的拧紧力矩是否达到规定值。

3) 安装

按与拆卸相反的顺序重新安装冷凝器，同时注意如下事项：

(1) 在安装散热器前，检查散热器芯，确保散热器翅片上没有异物。用压缩空气由后向前吹，清理散热器芯翅片。

(2) 确保散热器下减振块正确装入散热器支承板。

(3) 确保将上减振块安装到上插脚上，检查散热器上安装支架两侧的卡夹是否卡紧，以确保散热器夹持器正确安装在散热器两侧。

(4) 安装储液干燥器。

(5) 用经过润滑的新 O 形圈安装液管和排气管。紧固接头至正确的扭矩规格。

(6) 将空调系统抽空并加注制冷剂。

(7) 保证风扇和护罩总成至散热器的固定卡夹完全接合，上侧卡夹的两个锁舌将护罩正确固定。

5. 储液干燥器的拆装与检修

1) 拆卸

(1) 从空调系统中回收制冷剂。

(2) 查阅车型维修手册，拆卸储液干燥器。

2) 检修

储液干燥器内干燥剂失效时，湿气会集聚在膨胀阀孔口，结成冰块，使系统发生堵塞，此时必须更换。储液干燥器内部滤网堵塞，必须更换储液干燥器。如果出液管残破，液体管路内发生不正常的气体闪亮，应更换储液干燥器。

3) 安装

按与拆卸相反的顺序重新安装过滤器储液干燥器，同时注意如下事项：

(1) 安装储液干燥器。

(2) 用经过润滑的新 O 形圈将液管和排气管安装至冷凝器，紧固安装螺钉和接头至正确的扭矩规格。

(3) 将空调系统抽空并加注制冷剂。

4) 安装注意事项

(1) 垂直安装，这样才可保证出口管将随制冷剂一起循环的冷冻润滑油压出储液干燥器，并流回压缩机，保证出口到膨胀阀都是液态制冷剂，使膨胀阀正常工作。

(2) 进出口不能接错，若接错进出管口，冷冻润滑油就会储存在储液干燥器内，压缩机没有足够的油润滑；同时，其出口还会有气泡，使膨胀阀无法正常工作。

(3) 安装或维修制冷系统时，储液干燥器应最后接入系统，防止新干燥剂吸收空气中的水分而破坏其干燥性能。如图 2-11 所示。

6. 膨胀阀的拆装与检修

1) 拆卸

(1) 回收空调系统中的制冷剂。

(2) 拆卸液管和吸气管板至热膨胀阀的带垫圈的螺钉（图 2-12）。

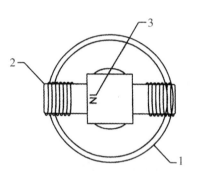

图 2-11 注意储液干燥器的安装记号
1—储液干燥器；2—螺纹；
3—冲压有"IN"字样。

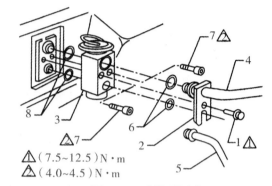

图 2-12 拆卸膨胀阀
1—螺钉；2—吸气管板；3—热膨胀阀；4—吸气管；
5—液管；6，8—O 形圈；7—带帽螺钉。

(3) 拆卸吸气管和液管。

(4) 拆卸并报废液管和吸气管的 O 形圈。

(5) 松开两颗带帽螺钉，然后拆卸热膨胀阀。

(6) 拆卸并报废蒸发器管 O 形圈。

2) 检修

膨胀阀的故障主要是阀口卡死。如果膨胀阀有故障，低压表读数将落至 0，同时储液干燥器的进出管口侧无温差，一般应进行更换。

3) 安装

(1) 润滑两个 O 形圈并安装至蒸发器管。

(2) 将热力膨胀阀安装至蒸发器管。

(3) 将热力膨胀阀安装至蒸发器管板，然后安装两条带帽螺钉。紧固螺钉至规定扭矩。热力膨胀阀至蒸发器管固定螺钉的扭矩值为 4.0N·m ~ 4.5N·m。

(4) 将经过润滑的新 O 形圈安装至吸气管和液管。

(5) 安装液管，然后再将吸气管板安装至热力膨胀阀。

(6) 安装带垫圈的螺钉并紧固至规定扭矩。液管和吸气管固定板至热力膨胀阀螺钉的扭矩值为 7.5N·m ~ 12.5N·m。

(7) 将空调系统抽空并加注制冷剂。

7. 蒸发器的拆装与检修

1) 拆卸

(1) 回收空调系统中的制冷剂。
(2) 查阅车型维修手册，拆卸蒸发器。如图2-13、图2-14所示。

2）蒸发器的检修

(1) 检查蒸发器的散热片是否被阻塞，如果散热片被阻塞，则可用压缩空气吹干净，也可用水清洗蒸发器。
(2) 检查接头是否有裂缝和划痕，如有按需要进行修理。

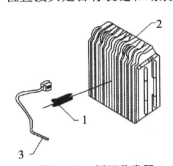

图2-13 拆下蒸发器
1—温度传感器卡夹；2—蒸发器；
3—传感器。

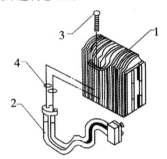

图2-14 拆下蒸发器的连接管
1—蒸发器；2—蒸发器管；3—螺钉；
4—O形圈。

3）安装

按与拆卸相反的顺序重新安装蒸发器，同时注意以下事项：
(1) 将新的蒸发器O形圈安装至蒸发器接头。
(2) 紧固蒸发器管螺钉至规定扭矩。
(3) 将蒸发器温度传感器正确安装至蒸发器。
(4) 紧固暖风、通风与空调装置壳体螺钉至规定扭矩。
(5) 紧固热膨胀阀接头托架螺钉至规定扭矩。
(6) 抽空系统，然后加注制冷剂。

8. 空调压缩机总成的拆装与检修

1）空调压缩机总成拆卸
(1) 断开蓄电池搭铁引线。
(2) 从空调系统中回收制冷剂。
(3) 拆卸吸气/排气管接管板至空调压缩机总成的固定螺母，如图2-15所示。

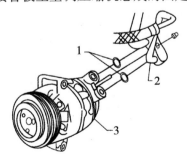

图2-15 拆卸空调压缩机的连接管道
1—固定螺母；2—吸气/排气管接管板；3—空调压缩机总成。

(4) 拆卸并报废端口密封件。
(5) 立即盖上或堵住断开的软管和端口,防止吸入大气中的湿气。
(6) 拆卸附件传动皮带,参见"发动机机械系统"。
(7) 断开压缩机离合器电气连接器。
(8) 用千斤顶顶起车辆。
(9) 拆卸压缩机总成与压缩机安装托架之间的3个固定螺母,如图2-16所示。

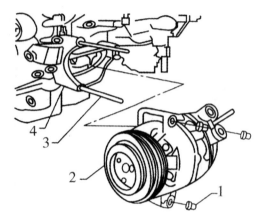

图2-16 拆卸压缩机总成的固定螺母
1—固定螺母;2—压缩机总成;3—压缩机安装托架;4—安装螺柱。

(10) 拆卸压缩机的3条安装螺柱。注意:压缩机安装螺柱的外端有六角形螺母螺纹,这样可便于拆卸。
(11) 拆卸压缩机总成。
2) 空调压缩机总成安装
(1) 重新安装压缩机安装螺柱。
(2) 安装空调压缩机总成并紧固螺母至规定扭矩。空调压缩机总成固定螺母的扭矩值为40.0N·m～60.0N·m。
(3) 安装附件传动皮带。
(4) 拆卸压缩机端口护帽。
(5) 安装两个新的端口密封垫圈。
(6) 将吸气/排气管接管板安装至压缩机并紧固螺母至规定扭矩。压缩机吸气/排气管接管板固定螺母的扭矩值为25.0N·m～35.0N·m。
(7) 将空调系统抽空并加注制冷剂。
3) 压缩机分解与检修
(1) 如图2-17所示,压缩机拆卸前,把压缩机内部的冷冻机油及所有压力都排放掉,再把压缩机紧固在拆装台上。
①如图2-18所示,用专用工具固定离合器压盘的位置,用套筒扳手松开紧固螺母。
②如图2-19所示,拆下压力盘,从压力盘上拆下调整垫片。
③如图2-20所示,用卡簧钳拆去皮带轮轴承内圈的固定弹性卡簧。

图 2-17 放掉冷冻机油

图 2-18 松开离合器压盘的紧固螺母

图 2-19 拆下压力盘

图 2-20 用卡簧钳拆皮带轮轴承
内圈的固定弹性卡簧

④如图 2-21 所示,取下皮带轮轴承内圈的固定弹性卡簧。
⑤如图 2-22 所示,用卡簧钳拆去皮带轮轴承外圈的固定弹性卡簧。

图 2-21 取下皮带轮轴承
内圈的固定弹性卡簧

图 2-22 拆去皮带轮轴承外
圈的固定弹性卡簧

⑥如图 2-23 所示,取下皮带轮轴承外圈的固定弹性卡簧。
⑦如图 2-24 所示,取下驱动轴上的半圆键。

图 2-23　取下皮带轮轴承外圈的固定弹性卡簧　　图 2-24　取下驱动轴上的半圆键

⑧如图 2-25 所示，用专用工具（拉拔器）拉出皮带轮。

⑨如图 2-26 所示，取下皮带轮。

图 2-25　拉出皮带轮　　　　　　图 2-26　取下皮带轮

⑩如图 2-27 所示，用螺丝刀将电磁线圈的导线从压缩机壳件上脱开。

⑪如图 2-28 所示，取出驱动轴的密封毛毡和毛毡座。

图 2-27　脱开电磁线圈的导线　　　图 2-28　取出密封毛毡和毛毡座

⑫如图 2-29 所示，取出驱动轴的密封弹性卡簧。

⑬如图 2-30 所示，用卡簧钳拆卸电磁线圈体的固定弹性卡簧。

图2-29　取出驱动轴的密封弹性卡簧　　图2-30　拆卸电磁线圈体的固定弹性卡簧

⑭如图2-31所示,取下弹性卡簧。
⑮如图2-32所示,取下电磁线圈体。

图2-31　取下弹性卡簧　　　　　　图2-32　取下电磁线圈体

⑯如图2-33所示,把空调压缩机上下翻转180°,并把它固定在拆装台上,松开压缩机壳体的紧固螺栓。

⑰如图2-34所示,用一字螺丝刀小心地撬开汽缸盖,注意不要划伤汽缸与衬垫的接触表面,拆下定位销。

图2-33　松开压缩机壳体的紧固螺栓　　　图2-34　撬开汽缸盖

⑱如图2-35所示,取下汽缸盖及衬垫。
⑲如图2-36所示,取下进/排气阀板。

图2-35　取下汽缸盖及衬垫　　　　图2-36　取下进/排气阀板

⑳如图2-37所示，检查汽缸及活塞的磨损情况，每次拆除汽缸盖后应更换密封垫片及O形圈。

㉑如图2-38所示，把空调压缩机上下翻转180°，并把它固定在拆装台上；用梅花扳手拆下前盖紧固螺栓。

图2-37　检查汽缸及活塞的磨损情况　　　图2-38　拆下前盖紧固螺栓

㉒如图2-39所示，小心地取下前盖及旋转斜盘。

㉓如图2-40所示，检查旋转斜盘及轴承的磨损情况，每次拆除前盖后应更换O形圈及油封。

图2-39　取下前盖及旋转斜盘　　　　图2-40　检查旋转斜盘及轴承的磨损情况

㉔取下旋转斜盘及活塞，检查活塞、活塞环、汽缸阀片和限位器的磨损情况，如有任何零件损坏，必须更换。

4）压缩机的安装按拆卸的相反顺序进行

（1）如图 2-41 所示，清洁空调压缩机各部件，注意不要损伤各部件的密封面；更换所有 O 形圈及密封垫片；在装配之前，用冷冻机油润滑各运动部件及 O 形圈和密封垫片；首先安装活塞、行星盘及旋转斜盘。

（2）如图 2-42 所示，更换新的密封垫片，注意旋转斜盘一定要安装到位；装上前盖，并拧紧前盖螺栓（对角拧紧），初次扭矩为接近 19.6N·m，然后用 25N·m 的扭矩最终拧紧。

图 2-41　安装旋转斜盘

图 2-42　拧紧前盖螺栓

（3）如图 2-43 所示，将新的定位销子装入缸体上，注意将阀板和进/排气簧片阀装到汽缸的定位销上。

（4）如图 2-44 所示，更换新的密封垫片，安装上汽缸盖。

（5）如图 2-45 所示，放置并拧紧缸盖螺栓（对角拧紧），初次扭矩接近 19.6N·m，然后用 35N·m 的扭矩最终拧紧。

（6）如图 2-46 所示，把空调压缩机翻转 180°，并把它固定在拆装台上；安装电磁线圈体，注意对准其定位孔。

图 2-43　安装进/排气阀板

图 2-44　安装汽缸盖

图 2-45　拧紧缸盖螺栓　　　　图 2-46　安装电磁线圈体

（7）如图 2-47 所示，用卡簧钳安装电磁线圈固定的弹性卡簧；安装弹性卡簧时，应使其倒角端朝上。

（8）如图 2-48 所示，用卡簧钳安装驱动轴的密封弹性卡簧。

图 2-47　安装电磁线圈固定的弹性卡簧　　　图 2-48　安装驱动轴的密封弹性卡簧

（9）如图 2-49 所示，安装驱动轴的密封毛毡和毛毡座。

（10）如图 2-50 所示，用螺钉刀安装电磁线圈的导线。

图 2-49　安装密封毛毡和毛毡座　　　　图 2-50　安装电磁线圈的导线

（11）如图 2-51 所示，按原位置安装皮带轮。

（12）如图 2-52 所示，把压缩机的尾部放在压力机的底座上，把皮带轮与其轴承孔对正，用专用套筒对准驱动轴及轴承内圈，然后用压力机把皮带轮、轴承压装在压缩机的壳体上。

图 2-51　安装皮带轮　　　　图 2-52　把皮带轮、轴承压装在压缩机的壳体上

（13）如图 2-53 所示，用卡簧钳安装皮带轮轴承外圈的固定弹性卡簧。

（14）如图 2-54 所示，用卡簧钳安装皮带轮轴承内圈的固定弹性卡簧。

图 2-53　安装皮带轮轴承外圈的固定弹性卡簧　　图 2-54　安装皮带轮轴承内圈的固定弹性卡簧

（15）如图 2-55 所示，安装驱动轴上的半圆键。

（16）如图 2-56 所示，安装离合器压盘时，按需要先装离合器调整垫片，离合器的间隙由调整垫片的厚度决定，注意把压盘上的槽对准半圆键。

图 2-55　安装驱动轴上的半圆键　　　　图 2-56　安装离合器压盘

（17）如图 2-57 所示，用专用工具固定离合器压盘的位置，再用扭力扳手拧紧转轴螺母，拧紧力矩为 19.6N·m。

（18）如图 2-58 所示，压缩机安装完后，用厚薄规测量电磁离合器的间隙，间隙的大小一般为 0.4mm~0.78mm；如果间隙不在规定的范围内，要重新拆下离合器压盘，更换调整垫片，直到符合要求为止。

图2-57 用扭力扳手拧紧转轴螺母　　图2-58 用厚薄规测量电磁离合器的间隙

5）压缩机的检修

（1）压缩机的检测。

①接上歧管压力表，使发动机工作在2000r/min左右的转速下。

②压缩机工作时，检查是否有金属撞击声；若有，应更换压缩机总成。

③检查空调系统压力，高压表读数应不低于正常值，低压表读数应不高于正常值。

④检查压缩机轴的油封部分是否有制冷剂泄漏；若有，更换油封或压缩机总成。

⑤压缩机电磁离合器的检修：如果电磁离合器的线圈与转子的间隙不对，或转子与吸铁之间的间隙不对，或压缩机的工作扭矩过大，或电压不对，都会引起电磁离合器工作不正常或烧坏线圈。

（2）电磁离合器检查。

①外观检查。检查离合器轴承润滑油是否泄漏，压力盘或转子上是否有润滑油痕迹；若有，按要求进行修理或更换。

②检查离合器轴承噪声。启动发动机，闭合A/C开关，检查压缩机是否有异常噪声；若有，应检修或更换电磁离合器。

③检查电磁离合器。从电磁离合器上拆下接线插头，将蓄电池正极接至电磁离合器接线插头，负极接车身，检查电磁离合器是否吸合；如未吸合，则应修理或更换电磁离合器。

9. 训练后工作

完成学习工作单。

任务六　制冷剂回收、充注

（一）训练目标与要求

（1）能够正确使用空调常用检修工具及设备。

（2）能够贯彻执行交通行业标准《汽车空调制冷剂回收、净化、加注工艺规范》（JT/T774—2010）。

（3）能够进行制冷剂回收及充注作业。

（二）训练设备

整车或空调台架、AC350C 制冷剂回收充注机、歧管压力表、真空泵、R134a 制冷剂、冷冻机油、制冷剂注入阀、防护眼镜、手套。

（三）训练步骤

1. 训练前准备

（1）明确完成本项目所需的知识准备，选择完成本项目需要的空调维修设备和仪器。

（2）请学习相关知识并查阅相关维修设备产品使用手册，掌握制冷剂回收充注设备的使用方法。

2. 利用制冷剂回收充注机对制冷系统进行回收及充注作业

1）回收制冷剂

（1）在回收制冷剂之前要启动空调运行几分钟，以便于在回收时将杂质和冷冻机油带出。

（2）检查设备管路是否连接正确，快速接头是否已装在高/低压软管上。将红色高压软管上的接头连接到汽车空调系统的高压侧，将蓝色低压软管上的接头连接到汽车空调系统的低压侧，如图 2-59 所示。记录系统高、低压侧压力，如果没有正压，说明没有制冷剂可回收。

图 2-59 连接制冷剂管路

注意：在连接快速接头时，需先将其逆时针旋转到底，然后连接到维修阀处，确认连接牢固后，再将快速接头顺时针旋转到底，与空调系统接通。旋转时，速度应慢一些，防止将压缩机油从系统带出。

（3）开机、排气，记录好回收前工作罐罐重。注意：工作罐质量不超过罐体标称质量的 80%。

（4）选择面板上的"回收"键，如图 2-60 所示，打开面板上的高/低压手动阀门。

（5）设定好回收量后按下"确认"键开始回收。

（6）当压力表指针指到"0"或更少时且回收量无增加时，按住"取消"键，停止程序。

（7）为保证回收彻底，停机后静待 5min，若压力表回升至"0"以上，则重复步骤（4）~（6），正常情况下，如果回收充分，保压时间应超过2min。

（8）制冷剂回收完成后，按下"确认"键开始排油，仔细观察集油瓶中的油面位置，并把第一次排出的油面高度扣除，这一差值即回油量，将其记录在学习工作单上。排油时间一般为10s，排油结束后，关闭面板上的高、低压手动阀门。

图2-60　AC350C制冷剂回收充注机控制面板功能键

2）抽真空

请思考以下问题：

①空调系统抽真空的目的是什么？

②抽真空的时间不得低于多长时间？为什么抽真空要分两次进行？

③抽真空时真空度要达到多少？保压的目的是什么？

（1）将高压软管和低压软管连接到空调系统上，并打开控制面板上的高/低压手动阀门。

（2）按下"抽真空"键，显示屏上抽真空时间默认为15min。

（3）按控制面板上的数字键可以改变抽真空时间，按"确认"键开始抽真空。

（4）抽真空至系统真空度低于-90kPa，关闭高/低压阀，按"取消"键，停止抽真空。

（5）保压至少15min，若压力表指示不动，则重复步骤（1）~（4），抽真空的时间一般不少于30min，如时间允许，可再长些。若压力表有压力有回升，则继续抽真空，如累计抽真空时间超过30min，压力仍回升，则可以判定制冷装置有泄漏，应检修制冷装置。

3）充注压缩机油

充注压缩机油应在充注制冷剂之前，抽真空保压无回升之后进行。对于SPXROBINAIRAC350C，在抽真空保压之后，会自动进入"注油"程序，此时只需要按下"确认"键即可。具体操作步骤如下：

（1）查阅维修手册或车辆名牌信息，选择与系统同一型号的冷冻机油。

（2）将适量的冷冻机油加入注油瓶内。注意：冷冻机油尽量用小瓶，大瓶用后要及时密闭，不应长时间将冷冻机油暴露在空气中，使冷冻机油被空气氧化。

（3）安装注油瓶。注意必须拧紧，防止空气进入。

（4）打开控制面板上高压手动阀门，按下"确认"键从高压侧注入压缩机油。达到补充量后及时按"确认"键，暂停加注冷冻机油，确认加注量达到要求后，按"取消"键结束加注冷冻机油并关闭控制面板高压手动阀门。

注意： 在注油的过程中，一定要仔细观察注油瓶液面。在没有更换元件时，注油油量 = 回收油量 + 20mL。

4）充注制冷剂

（1）按下控制面板"加注制冷剂"键，设定制冷剂量。对于迈腾 B7L 轿车空调系统，标准加注量为 500g ±15g。

（2）打开控制面板上高压手动阀，按下"确认"键开始充注。

注意： 在充注制冷剂前，应确定制冷剂回收充注机内工作罐罐重应该超过车辆空调系统标准充注量的3倍以上，否则将会导致所要充注的制冷剂没有被完全充入空调系统，或制冷剂充注过慢，这是因为工作罐中的压力和空调系统中的压力过于平衡所致。

（3）当显示屏显示的数字与设定值一致时，设备发出蜂鸣信号提示充注程序已经结束，此时关闭充注阀。按"取消"键停止程序，关闭控制面板上的高/低压手动阀。

（4）启动空调系统，保持空调系统运转直到控制面板上的高/低压力表指示稳定，检查指针读数，以确定所充注的系统工作是否正常。

（5）空调系统处于运转状态时，关上红色高压快速接头的阀门，并从汽车空调系统上拆下红色高压软管。

（6）打开控制面板上的红色高压阀和蓝色低压阀，两根软管中的剩余制冷剂将通过蓝色低压管被吸入空调系统。

（7）关闭低压快速接头的阀门，并将设备从汽车空调系统上拆下，然后关闭控制面板上的高/低压阀。

（8）将注油瓶、排油瓶的废油无害化处理并清洗注油瓶及排油瓶。

3. 利用歧管压力表组件及真空泵抽真空

（1）连接歧管压力表组件，将红色软管连接制冷系统高压侧，蓝色软管接制冷系统低压侧，黄色软管接真空泵。

（2）打开歧管压力表组件的高/低压手动阀，启动真空泵。观察低压表指针，应该有真空显示。

（3）操作 15min 后低压表应达到 -90kPa，高压表指针应略低于零刻度。如果高压指针不低于零刻度，则说明系统内有堵塞，应停止操作，清理好故障再抽真空。

（4）如果操作 15min 后低压表达不到 -90kPa，则应关闭低压手动阀，观察低压表指针，如果指针上升，说明真空有损失，要查泄漏点，进行检修后才能继续抽真空。

（5）抽真空的总时间不应少于 30min，充分排除系统中的水分之后，才可以向系统中充注制冷剂。

4. 利用歧管压力表组件充注制冷剂

充注制冷剂的方法有两种。一种是从制冷系统的高压侧充注，充入的是制冷剂液体。其特点是安全、快速，适用于制冷系统的第一次充注，即经检漏、抽真空后的系统充注。但用这种方法时必须注意，充注时制冷剂罐倒立，不可开启压缩机（发动机停转），否则将导致压缩机因缺油而发热甚至拉伤；也不要打开低压侧阀门，否则液态制冷剂进入低压侧将导致压缩机"液击"。另一种是从系统的低压侧充注，充入的是制冷剂气体，在压缩机运转的情况下进行。注意：此时制冷剂罐应正立，切勿倒立。

1）高压侧充注制冷剂（适合给新系统加注制冷剂）

（1）当系统抽真空后，关闭歧管压力表上的高/低压手动阀。

（2）将中间软管的一端与制冷剂罐注入阀的接头连接起来，如图2-61所示。打开制冷剂罐开启阀，再拧开歧管压力表软管一端的螺母，让气体溢出几秒钟，把空气赶走，然后再拧紧螺母。

（3）拧开高压侧手动阀至全开位置，将制冷剂倒立，以便从高压侧充注液态制冷剂。

（4）从高压侧注入规定量的液态制冷剂，关闭制冷剂罐注入阀及歧管压力表上的高压手动阀，然后将仪表卸下。

2）从低压侧充注制冷剂（适合给空的或部分空的系统加注制冷剂）

（1）如图2-62所示，将歧管压力表与空调系统和制冷剂罐连接好。

（2）打开制冷剂罐，拧松中间注入软管在歧管压力表上的螺母，直到听到有制冷剂蒸气流动的声音，目的是为了排出注入软管中的空气，然后拧紧螺母。

（3）打开低压手动阀，让制冷剂进入制冷系统。当系统的压力值达到0.4MPa时，关闭低压手动阀。

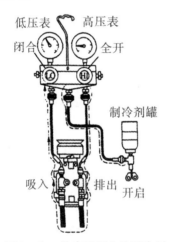
图2-61 从高压侧充注制冷剂

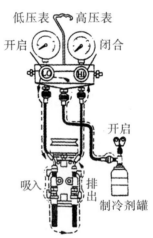
图2-62 从低压侧充注制冷剂

（4）启动发动机，将空调开关接通，并将鼓风机开关和温度开关都调至最大。

（5）再打开歧管压力表上的低压手动阀，让制冷剂继续进入制冷系统，直至充注量达到规定值。

（6）在向系统中充注规定量制冷剂后，从视液窗处观察，确定系统内无气泡、无过量制冷剂。随后将发动机转速调至2000r/min，鼓风机风开到最高挡。若气温在30℃~35℃，系统内低压侧压力应为0.15MPa~0.3MPa，高压侧压力应为1.3MPa~1.5MPa（对于R134a）。

（7）充注完毕后，关闭歧管压力表上的低压手动阀，关闭制冷剂罐上的注入阀，使发动机停止转动，将歧管压力表卸下。卸下时，动作要迅速，以免过多制冷剂泄出。

5. 利用歧管压力表组件加注冷冻润滑油

补充冷冻润滑油的方法有以下两种。

1）直接加入法

将冷冻润滑油按标准称量好，直接倒入压缩机内。这种方法只在更换蒸发器、冷凝器和储液干燥器时可采用。

2）真空吸入法

（1）按抽真空的方法先对制冷系统抽真空。

（2）选用一个有刻度的量筒，装上比要补充的冷冻润滑油还要多20mL的冷冻润滑油。

（3）将连接在压缩机上的压软管从歧管压力表上拧下来，并将其插入盛有冷冻润滑油的量筒内，如图2-63所示。

（4）启动真空泵，打开歧管压力计上的高压手动阀，补充的润滑油就从压缩机的高压侧进入压缩机中。当冷冻润滑油量达到规定量时，停止真空泵的抽吸，并关闭高压手动阀。

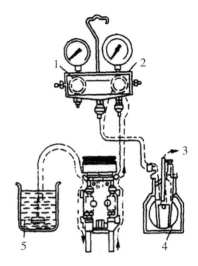

图2-63 真空吸入法
1—低压手动阀；2—高压手动阀；3—排出空气；4—真空泵；5—冷冻润滑油。

（5）按真空入法加注冷冻润滑油后，再对制冷系统抽真空、加注制冷剂。

6. 训练后工作

（1）将制冷剂回收、充注过程记录在学习工作单对应表格内。

（2）各组同学派代表完成任务汇报。

任务七 空调系统性能测试

（一）训练目标与要求

（1）能够正确使用空调常用检修工具及设备。

（2）能够贯彻执行交通行业标准《汽车空调制冷剂回收、净化、加注工艺规范》（JT/T774—2010）。

（3）能够对汽车空调系统进行竣工检验。

（二）训练设备

整车或空调台架、歧管压力表、温度计、干湿计、防护眼镜、手套。

（三）训练步骤

1. 训练前准备

明确完成本项目所需的知识准备，选择完成本项目需要的空调检测设备和仪器。

2. 汽车空调制冷系统性能测试

汽车空调制冷系统性能测试的主要测试参数为空调系统压力、进、出风口温度、空气湿度。根据这些参数查图可判断空调性能是否良好。具体步骤如下：

（1）车辆停放在阴凉处，将干湿计放置在空调进风口位置。

（2）打开车窗及车门。

（3）打开发动机盖。

（4）设置空调系统：①进气模式设置为外循环位置；②温度设置为最低；③A/C开关打开；④鼓风机转速设置为最高；⑤将出风模式设置为吹脸，将所有空调出风口打开并调节到全开位置；⑥若是自动空调，应设为手动并将温度设定为最低值。

（5）将温度计探头放置在空调出风口内 50mm 处。

（6）启动发动机，将发动机转速控制在 1500r/min ～ 2000r/min，使压力表指针稳定。

（7）待温度计显示数值趋于稳定后，读取压力表和温度计的显示值，将所测得的高/低侧压力、相对湿度、空调进风温度、出风温度与汽车制造商提供的空调性能参数或图表上的参数比较，如图 2 - 64、图 2 - 65 所示。如压力表、温度计显示的高/低侧压力和空调出风温度不在规定的范围内，应对制冷装置做进一步的诊断和检修。

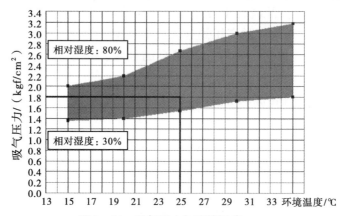

图 2 - 64 吸气压力与环境温度

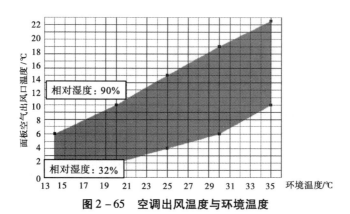

图 2 - 65 空调出风温度与环境温度

3. 训练后工作

（1）将测量结果填写在学习工作单内并进行结论分析。

（2）各组同学派代表完成任务汇报。

三、相关知识

(一) 汽车空调制冷系统

1. 制冷技术基础知识

1) 温度

温度是物质冷热程度的度量，用温标来表示。常用的温标：摄氏温标，用℃表示；华氏温标，用℉表示；开氏温标，用 K 表示。

(1) 摄氏温标。在标准大气压下，冰的熔点为 0℃，水的沸点为 100℃，把这两点间分为 100 份，每一份为 1℃。

(2) 华氏温标。在标准大气压下，冰的熔点为 32℉，水的沸点为 212℉，两点分为 180 份，每一份为 1℉。

(3) 开氏温标。绝对温度零为 -273.15℃，绝对温标的分度间隔与摄氏温标相同，即摄氏温差 1℃就是绝对温差 1K。

在我国，表示温度通常使用摄氏温标，欧美等国华氏温标使用比较普遍，两者的换算关系为

摄氏温标（℃）= 5/9 × 华氏温度（℉）- 32

华氏温标（℉）= 9/5 × 摄氏温标（℃）+ 32

2) 压强

压强的定义是单位面积上的作用力，在工程上俗称压力，其基本单位是帕（Pa）。由于此单位较小，常用的单位是千帕（kPa）和兆帕（MPa）。在实际使用中还有几个常用的压强单位，如工程大气压（kgf/cm^2）、毫米汞柱（mmHg）、大气压（atm）及磅/平方英寸（psi）等。它们之间的换算关系如表 2-1 所示。

表 2-1 压强换算关系

kPa	kgf/cm^2	mmHg	psi	atm
1	1.02×10^{-2}	7.50	0.145	9.87×10^{-3}
98.1	1	7.36×10^2	14.2	0.98
0.133	1.36×10^{-3}	1	1.93×10^{-2}	1.32×10^{-3}
6.89	7.03×10^{-2}	51.72	1	6.80×10^{-2}
101.32	1.03	760	14.70	1

此外，还有些地方采用巴（bar）作为压强单位，它与工程大气压的换算为

$1bar \approx 1kgf/cm^2$

由于大气本身具有一定的质量，所以大气作用在地面上也有一定的压强，作用在海平面上的压强为一个大气压，现在使用的压力表都将此压强作为0，这样测出来的压强称为表压力［制冷剂的压力（又称绝对压力）与大气压力之差值］。当制冷剂的压力低于大气压力时其值称为真空度。绝对压力、大气压力、表压力、真空度的相互关系如图 2-66 所示。

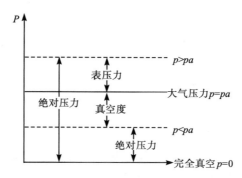

图 2-66 绝对压力、大气压力、表压力、真空度的相互关系

3) 湿度

湿度用来表示空气中水蒸气的含量。表示湿度大小有两种方法：相对湿度；绝对湿度。

(1) 相对湿度。在某一温度下，空气中实际含水蒸气（以重量计）与空气在该温度下所能含水蒸气量（重量）之比。通常，随着温度的升高，空气中所能含的水蒸气量会增加，如果空气的实际含水蒸气量不变，温度升高，则空气的相对湿度下降，如图 2-67 所示。

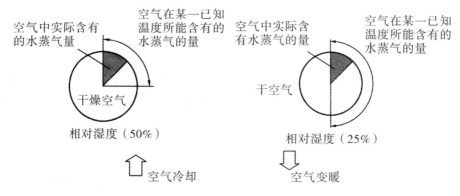

图 2-67 空气的相对湿度

(2) 绝对湿度：空气中所含水蒸气的量（重量）与干燥空气量之比。

4) 汽化与冷凝

液体转变为气体的过程叫汽化。物质的汽化过程有两种：蒸发；沸腾。蒸发与沸腾的区别是在一定的压力下，蒸发可以在任何温度下进行，而沸腾只能在一定温度下发生。在制冷技术中，在蒸发器中进行的其实是沸腾过程。气体转变为液态的过程叫冷凝。

5) 显热与潜热

显热是指任何物质在吸热或放热过程中，只发生温度改变，而形态不变化的这部分热量。潜热指形态发生变化而温度不变化吸收或放出的热量。如在标准大气压下，对水加热，水从 0℃ 升高到 100℃ 所吸收的热量为显热；在 100℃ 时，再加热，水的温度不再继续升高，而开始沸腾转变为水蒸气，这部分热量为汽化潜热。

6）制冷能力与制冷负荷

（1）制冷能力。制冷装置是把热量不断地从低温物体转移到高温物体的装置。制冷能力的大小是以单位时间所能转移的热量来表示的，单位为 J/h。

（2）制冷负荷。为了把车内的温度保持在一定范围内，必须将来自车外阳光的辐射热和车内人体发出的热量排除到大气中，这两种热量的总和就叫作制冷负荷。

2. 制冷剂和压缩机油

1）制冷剂

制冷剂又称冷媒，是一种化学物质，它是制冷系统中完成制冷循环的工作介质。制冷剂的英文名称为 Refrigerant，所以常用其头一个字母 R 来代表制冷剂，后面表示制冷剂名称，汽车空调系统常用的制冷剂主要是 R12 和 R134a。过去常用的制冷剂是 R12（又称氟利昂）。这种制冷剂各方面的性能都很好，但有一个致命的缺点，就是破坏大气臭氧层，使太阳的紫外线直接照射到地球，对植物和动物造成伤害。我国目前已停止生产使用 R12 作为制冷剂的汽车空调系统。

目前，汽车上广泛使用的制冷剂是 R134a。R134a 在标准大气压力下的沸点是 $-26.9℃$。在常温常压的情况下，如果将其释放，R134a 便会立即吸收热量开始沸腾为气体，对 R134a 加压后，它也很容易转化为液体。R134a 的特性如图 2-68 所示。由图可知，R134a 具有压力越低，蒸发温度越低；压力越高，蒸发温度越高的性质。

R134a 与水几乎不相溶，若制冷系统中混有水分，就会在膨胀阀部位形成"冰塞"现象。

2）压缩机油

制冷系统中使用的润滑油为压缩机油，又称冷冻机油。冷冻机油除了起润滑作用外，还可以起冷却、密封和降低噪声的作用。在制冷系统中，润滑油还有一个特殊的要求，就是要与制冷剂相容，并且随制冷剂一起循环，图 2-69 为压缩机在制冷循环中的分配比例图。因此，在冷冻机油的选用上，一定要注意正确选用冷冻机油的型号，切不可乱用，否则将造成严重后果。

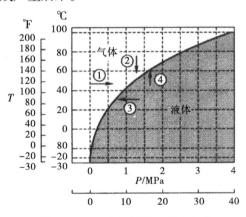

图 2-68 R134a 蒸气—压力曲线

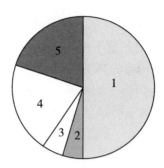

图2-69 压缩机油在制冷循环中的分布比例

1—压缩机（50%）；2—连接管路（5%）；3—蒸发器（20%）；

4—储液干燥器（5%）；5—冷凝器（20%）。

3. 制冷原理

根据目前车辆上采用的循环系统，大致可分为膨胀阀式和膨胀管式两种循环方式。

1）膨胀阀式制冷循环（CCTXV）

图2-70为膨胀阀式的制冷循环。循环系统主要由压缩机、冷凝器、储液干燥罐、膨胀阀、蒸发器和电气控制系统（图中的高、低压开关等）组成。它们由下列三种管路连成制冷系统：①高压蒸气软管：用于连接压缩机和冷凝器；②液体管路：用于连接冷凝器和蒸发器；③低压回气管路：用于连接蒸发器和压缩机。

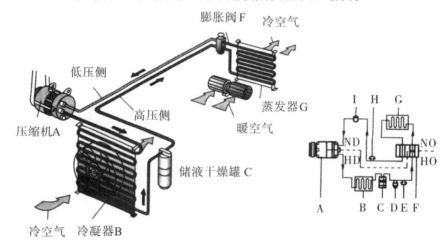

图2-70 膨胀阀式制冷循环系统

另外，在系统中还应装有高、低压维修阀。

这种制冷循环的工作原理：压缩机将低温低压（1℃~4℃，0.15MPa~0.3MPa）的制冷剂气体压缩为高温高压（70℃，1.3MPa~1.5MPa）的制冷剂气体，目的是使制冷剂比较容易液化放热。高压的气态制冷剂进入冷凝器，冷凝器风扇使空气通过冷凝器的缝隙带走制冷剂放出的热量，从而使制冷剂转变为中温高压（50℃，1.3MPa~1.5MPa）制冷剂液体。液化后的制冷剂进入储液干燥罐，过滤掉其中的杂质、水分，同时存储适量的液态制冷剂以备制冷负荷发生变化时制冷剂不会断流，从储液干燥罐出来的制冷剂流至膨胀阀，经过膨胀阀中节流孔的节流降压作用转变为低温低压

（-5℃,0.15MPa~0.3MPa）的雾状制冷剂。雾状制冷剂进入蒸发器，由于节流降压作用，低压的制冷剂很容易蒸发，吸收热量，鼓风机使空气不断通过蒸发器的缝隙，使其温度下降，车内温度降低，蒸发器出来的气态制冷剂再进入压缩机重复上述过程。这种循环系统中的膨胀阀可以根据制冷负荷的大小调节制冷剂流量。

制冷循环系统中，压缩机和膨胀阀是高压与低压的分界点，蒸发器和冷凝器是气体和液体的分界点。

2）膨胀管式制冷循环（CCOT）

膨胀管式的制冷循环系统从制冷的工作原理来看，与膨胀阀式的制冷循环无本质的差别，只是将可调节流量的膨胀阀换成不可调节流量的膨胀管，使其结构简单。由于其不能调节流量，液体制冷剂很可能流出蒸发器而进入压缩机，造成"液击"。为此，装有膨胀节流管的循环系统，必须同时在蒸发器出口和压缩机进口之间安装一个集液器（又称气液分离器），如图2-71所示。

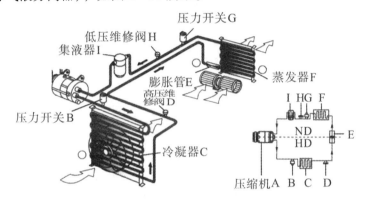

图2-71 膨胀管式制冷循环系统

4. 制冷系统的组成部件

制冷系统中各部件在车上的布置如图2-72所示，下面分别对各主要组成部件予以介绍。

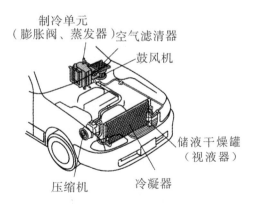

图2-72 制冷系统各部件的安装位置

1）压缩机

压缩机被称为制冷循环系统的心脏，它吸入来自蒸发器的低温低压气态制冷剂并将其压缩成高温高压气态制冷剂,有利于进入冷凝器内实现冷凝。

汽车空调制冷压缩机,主要采用容积式压缩机,其动力除大型客车采用独立发动机驱动,大部分是采用汽车发动机驱动。目前,正式使用在汽车空调的压缩机有很多种类型。压缩机按照其运动形式可分为往复活塞式和旋转式两类,曲轴连杆式、径向活塞式和轴向活塞式都属于往复活塞式压缩机,其中轴向活塞式又有斜盘式和摇板式两种;旋叶式、涡旋式、转子式、蜗杆式都属于旋转式压缩机。目前,比较常用的有曲轴连杆式压缩机、摇板式压缩机、斜盘式压缩机、旋叶式压缩机、涡旋式压缩机等。此外,压缩机还可以分为定排量压缩机和变排量压缩机。

(1) 曲轴连杆活塞式压缩机。

①结构。这种压缩机结构与发动机相似,由曲轴连杆驱动活塞往复运动,每个缸上方装有进排气阀片,曲轴连杆活塞式压缩机具体结构如图2-73所示。

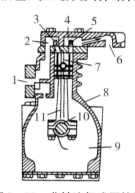

图2-73 曲轴连杆式压缩机

1—进气管;2—进气腔;3—进气阀;4—排气腔;5—排气阀;
6—排气管;7—活塞;8—汽缸体;9—曲轴箱;10—曲轴;11—连杆。

②工作过程。整个工作过程由压缩、排气、膨胀、吸气四个过程组成。

a. 压缩过程。活塞在曲轴的带动下在汽缸内运动,当活塞运行到汽缸内最低点(下止点)时,汽缸内充满了由蒸发器吸入的制冷剂气体,如图2-74(a)所示。活塞再上行时,进气阀关闭,而排气阀由于汽缸内压力较低,不能被顶开,也关闭,因此活塞上行时由于汽缸容积减小,汽缸内压力和温度不断升高。当活塞上行到一定位置时,即汽缸内压力略高于排气阀上部的压力时,排气阀打开,开始排气。制冷剂在汽缸内从进气时的低压升高到排气时的高压的过程,称为压缩过程。

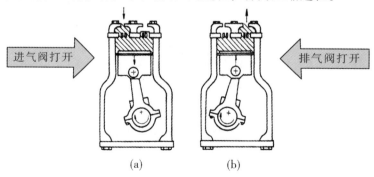

图2-74 压缩和排气过程

b. 排气过程。活塞继续往上运行，汽缸内的制冷剂压力不再升高，而且不断经过排气阀向排气管输出，直到活塞运行到最高位置（上止点），如图2-74（b）所示，排气结束。制冷剂气体从汽缸向排气管输出的过程称为排气过程。

c. 膨胀过程。当活塞运行到上止点位置时，由于压缩机的结构工艺等原因，活塞顶部与气阀之间存在一定的间隙，该间隙所形成的容积称为余隙。排气过程结束时，在该间隙内有一定数量的高压气体，当活塞再下行时，排气阀已关闭，但吸气管道内的低压蒸气不能立即进入汽缸，而是首先将残留在汽缸内的高压蒸气因容积的增大而膨胀（图2-75）。内压力稍低于进气管内压力时，进气阀才打开。活塞从上止点位置移动到进气阀门打开的过程为膨胀过程。

d. 吸气过程。活塞继续下行，汽缸内压力进一步下降，此时进气阀门打开，低压制冷剂气体不断从蒸发器经进气管道和进气阀进入汽缸，直到活塞运行止至下止点位置，这一过程为吸气过程，如图2-92所示。完成吸气过程后，活塞又从下止点运行至上止点开始压缩过程，如此周而复始，不断循环。这种压缩机由于体积大，目前已很少在小型轿车上使用。

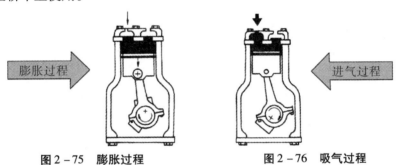

图2-75 膨胀过程　　　　图2-76 吸气过程

（2）摇板式压缩机。

①结构。摇板式压缩机为一种轴向活塞式压缩机，其结构如图2-77所示。

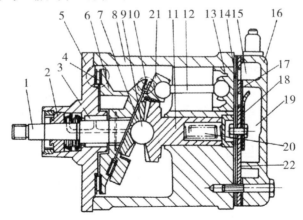

图2-77 摇板式压缩机

1—压缩机主轴；2—油封总成；3—轴承；4—端面滚动轴承；5—前缸盖；6—连接板；7—圆锥齿轮；8—缸体；9—钢球；10—摇板滚动轴承；11—圆锥齿轮；12—连杆；13—活塞；14—阀板杆；15—吸气腔；16—压盖；17—阀板；18—排气阀片；19—排气腔；20—压紧弹簧；21—摇板；22—压盖钢垫。

②工作过程。其工作示意图如图2-78所示。各汽缸以压缩机轴线为中心，五角均匀分布，连杆连接活塞和摇板，两头用球形万向节，使摇板的摆动和活塞移动协调而不发生干涉。摇板中心用钢球作为支承中心，并用一对固定圆锥齿轮限制摇板只能摆动而不能转动。压缩机主轴和传动板连接固定在一起。

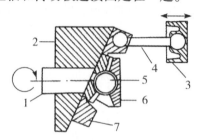

图2-78 摇板式压缩机工作示意图

1—压缩机主轴；2—传动板；3—活塞；4—连杆；5—支承钢球；6—防转锥齿轮；7—摇板。

压缩机工作时，压缩机主轴带动传动板一起旋转。由于传动板是楔形的，它带动摇板做以钢球为中心的左右摇摆运动。摇板和传动板之间存在摩擦力，会使得摇板具有转动的趋势，但被一对固定的圆锥齿轮限制，只能做左右往复运动。

(3) 斜盘式压缩机。

斜盘式压缩机采用往复式双头活塞，依靠斜盘的旋转运动，使双头活塞获得轴向的往复运动。缸数是偶数，红旗牌轿车采用轴向6缸，奥迪100轿车采用轴向10缸压缩机，每个汽缸两头都有进气阀和排气阀。活塞由斜盘驱动在汽缸中往复运动，活塞的一侧压缩时，另一侧则为进气。

斜盘式压缩机的工作过程如图2-79所示。压缩机轴旋转时，轴上的斜盘同时驱动所有的活塞运动，部分活塞向左运动，部分活塞向右运动。图中的活塞在向左运动中，活塞左侧的空间缩小，制冷剂被压缩，压力升高，打开排气阀，向外排出。与此同时，活塞右侧空间增大，压力减少，进气阀开启，制冷剂进入汽缸。由于进、排气阀均为单向阀结构，所以保证制冷剂不会倒流。

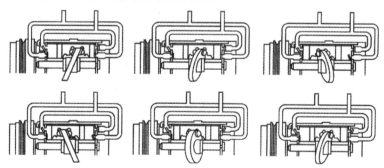

图2-79 斜盘式压缩机的工作过程

(4) 旋叶式压缩机。

旋叶式压缩机（又称滑片式压缩机）的结构如图2-80所示。

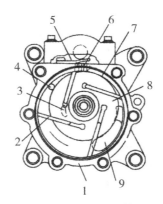

图 2-80　旋叶式压缩机结构

1—汽缸；2—旋叶；3—油孔；4—单向阀；5—排气阀；6—排气口；
7—转子/汽缸接触点；8—转子；9—进气口。

在圆形汽缸的旋叶式压缩机中，转子的主轴与汽缸的圆心有一个偏心距离，使转子紧贴在汽缸内表面的进排气口之间，转子上的叶片和它们之间的接触线将汽缸分成几个空间，当主轴带动转子旋转一周时，这些空间的容积发生扩大、缩小的循环变化，制冷剂蒸气在这些空间经历进气—压缩—排气的循环过程，压缩后的气体通过安装在接触线旁的排气阀排除。

旋叶式压缩机没有进气阀，因为滑片能完成吸入和压缩制冷剂的任务。在压缩腔内装有液体单向阀，起到防止产生液击的作用。

（5）涡旋式压缩机。涡旋式压缩机结构如图 2-81 所示。

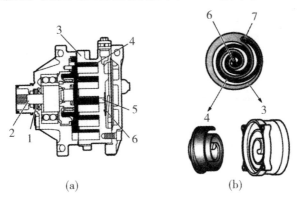

图 2-81　涡旋式压缩机结构

1—轴封；2—轴；3—固定涡旋；4—旋转涡旋；5—排气口；6—排气阀；7—吸气口。

涡旋式压缩机的工作过程如图 2-82 所示。涡旋式压缩机的工作也分为进气、压缩和排气三个过程。但是在两个涡旋槽板所组成的不同空间，进行着不同的过程。外侧空间与吸气口相通，始终处于吸气过程；中心部位与排气口相通，始终处于排气过程。上述两个空间形成月牙形封闭腔，则一直进行压缩过程。当压缩机旋转时，转子相对于定子运动，使两者之间的月牙形空间的体积和位置都在发生变化，体积在外部进入口处大，在中心排气口处小，进气口体积增大使制冷剂吸入。当到达中心排气口部位时，体积缩小，制冷剂被压缩排出。

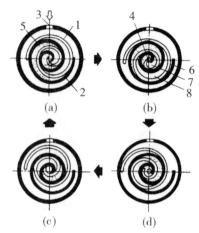

图 2-82 涡旋式压缩机工作过程
1—涡旋转子；2—涡旋定子；3—进气口；4—排气口；5—压缩室；
6—吸气过程；7—压缩过程；8—排气过程。

2）冷凝器

冷凝器的作用是将从压缩机送来的高温、高压的气态制冷剂转变为液态制冷剂，制冷剂在冷凝器中散热而发生状态的变化。因此，冷凝器是一个热交换器。它将制冷剂在车内吸收的热量通过冷凝器散发到大气中。

冷凝器安装在散热条件好的部位，小型汽车的冷凝器通常安装在汽车的前面（如发动机散热器前），通过风扇进行冷却。冷凝器风扇一般与散热器风扇共用，也有车型采用专用的冷凝器风扇。

汽车空调冷凝器有管片式、管带式及平行流式三种结构形式。

（1）管片式。图 2-83 为管片式冷凝器结构。它是汽车空调中早期采用的一种冷凝器，制造工艺简单。即用胀管法将铝翅片胀紧在紫铜管上，管的端部用 U 形弯头焊接起来。这种冷凝器清理焊接氧化皮较麻烦，而且其散热效率较低。

（2）管带式冷凝器。管带式冷凝器的结构如图 2-84 所示。它一般是将宽度为 22mm、32mm、44mm、48mm 的扁平管弯成蛇形管，在其中安置散热带，然后进入真空加热炉，将管带间焊好。管带式可以轧制成多孔式，这样能增大蒸气和环境的热交换面积。管带式冷凝器的传热效率比管片式冷凝器提高 15%~20%，所以近年来使用较多。

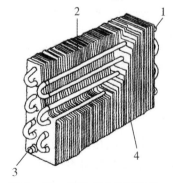

图 2-83 管片式冷凝器结构
1—进口；2—圆管；3—出口；4—翅片。

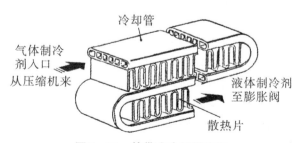

图 2-84 管带式冷凝器结构

(3) 平行流式冷凝器。平行流式冷凝器也是一种管带式结构，图 2-85 为平行流冷凝器结构图。它由圆筒集管、铝制内肋扁管、波形散热翅片及连接管组成。它是适应新工质 R134a 而研制的新结构冷凝器。

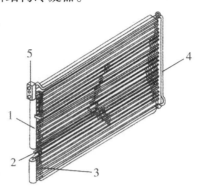

图 2-85　平行流式冷凝器结构
1—圆筒集管；2—铝制内肋扁管；3—波形散热翅片；4—连接管；5—接头。

平行流式冷凝器与普通管带式冷凝器的最大区别：管带式只是一条扁管自始至终地呈蛇形弯曲，制冷剂只是在这一条通道中流动而进行热交换，由于其流程长，管带式的管道压力损失大；又由于进入冷凝器时制冷剂是气态，比容大，需要通径大，出冷凝器时已完全变成液态，比容小，只需要较小的通径。而普通管带式结构的管径从头至尾是相同的。这对充分进行热交换是不利的，管道内空间未被充分利用，而且增加了排气压力及压缩机功耗。而平行流式冷凝器则是在两条集流管间用多条扁管相连，将几条扁管隔成一组，形成进入处管道多，逐渐减少每组管道数，实现了冷凝器内制冷剂温度及流量分配均匀，提高了换热效率，降低了制冷剂在冷凝中的压力损耗，这样就可减少压缩机功耗。由于管道内换热面积得到充分利用，对于同样的迎风面积，平行流冷凝器的换热量得到了提高。

在安装冷凝器时，需注意如下两点：

①连接冷凝器的管接头时，要注意哪里是进口，哪里是出口，顺序绝对不能接反。否则，会引起制冷系统压力升高、冷凝器胀裂的严重事故。

②未装连接管接头之前，不要长时间打开管口的保护盖，以免潮气进入。

3）储液干燥罐

由于汽车空调在正常工作时，制冷剂的供应量大于蒸发器的需要量，所以高压侧液态制冷剂有一定的储存量；同时，随着季节的变化，在系统不运行或检修、更换系统内的零件时，可以将系统中的制冷剂收入到高压侧进行储存，以免制冷剂泄漏。因此，在汽车空调制冷系统中，需设置储液干燥罐用来临时存储冷凝器液化的制冷剂，并进行干燥和过滤处理。储液干燥罐用于膨胀阀式制冷循环，其作用如下：

（1）储存制冷剂。接收从冷凝器来的液体并加以储存，根据蒸发器的需要提供所需制冷剂量。

（2）过滤杂质。将系统中经常会出现的杂质、脏物，如锈迹、污垢、金属粒等过滤掉，这些杂质会损伤压缩机汽缸壁和轴承，还会堵塞过滤网和膨胀阀。

（3）吸收湿气。汽车空调制冷系统中湿气要求越少越好，因为湿气会造成"冰塞"并腐蚀系统管道等，使之不能正常工作。

如图2-86所示,它由干燥器盖、干燥器体、引出管、过滤部分、干燥部分组成。干燥器盖上设有进液孔和出液孔,并装有视液镜和易熔塞。易熔塞的中部开有小孔,孔中灌有低熔点金属。当高压侧压力达到2.9MPa、温度达到95℃时,低熔点金属就熔化,并把制冷剂排放到大气中去,防止整个系统遭受损坏。视液镜用来观察制冷系统内制冷剂的流动状况。

有些储液干燥罐上还装有维修阀,供维修制冷系统安装压力表和加注制冷剂之用;有些车型的储液干燥罐上装有压力开关,可在系统压力不正常时终止压缩机工作。

4)膨胀阀

膨胀阀也称节流阀,是组成汽车空调制冷装置的主要部件,安装在蒸发器入口前,为制冷循环高压与低压之间的分界点。在膨胀阀前,制冷剂是高压液体;在膨胀阀后,制冷剂是低压、低温饱和液体和蒸气的雾状混合物。

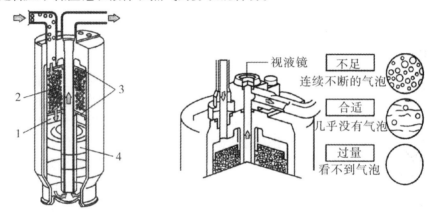

图2-86 储液干燥罐
1—气态制冷剂;2—干燥剂;3—过滤器;4—液态制冷剂。

膨胀阀的功能:①将高压制冷剂液体节流减压,由冷凝压力降至蒸发压力;②自动调节制冷剂进入蒸发器的流量,以适应制冷负荷变化的需要;③控制制冷剂流量,防止液击和异常过热发生,应保证蒸发器出口处有一定的过热度,并控制过热度在一定范围内。

通常,膨胀阀有内平衡式、外平衡式和H型三种,它们都由感温包、毛细管、阀座、阀针及感应机构等组成。

外平衡式膨胀阀的膜片下面的平衡力(制冷剂压力)是通过外接管,从蒸发器出口处引来的压力。而内平衡膨胀阀的膜片下面的制冷剂压力是从阀体内部通道传递来的膨胀阀孔的出口压力。由于两者的平衡压力不同,所以它们的使用场合也有区别。

(1)内平衡式膨胀阀。内平衡式膨胀阀的工作原理如图2-87所示。膨胀阀的入口接储液干燥器,出口接蒸发器的入口。膨胀阀的上部有一个膜片,膜片上方通过毛细管接感温包。感温包安装在膨胀阀出口的管路上,内部充满了制冷剂气体。当蒸发器出口处温度发生变化时,感温包内气体压力也发生变化,这个压力作用在膜片的上方。阀的中部有一个阀门,阀门控制制冷剂的流量,阀门下方有一个调整弹簧,弹簧的弹力试图将阀门关闭,弹簧的弹力通过阀门上方杆作用在膜片的下方。可以看出,膜片共受三个力的作用:一个是感温包中制冷剂向下的压力;一个是弹簧向上的推力;还有一个是蒸发器入口制冷剂的压力,作用在膜片的下方。膨胀阀处于某一开度时,这三个力处于平衡状态。

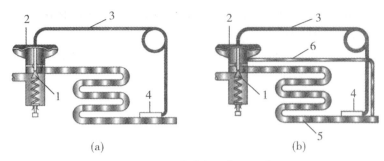

图 2-87 膨胀阀工作原理图

（a）内平衡式膨胀阀工作原理；（b）外平衡式膨胀阀工作原理。
1—针阀；2—膜片；3—毛细管；4—感温包；5—蒸发器；6—平衡管。

当制冷剂负荷减少时，蒸发器出口处的温度就会降低，感温包内的温度也会降低，使膨胀阀膜片上方压力下降，阀门就会在弹簧和膜片下方气体压力作用下向上移动，减少阀门开度，从而减少制冷剂流量。反之，制冷负荷增大时，阀门开度增大，增加制冷剂流量以适应制冷负荷的变化。

（2）外平衡式膨胀阀。外平衡式膨胀阀结构与内平衡式膨胀阀大同小异，如图 2-104（b）所示。不同之处在于外平衡式膨胀阀有平衡管，膜片下方的气体压力来自于蒸发器的出口而并非入口，外平衡式膨胀阀的工作原理与内平衡式膨胀阀工作原理完全相同。

应根据蒸发器的压力损失来选用膨胀阀。当蒸发器压力损失较小时，宜选用内平衡式膨胀阀；当蒸发器压力损失较大时，宜选用外平衡式膨胀阀。汽车空调蒸发器内部压力损失较大，一般应选用外平衡式膨胀阀。

（3）H 型膨胀阀。H 型膨胀阀是整体式膨胀阀，它取消了外平衡式膨胀阀的外平衡管和感温包，使其直接与蒸发器进出口相连。

H 型膨胀阀因其内部通路形同 H 而得名，其工作原理如图 2-88 所示。它有四个接口通往汽车空调系统，其中两个接口和普通膨胀阀一样，一个接储液干燥器出口，另一个接蒸发器进口；另外两个接口，一个接蒸发器出口，另一个接压缩机进口，感温包和毛细管均由膜片左边的热敏杆所取代，热敏杆处在进入压缩机的制冷剂气流中，制冷负荷的变化可通过热敏杆使膜片右方气体的压力发生变化，从而使阀门开度变化，调节制冷剂流量以适应制冷负荷的变化。H 型膨胀阀结构紧凑、性能可靠，在汽车空调系统中应用越来越广泛。

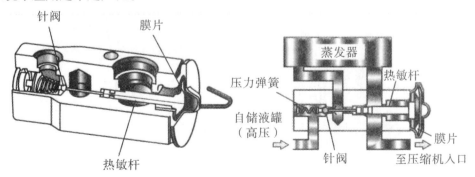

图 2-88 H 型热力膨胀阀工作原理

5）膨胀节流管

由于汽车正常行驶时，车内工况变化不大，如汽车的活动范围、乘坐人员、环境气候、路面状况都基本不变，空调系统并不主动要求制冷剂流量变化，这就为采用节流膨胀管提供了依据。节流膨胀管的节流孔径是固定的，入口和出口都有滤网，其结构如图2-89所示。由于节流管没有运动部件，结构简单，成本低，可靠性高，同时节省能量，因此，美、日等国有许多高级轿车都采用膨胀管式制冷系统。

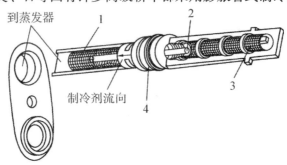

图2-89 膨胀节流管结构
1—出口滤网；2—毛细管；3—进口滤网；4—O形圈。

采用节流管的制冷系统（CCOT方式）与常规制冷系统不同，它有一个大的储液器放在蒸发器后面而不是放在冷凝器后面，这个储液罐就是前述的集液器，它的功能与常规储液干燥罐也不同。

6）集液器（气液分离器）

与前述储液干燥器不同，这种储液器不是放在冷凝器后的高压侧管路上，而是放在低压侧压缩机前的吸气管路上，与膨胀节流管配套使用。集液器结构如图2-90所示，这种储液器起着气液分离作用，防止液体制冷剂进入压缩机，同时也具备储藏过量制冷剂的作用。放进干燥剂就有干燥作用，由于是在低压侧，主要是气体，故常常把集液器做得很大。

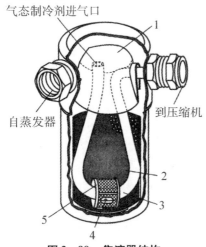 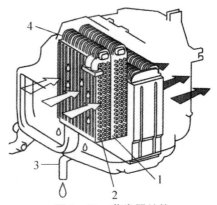

图2-90 集液器结构
1—塑料盖；2—干燥剂；3—U形管；
4—放油孔；5—过滤器。

图2-91 蒸发器结构
1—散热片；2—管子；3—排水管；4—水槽。

集液器工作过程：由蒸发器来的制冷剂从顶部进入，通过一弯管，在容器内造成漩流，在离心力作用下进行气液分离，制冷剂液体沉入容器底部，而制冷剂气体则由上部通过抽取管到压缩机。在靠容器底部吸出管上有一放油孔，油可通过过滤器由油孔进入吸出管，在气流带动下流回压缩机，保证压缩机的润滑。

7）蒸发器

蒸发器也是一个热交换器，膨胀阀喷出的雾状制冷剂在蒸发器中蒸发，鼓风机的风扇将空气吹过蒸发器，制冷剂吸收空气中的热量，达到降温制冷的目的。在降温的同时，空气中的水分也会由于温度降低而凝结在蒸发器散热片上，蒸发器还要将凝结的水分排出车外。蒸发器安装在驾驶室仪表台的后面，其结构如图2-91所示，其主要由管路和散热片组成。在蒸发器的下方还有接水盘和排水管。

（二）常用空调维修工具

1. 歧管压力表

1）结构

歧管压力表是维修制冷系统不可缺少的工具，如图2-92所示。它由两个压力表（低压表和高压表）、两个手动阀（低压手动阀和高压手动阀）、三个软管接头（一个接低压维修阀，一个接高压维修阀，一个接制冷剂罐或真空泵入口）组成。

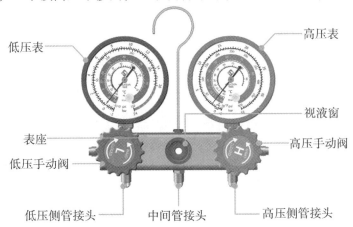

图2-92 歧管压力表

1—低压表；2—高压表；3—高压手动阀；4—高压侧接头；5—维修用软管；
6—低压侧接头；7—低压手动阀；8—表座。

2）功能

歧管压力表与制冷系统连接可以回收制冷剂、抽真空、加注制冷剂和压缩机油以及测量制冷系统压力。

（1）检测制冷系统的高压端压力。当高压手动阀和低压手动阀同时关闭，则可对高压侧和低压侧进行压力检查。

（2）对制冷系统抽真空。当高压手动阀和低压手动阀同时全开时，全部管路接通，在中间接头接上真空泵，便可以对系统抽真空。

（3）充注制冷剂和冷冻机油。当高压手动阀关闭，低压手动阀打开，中间接头接到制冷剂钢瓶上或冷冻机油瓶上，则可向系统充注制冷剂或冷冻机油。

（4）回收制冷剂。当低压手动阀打开，高压手动阀打开，则可回收系统内的制冷剂。

3）使用时的注意事项

（1）压力表接头与软管连接时，只能用手拧紧，不能用工具拧紧。

（2）使用时，要把管内空气排尽。

（3）不使用时，软管要与备用接头连接，防止水或脏物进入软管。

（4）用于R134a系统的压力表不能用于R12制冷系统。

2. 检漏设备

据统计，空调系统的故障，70%是由于泄漏引起的。制冷系统的检漏可根据检修时的具体情况选择合适的方法，也可以采用多种方法以求快速找出泄漏处。下面介绍几种常见的检漏设备。

1）电子检漏仪

电子检漏仪是最昂贵的，也是最灵敏的一种。目前，市场上用的电子检漏仪有三种类型：一种是只适用于检测R12泄漏的检漏仪；一种是只适用于检测R134a的检漏仪；还有一种是既适用于R12又适用于检测R134a泄漏的电子检漏仪。图2-93为罗宾奈尔TIFXP-1A电子检漏仪外形图。电子检漏仪的使用方法如下：

（1）按电源键，开机。

（2）按灵敏度选择键，调节灵敏度，使第一个LED灯点亮，其他LED灯熄灭，仪器发出频度不高的声音。

（3）将仪器的探头指向被检区域（不要接触），若点亮的LED灯增多，声音频率增高，则说明有泄漏现象。

（4）利用重设键可以找到泄漏的源头。当检测到泄漏时按下该键，继续检测，直到检测到比原来浓度更大的部位时才会再次报警。

一旦查出泄漏部位，探头应立即离开此部位，以免缩短仪器寿命及影响灵敏度。如果制冷系统有大量泄漏或刚经过维修，周围空间有大量制冷气体，则应先吹净周围有制冷剂的空气，然后再进行检查；否则影响检查的正确性，无法测出泄漏部位。

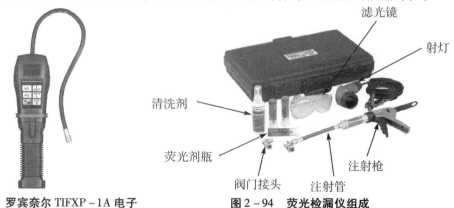

图2-93 罗宾奈尔TIFXP-1A电子检漏仪外形

图2-94 荧光检漏仪组成

2）荧光检漏仪

荧光检漏仪由荧光剂、注射枪、阀门接头、射灯以及滤光镜组成，如图2-94所示。使用时，可将荧光剂通过制冷剂排放、系统压力或手动泵推进系统，然后用紫外线灯进行照射，若有泄漏，则在泄漏处能发现黄绿色荧光粉。此方法对于检测极小的泄漏点优点突出。

3. 制冷剂注入阀

制冷剂注入阀主要用于开启小罐装的制冷剂罐，如图 2-95 所示。制冷剂注入阀分为两种：一种为 R12 注入阀；另一种为 R134a 注入阀，这两种注入阀的阀口尺寸不相同。制冷剂注入阀的使用方法如下：

（1）按逆时针方向旋转注入阀手柄，直至针阀完全缩回。

（2）将注入阀装到小型制冷剂罐上，逆时针方向旋转板状螺母（圆板）直至最高位置，然后将制冷剂注入阀顺时针拧动，直到注入阀嵌入制冷剂密封塞。

（3）将板状螺母顺时针旋到底，再将歧管压力表上的中间软管固定在注入阀接头上。

（4）用手充分拧紧板状螺母。

（5）顺时针方向旋转手柄，使针阀在小罐上开个小孔。

（6）若要加注制冷剂，就逆时针方向旋转手柄，使针阀抬起，同时打开歧管压力表的相应手动阀。

4. 真空泵

真空泵的作用就是对制冷系统抽真空，排出制冷系统的空气与水分，大多使用叶片泵。

5. 汽车空调制冷剂回收/充注机

现代汽车空调维修中使用汽车空调制冷剂回收/充注机进行维修，图 2-96 为 AC350C 制冷剂回收/再生/充注机。其主要功能如下：

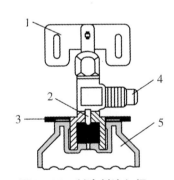

图 2-95　制冷剂注入阀　　　　图 2-96　制冷剂回收/再生/充注机

1—注入阀手柄；2—阀针；3—板状螺母；

4—软管接头；5—制冷剂罐。

（1）回收、干燥、过滤旧制冷剂，除去其中的水分、冷冻油及杂质，以便重新利用。

（2）对制冷剂进行净化处理。

（3）对空调系统抽真空。

（4）充注量自动控制。

（5）给空调系统补充冷冻机油。

（6）ROBINAIR 独有的防液击设计，防止压缩机被破坏。

（7）另备有 R12 的制冷剂接口。

6. 制冷剂鉴别仪

维修汽车空调时，制冷剂的质量至关重要，唯一的鉴别方法就是使用制冷剂鉴别仪。其可以在很短的时间（1min～2min）内鉴别出制冷剂的质量如何。制冷剂鉴别仪可用于鉴别制冷剂的类型、纯度、非凝性气体以及其他杂质，图2-97所示为SPX16910制冷剂鉴别仪。它能鉴别R12、R134a、R22、HC、AIR五种成分，并且用百分比形式显示，精确度可以达到99.9%。在制冷剂鉴别时需设定好海拔高度。我国交通行业标准《汽车空调制冷剂回收、净化、加注工艺规范》（JT/T 774—2010）规定：当制冷剂纯度超过96%时，可以直接使用，无须净化。

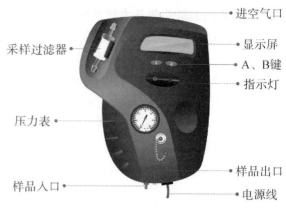

图2-97 制冷剂鉴别仪

（三）利用歧管压力表诊断制冷循环的故障

制冷循环的故障基本上都可以用歧管压力表进行诊断，在电磁离合器能够吸合的情况下，启动发动机，运转空调系统，检查系统高压及低压侧压力，然后根据压力判断制冷循环故障。

丰田车型空调系统在正常工作时，高压侧压力一般为1.4MPa～1.6MPa，低压侧压力一般为0.15MPa～0.25MPa，如图2-98所示。

1. 系统高、低压侧压力指示不稳

系统低压侧压力有时指示真空，有时指示正常；而高压侧压力有时偏低，有时正常，如图2-99所示。表现出间歇制冷，且最终会出现不制冷，这是由于系统中有水分在膨胀阀处结冰，待冰融化后又恢复制冷。遇到这种情况应更换储液干燥器，系统抽真空后重新加注制冷剂，如表2-2所示。

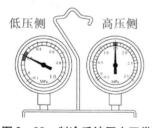

图2-98 制冷系统压力正常

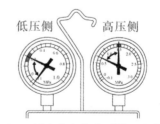

图2-99 制冷中有水分时的压力表显示

表2-2 系统中有水分

故障现象	故障原因	故障排除
1. 低压侧压力时而真空，时而正常；高压侧时而偏低，时而正常 2. 间歇性制冷，最终不制冷	系统中有水分	1. 更换储液干燥器 2. 抽真空，加注制冷剂

2. 系统高、低压侧压力均偏低

（1）系统高、低压侧压力均偏低（低压侧为 0.05MPa～0.1MPa，高压侧为 0.7MPa～1.0MPa），如图 2-100 所示。同时从视液玻璃可以看到大量气泡，这说明系统中制冷剂不足。此时，应检查系统是否有泄漏的地方。制冷剂不足的具体检修如表 2-3 所示。

表 2-3 制冷剂不足

故障现象	故障原因	故障排除
1. 高、低压侧压力均偏低 2. 视液玻璃上可以看到大量气泡 3. 制冷效果差	1. 制冷系统中某处发生气体泄漏 2. 制冷剂不足	1. 检漏并进行维修 2. 充注适量制冷剂

（2）系统高、低压侧压力均偏低（低压侧指示为零或真空，高压侧指示为 0.5MPa～0.6MPa），如图 2-101 所示。同时，在各连接管路有结霜现象，大多数情况都是储液干燥器中存在污垢，阻碍了制冷剂的正常流动。排除的方法是更换储液干燥器，如表 2-4 所示。

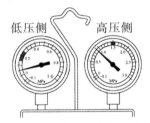

图 2-100 高低压表指示均低

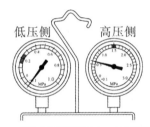

图 2-101 低压表指示真空，高压表指示过低

表 2-4 制冷剂循环不良

故障现象	故障原因	故障排除
1. 低压侧呈真空，高压侧偏低 2. 各连接管路有结霜现象	储液干燥器中的污垢堵塞了制冷剂的流动	更换储液干燥器

（3）系统高、低压侧压力均偏低（低压侧指示为零或真空，高压侧指示为 0.5MPa～0.6MPa），同时膨胀阀或储液干燥器前后的管子上结霜。这通常是膨胀阀、EPR 阀以及管路较细的地方出现了堵塞，阻碍了制冷剂的流动。排除时，应查明堵塞的原因，更换堵塞的部件，彻底清除堵塞的部位，如表 2-5 所示。

表 2-5 制冷剂循环不良

故障现象	故障原因	故障排除
1. 低压侧呈真空，高压侧偏低 2. 膨胀阀或储液干燥器前后有结霜或水露	膨胀阀、EPR 阀以及管路较细的地方出现了堵塞，阻碍制冷剂的流动	更换膨胀阀、EPR 阀，清除管路堵塞部位

3. 系统高、低压侧压力均偏高

（1）系统高、低压侧压力均偏高（低压侧为 0.2MPa～0.3MPa，高压侧为 1.7MPa～2.0MPa），如图 2-119 所示。视液玻璃上看不到气泡，且在发动机转速下降至急速时仍看不到气泡,这主要是因为制冷剂过量或者冷凝器散热不良。排除时,应先清洗冷凝器,检查风扇电机的运转情况,再检查制冷剂量,如表2-6所示。

表2-6 制冷剂过量或冷凝器散热不良

故障现象	故障原因	故障排除
1. 高、低压侧压力均偏高 2. 即使发动机转速降至急速仍看不到气泡 3. 制冷不足	1. 系统中制冷剂过量 2. 冷凝器散热不良	1. 清洁冷凝器 2. 检查冷凝器风扇电机 3. 检查制冷剂量

(2) 系统高、低压侧压力均偏高,如图2-102、图2-103所示。触摸低压管道时有发热感,从视液玻璃中看到有明显气泡。这表明空气进入了系统当中,排除时应反复抽真空,然后重新加注制冷剂,如表2-7所示。

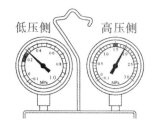
图2-102 高、低压表指示均高

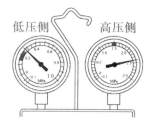
图2-103 高、低压表指示均高

表2-7 系统中有空气

故障现象	故障原因	故障排除
1. 高、低压侧压力均偏高 2. 在视液玻璃上看到明显气泡 3. 制冷不足	系统中有空气	1. 抽真空 2. 加注制冷剂

(3) 系统高、低压侧压力均偏高(低压侧为0.3MPa~0.4MPa,高压侧为1.95MPa~2.45MPa),且在低压端的管道连接处有大量结霜或结露现象。这种情况往往是由于膨胀阀开度过大造成,维修时要重点检查膨胀阀毛细管的安装情况。在毛细管正常的情况下,应更换膨胀阀,如表2-8所示。

表2-8 膨胀阀开度过大

故障现象	故障原因	故障排除
1. 高、低压侧压力均偏高 2. 低压管路结霜或有水露 3. 制冷不足	膨胀阀开度过大	1. 检查毛细管安装情况 2. 更换膨胀阀

4. 系统低压侧压力过高,高压侧压力过低

系统低压侧压力过高,高压侧压力过低(低压侧为0.4MPa~0.6MPa,高压侧为0.7MPa~1.0MPa),如图2-104所示。这表明压缩机内部有泄漏,此时应修理或更换压缩机,如表2-9所示。

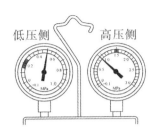

图 2-104　低压表指示过高、高压表指示过低

表 2-9　压缩机泄漏

故障现象	故障原因	故障排除
1. 低压侧压力过高、高压侧压力过低 2. 不制冷	压缩机泄漏	修理或更换压缩机

四、知识链接：变排量压缩机与制冷循环工艺流程

1. 变排量压缩机

1）内部控制式变排量压缩机

（1）结构。当把摇板式压缩机的驱动斜板与压缩机主轴之间的角度变成可调节时，该压缩机就成了可变排量的压缩机。

摇板式压缩机主要部件如图 2-105 所示。

（2）工作过程。当制冷负荷（室内温度较低）减少时，由于制冷负荷变小，低压室的压力变低，此时波纹管因内部压力大于低压室压力而膨胀，阀打开，此时高压室的压力施加到斜盘腔，斜盘腔压力增大，从而减小斜盘的角度，活塞行程变小，压缩机排量减少，实现制冷剂量较低的要求；负荷增大时相反。

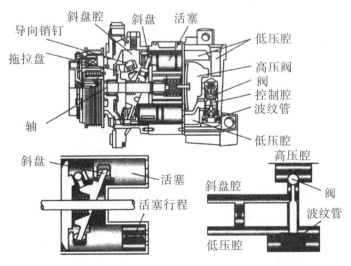

图 2-105　摇板式变排量压缩机

2）外部控制式变排量压缩机

采用外部控制式变排量压缩机可以实现无电磁离合器,压缩机的工作完全靠空调压缩机调节阀改变排量来控制,如图2-106所示。外部控制式变排量压缩机具备以下优点:

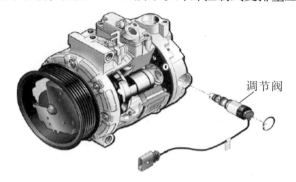

图2-106 外部控制式变排量压缩机

①消除了电磁离合器吸合工作所产生的噪声;
②避免了磁吸接合导致发动机负载突然变化而引起的抖动;
③可以满足各种条件下的空调负荷变化;
④出风口的温度保持恒定,不会因压缩机电磁离合器的接通和断开而来回波动;
⑤压缩机的功率消耗下降,燃油消耗下降。

(1)外部控制式变排量压缩机工作原理。压缩机电磁调节阀安装在压缩机后端盖中。阀的固定有两种方式,有用一个弹簧锁止垫圈固定的,也有用一个内六角螺栓固定的。该阀的控制孔连通着压缩机内低压、高压与曲轴箱之间,并且该阀是实现免离合操作的控制执行元件。而控制执行的是空调控制单元,空调控制单元给出调制电流信号驱动该调节阀中的一个挺杆。电流的高低变化决定了调整量。空调控制单元根据车内所设定的温度,接收来自外部温度传感器、车内温度传感器、蒸发器温度传感器以及制冷剂压力传感器的信号,对压缩机调节阀进行无级控制。控制压缩机内低压、高压与曲轴箱压力对压缩机内斜盘倾斜角度进行调节。改变斜盘倾斜位置,从而决定了排量以及产生的制冷输出。在制冷功能被关闭后,发动机多楔皮带仍驱动压缩机连续运转。压缩机调节阀通过调节压力,控制斜盘倾斜位置改变,制冷剂流量被相应降低至2%。这样低的流量不能建立工作所需的压力。

(2)保护功能。在车辆使用中会遇到压缩机由于机械故障或制冷剂缺失而造成的润滑不足导致压缩机抱死。这会造成皮带驱动机构损坏,进而增加发动机负荷影响正常行驶。带电磁离合器的压缩机可以通过电磁离合器来断开皮带轮和抱死驱动轴的连接。而无电磁离合器的外部控制式变排量压缩机为了防止这种情况发生,采用了两种保护功能:①控制单元用制冷剂压力传感器的信号来检测可能会发生的制冷剂损失。若制冷剂损失,系统压力下降,制冷功能将被关闭,避免出现压缩机抱死的情况。②皮带轮内置过载保护功能。多楔带的皮带轮与驱动盘之间有一个与二者紧密相连的成型橡胶件,如图2-107所示。当压缩机正常运转时,皮带轮与驱动盘之间通过橡胶件联动以相同速率旋转。压缩机抱死驱动盘停转后,皮带与驱动盘之间的传动力变得很大。成型橡胶件被皮带轮按照转动方向压到堵转的驱动盘上。成型橡胶件上的变形部分被剪切下来,皮带轮与驱动盘之间的连接部分被切断,皮带轮这时就会无障碍地旋转，如图 2-108 所示。这样就不会损坏发动机多楔带，从而避免影响发动机及其他附件（如发电机、助力转向泵等）的正常工作。

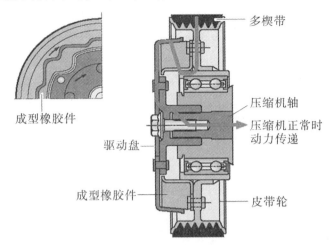

图 2-107 压缩机正常运作时的成型橡胶件

由于外部控制式变排量压缩机的特殊结构，使得维修诊断的方法也和以前带电磁离合器的压缩机不一样。带电磁离合器的压缩机通过观察压缩机皮带轮位置就可以判断压缩机是否工作，而外部控制式变排量压缩机无法通过肉眼来观察压缩机是否在工作状态。外部控制式变排量压缩机的诊断需要通过故障诊断仪读取数据来判断。

2. 汽车空调的正确使用

（1）夏季，使用车内空调时不要把温度调到 24℃ 以下。一般车厢内外温差在 10℃ 以内为宜，既舒适又不影响健康的室温应该是 26℃~27℃。当外界环境温度较适宜时，不必打开空调系统，使车内保持空气清新。

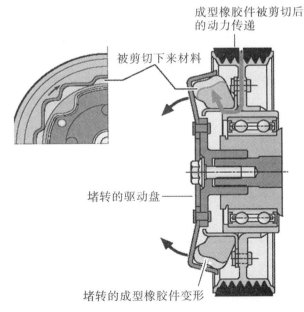

图 2-108 压缩机抱死驱动盘时成型橡胶件

（2）根据冷空气下沉、热空气上升的原理，正确的做法：开冷气时，将出风口向上；开暖气时，将出风口向下。

（3）在炎热的夏天，若车在烈日下停放时间较长，由于车内的温度比车外温度高，所以刚进入车内的时候，应该先开窗通风，并开启外循环把热气都排出去。等车厢内温度下降之后再换成内循环。不应频繁开启和关闭空调，以防损坏空调系统。

（4）开空调时，最好不要在车内吸烟。吸烟时，需将空调的通风控制调到"外循环"位置。

（5）空调使用时会吸进很多灰尘，定期开大风能将空调风道内表面的浮尘吹出来，这是保持空调清洁的一种简单的方法。另外，也要用专用的风道清洗液进行杀菌、清理和除异味。

（6）长时间使用空调会使冷凝器压力过大，这会对制冷系统造成损耗，而且制冷过程中，压缩机的运转将会消耗发动机功率并影响燃油消耗。所以，为了带来更好的动力和更经济的油耗，应该尽可能减少压缩机的运转时间。如果车内温度已经达到舒适的温度，就可以把空调关掉，隔一会儿再开。

（7）在停车前几分钟关掉冷气，稍后开启自然风，使空调管道内的温度回升，消除与外界的温差，保持空调系统的相对干燥，避免因潮湿造成大量霉菌的繁殖。

（8）发动机大负荷运转时，应暂时关闭空调。否则，发动机一旦过热，既影响汽车行驶，也会影响空调的使用。

（9）每次停车后应先关闭空调再熄火，而且也应该在车辆启动两三分钟、发动机得到润滑后，再打开空调。

（10）停车时，要避免以怠速工况在夏日高温下长时间使用空调。由于空调无法得到有效冷却，容易因系统温度和压力过高而损坏。长时间停车开空调对乘员的生命安全也有威胁，因为汽车排出的废气有可能使人中毒。尤其躺在开着空调的停驶车里睡觉，可能会因为发动机排出的一氧化碳泄漏而导致生命危险。

（11）在空气进气口附近不要堆放物品，以防进气口被堵，致使空调系统的空气流通受阻。

（12）应经常清洗冷凝器。清洗时，使用压缩空气或冷水冲洗，不可用热蒸气冲洗。

（13）在空调运行过程中，若听到空调装置异响或发现其他异常情况，应立即关闭空调系统，并及时请有关维修人员进行检修。

（14）冬季不使用空调时，也应定期开启空调压缩机（每两周一次，每次10min左右），以避免压缩机轴封处由于油干而咬死。如果气温过低，空调系统中温控保护起作用而使压缩机不能启动，此时可将保护开关短接或用一根导线直接给离合器通电，使压缩机工作，待保养运行结束后，再将电路恢复原样。

3. 交通行业标准《汽车空调制冷剂回收、净化、加注工艺规范》

为了推行绿色维修，实现节能减排，交通运输部于2010年7月推出了交通行业标准《汽车空调制冷剂回收、净化、加注工艺规范》（JT/T 774—2010），标准规范了对于制冷循环维修的工艺流程，如图2-109所示。

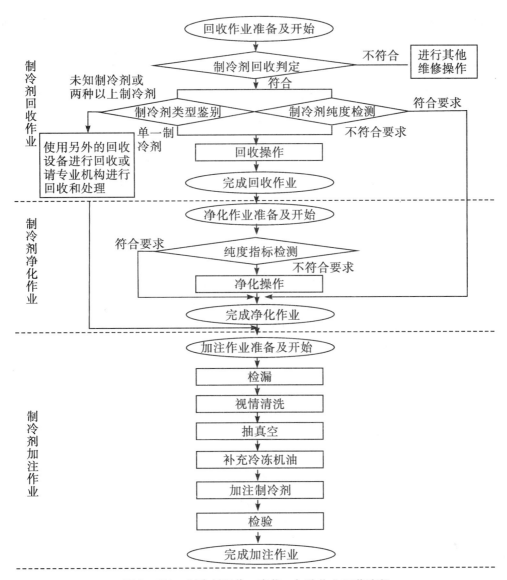

图2-109 制冷剂回收、净化、加注作业工艺流程

五、自我测试题

（一）填空题

1. H型膨胀阀的四个接口分别与_____、_____、_____、_____连接。
2. 空调歧管压力表具有_____、_____、_____和_____等功能。
3. 汽车空调R12系统采用的干燥剂是_____，R134a系统采用的干燥剂是_____。
4. 汽车空调系统常用的检漏方法有_____、_____、_____、_____、_____。

5. 汽车空调系统常用的两种制冷剂为_____和_____，目前轿车上都采用_____。

（二）判断题

1. 当维修好汽车空调系统时，将管道上歧管压力表的两个手动阀关闭，此时高低压表均应指示大气压力，即归零。（　　）
2. 制冷剂过多时，制冷效果将变差。（　　）
3. 若冷凝器散热不良，则会出现空调系统高压侧压力偏高。（　　）
4. 在制冷系统抽真空时，只要系统内的真空度达到了规定值，即可停止抽真空。（　　）
5. 在对空调系统充注制冷剂时，可以从低压侧充注，也可以从高压侧充注；从高压侧充注时，应该将制冷罐倒立并运行发动机至规定转速。（　　）
6. 冷凝器入口在上方，出口在下方。（　　）
7. 热力膨胀阀有内、外平衡式两种，其中外平衡式使用更为广泛。（　　）
8. R134a 是环保型制冷剂，所以它对环境没有不良影响。（　　）
9. 压缩机进口的管路一般要比出口管路粗。（　　）
10. 制冷剂和压缩机油过量是造成空调系统制冷时断时续的主要原因。（　　）
11. 汽车空调制冷系统工作正常时，压缩机的进、出口应无明显温差。（　　）
12. 制冷系统中有空气和制冷剂过少都会导致空调制冷效果不好。（　　）
13. 空调集液器的主要功能是储存冷冻机油和消声作用。（　　）
14. 空调冷凝器的散热面积通常比蒸发器大一倍。（　　）
15. 从空调压缩机出来的制冷剂的物理形态为高温高压的液态制冷剂。（　　）
16. 储液干燥器串联在冷凝器与压缩机之间的管路上。（　　）
17. 集液器串联在蒸发器与压缩机之间的管路上。（　　）
18. 在膨胀阀系统中，蒸发器出口应为过热蒸气。（　　）
19. 提高压强，可使液体更容易蒸发。（　　）
20. 如果汽车空调系统中的内平衡式膨胀阀感温包暴露在空气中，将使低压管表面结霜。（　　）
21. 压缩机正常工作时，出气管路温度低，进气管路温度高。（　　）
22. 如果制冷系统平衡压力过高，可能是制冷剂充注过多所致，应该适当放出部分制冷剂，使其平衡压力达到标准值。（　　）
23. 正常情况下，R134a 空调制冷系统高压管路的压力应该在 1.3MPa～1.5MPa 之间，低压管路的压力应该在 0.15MPa～0.30MPa 之间。（　　）
24. 冷冻油机应该在制冷剂加注完成后进行加注。（　　）
25. 在加注制冷剂时，应该启动发动机，并维持发动机转速 2000r/min，打开空调，并且使空调全负荷工作。（　　）
26. 如果膨胀阀完全堵死，在空调工作之后，低压表读数将会出现负压。（　　）
27. 当相对湿度高时，蒸发器具有双重功能：降低空气的温度和空气湿度。由于空气中湿气冷凝的过程带走了蒸发器的大量热量，导致蒸发器可吸收空气热量的能力大大降低。   (   )

28. 如果怀疑是系统中的空气导致的高压故障，那么可以通过压力表的特殊操作方法排放出空气，而不必重新抽真空和加制冷剂。   (   )

29. 冷冻机油是不制冷的，还会妨碍热交换器的换热效果，易吸水，用后应马上拧紧冷冻机油瓶盖。   (   )

30. 连接空调管路时，必须先为 O 形圈涂上专用的冷冻机油。   (   )

31. 用于制冷剂 R12 或 R134a 的空调压力表一旦使用，是不可互换使用的，原因是这两种制冷剂和冷冻机油不能混用，否则会对空调制冷系统造成严重伤害。(   )

32. 在汽车维修过程中，凡涉及制冷剂循环系统的作业，在维修前均应对制冷装置中的制冷剂进行回收。   (   )

33. 汽车空调用的外平衡式膨胀阀，其内部膜片下方的平衡压力是从蒸发器的出口处导入的。   (   )

34. 用于空调系统 R12 和 R134a 制冷剂中的干燥剂是不相同的。   (   )

35. 空调电子检漏仪探头长时间置于制冷剂严重泄漏的地方会损坏仪器。   (   )

36. 汽车空调蒸发器表面的温度越低越好。   (   )

37. 如果空调制冷系统中有水分，将会造成系统间歇制冷。   (   )

38. 压缩机油只被包含在压缩机中。   (   )

（三）选择题

1. 汽车空调系统工作时出风口不够凉，关闭压缩机后出风口有热气，可能是(   )。
   A. 制冷剂泄漏   B. 暖风阀关闭不严
   C. 制冷剂过量   D. 暖水箱泄漏

2. 汽车空调运行时，高、低压端的压力都太高，低压管发热，同时从观察镜可观察到气泡，最主要的原因是（   ）。
   A. 系统有空气   B. 制冷剂过量
   C. 制冷剂不足   D. 冷凝器散热片堵塞

3. 对于同一个干湿球温度计周围的空气，干湿球温差越小，空气的湿度(   )。
   A. 越大   B. 越小   C. 没有变化   D. 不一定

4. 在环境温度为 32℃、怠速工况的条件下，R134a 制冷系统的低压侧压力为 296kPa 或更高，高压侧压力为 1034kPa 或更低，那么最不可能的故障原因是（   ）。
   A. 压缩机损坏   B. 电气类故障
   C. 节流元件阻塞   D. 压缩机离合器磨损

5. 用歧管压力表对空调系统进行抽真空时，应将高、低压侧的手动阀门都打开；检测系统压力时，高、低压力侧的手动阀门应分别是（   ）。
   A. 关闭；打开   B. 打开；打开
   C. 打开；关闭   D. 关闭；关闭

6. 在环境温度相同的情况下，空气的相对湿度越大，测量到的空调管路内部的制冷剂压力（　　）。
　　A. 越大　　　　　　　　　　　　B. 不变
　　C. 越小　　　　　　　　　　　　D. 本题其他答案都不对

7. 装有集液器的空调系统集液器安装在（　　）。
　　A. 压缩机入口处　　　　　　　　B. 压缩机出口处
　　C. 蒸发器入口　　　　　　　　　D. 冷凝器出口

8. 空调系统高压侧压力高于正常值，不可能的原因是（　　）。
　　A. 制冷剂加注过量　　　　　　　B. 压缩机有故障
　　C. 冷却系统不良　　　　　　　　D. 冷凝器受阻

9. 检查汽车空调系统泄漏时可使用肥皂水法，应使空调处于（　　）状态。
　　A. 压缩机低速运转　　　　　　　B. 压缩机停机
　　C. 压缩机中速运转　　　　　　　D. 压缩机高速运转

10. 当维修完空调制冷系统后，应使用真空泵对系统抽真空，要求真空值应达（　　）mmHg 以上。
　　A. 30　　　　B. 76　　　　C. 300　　　　D. 750

11. 当维修完 R134a 的汽车空调制冷系统后，如制冷系统抽真空不彻底，则会给制冷系统带来（　　）影响。
　　A. 制冷不良　　　　　　　　　　B. 易损坏空调电路
　　C. 易损坏制冷系统　　　　　　　D. 没有

12. 空调系统工作时，若蒸发器内制冷剂不足，离开蒸发器的制冷剂会是处于（　　）状态。
　　A. 高于正常压力，温度较低的气态　　B. 低于正常压力，温度较高的气态
　　C. 高于正常压力，温度较高的液态　　D. 低于正常压力，温度较低的液态

13. 用压力法检查制冷系统泄漏，应充入（　　）。
　　A. 压缩空气　　　　　　　　　　B. 氮气
　　C. 氢气　　　　　　　　　　　　D. 惰性气体

14. 关于加注压缩机油，以下哪个说法不正确？（　　）
　　A. 应该在加注制冷剂之前完成
　　B. 压缩机油的加注量可以过多，但不能过少
　　C. 若加注压缩机油时有空气一起进入了，必须再次进行抽真空
　　D. 压缩机油从高压管路和低压管路加注都可以

15. 动态检修汽车空调时，应将空调调温挡调整到哪个挡位再进行检查？（　　）
　　A. 自动　　　　B. 最热　　　　C. 中冷　　　　D. 最冷

16. 下列关于冷凝器的表述正确的是（　　）。
　　A. 从压缩机排出的高压气态制冷剂，必须由冷凝器下部接口进入
　　B. 冷凝器不需要发动机冷却风扇进行冷却
　　C. 冷凝器应该经常清洗，并保持清洁
　　D. 冷凝器是将压缩机排出高温高压气态的制冷剂冷凝成低温低压液态的制冷剂

17. 靠近冷凝器底部的一根冷凝管上结霜，出现此现象的原因是（　　）
    A. 冷凝器中的气流通道阻塞　　　　B. 冷凝器制冷剂泄漏
    C. 冷凝器中的制冷剂通道阻塞　　　D. 固定量孔阻塞

18. 在维修空调制冷系统时，高、低压端的压力都太高，即使当发动机转速下降时，通过视液镜也很难见到气泡，其原因是（　　）
    A. 制冷剂过量　　　　　　　　　　B. 冷凝器散热片阻塞
    C. 冷凝器风扇电机不转　　　　　　D. 蒸发器阻塞

19. 制冷系统高、低压侧静态压力为（　　）。
    A. 0.2MPa～0.3MPa　　　　　　　B. 0.15MPa～0.3MPa
    C. 0.5MPa～0.6MPa　　　　　　　D. 1.3MPa～1.5MPa

20. 制冷系统高压侧压力一般为（　　）。
    A. 0.15MPa～0.3MPa　　　　　　 B. 0.4MPa～0.6MPa
    C. 0.9MPa～1.1MPa　　　　　　　D. 1.3MPa～1.5MPa

21. 以下哪个不是从低压管路加注冷媒的必要条件？（　　）
    A. 启动发动机，并且以 2000r/min 运转
    B. 打开空调，并且使空调全负荷运转
    C. 必须确保冷媒以气态进入管路
    D. 空气内外循环开关必须保证处于内循环状态

22. 在维修空调系统时，若有液态制冷剂溅入眼睛时，应立即采取的安全措施是（　　）。
    A. 立即召集有关人员开现场会，说明意外事故确实会发生
    B. 保持受伤者情绪稳定，并使其确信事故不严重
    C. 批评受伤者太不小心
    D. 防止制冷剂过热

23. 在维修空调制冷系统时，如更换压缩机，则新压缩机油加注量为（　　）
    A. 保持新压缩机的机油量　　　　　B. 倒出新压缩机内所有机油
    C. 与旧压缩机内机油等量　　　　　D. 比旧压缩机油量再多加 20mL

24. 空调压力表上的注入软管采用三种颜色，在充入氮气检漏时，一般用（　　）色软管来连接氮气罐。
    A. 黄　　　　　　B. 棕　　　　　　C. 红　　　　　　D. 蓝

（四）简述题

1. 简述如何利用歧管压力表测量空调系统的压力。
2. 简述如何根据空调系统压力值判断制冷循环的故障。
3. 简述如何运用歧管压力表及真空泵进行抽真空作业。
4. 简述从高、低压侧充注制冷剂的条件及注意事项。
5. 简述空调系统性能测试的步骤。
6. 画出膨胀管式制冷循环图，并分析其工作过程。
7. 试画出膨胀阀式制冷循环图，并分析其工作过程。

项目三

空调不制冷故障诊断与排除

一、项目描述

客户报修一辆轿车空调系统不制冷,检查发现压缩机不工作,请制定故障诊断流程图并进行故障排除。

导致压缩机不工作,有可能是制冷循环的原因,也有可能是电气系统出现故障。对于制冷循环,我们可以根据学习项目二通过压力表进行诊断。对于空调系统的电路故障排除,首先必须熟悉对应车型空调电路控制原理并能识读空调系统电路;对于手动空调电路,可以将之归纳为:风门电机电路、鼓风机电路、压缩机电磁离合器电路以及冷凝器风扇电路;在掌握空调系统电路原理后,再进行电路故障诊断与排除,方能做到有的放矢。

通过该项目的实施,应达到以下要求。

1. 知识要求

(1) 掌握手动空调控制内容及原理。

(2) 掌握鼓风机电路、压缩机电磁离合器电路、冷凝器风扇电路控制原理。

(3) 掌握汽车空调电路识图方法。

2. 技能要求

(1) 能识读鼓风机电路(有级控制、无极控制)。

(2) 能识读典型车型压缩机控制电路(压缩机电磁离合器电路、压缩机调节阀线路)。

(3) 能识读散热风扇控制电路。

(4) 能根据电路原理诊断手动空调电路故障。

3. 素质要求

(1) 树立安全规范意识。

(2) 具备团队合作精神。

(3) 具有表达沟通能力。

(4) 具备5S理念。

(5) 善于透过现象看本质,提高系统思维。

二、项目实施

任务一　手动空调系统电路识读

（一）训练目标与要求
（1）能够正确识读空调系统电路。
（2）能够连接空调系统电路。

（二）训练设备
整车或空调台架、典型车型电路图、车型维修手册。

（三）训练步骤

1. 训练前准备

明确完成本项目所需要的知识准备，请学习相关知识，思考以下问题：
(1) 汽车手动空调电路控制内容；
(2) 压缩机控制原理；
(3) 鼓风机电路控制原理；
(4) 风门电路控制原理。

2. 识读新蒙迪欧空调系统电路

1) 压缩机电磁离合器电路

根据压缩机工作条件，查找以下传感器及执行器电路：
(1) 空调压力传感器电路；
(2) 蒸发器温度传感器电路；
(3) 环境温度传感器电路；
(4) 冷却液温度传感器电路；
(5) 空调控制单元网络通讯电路；
(6) 压缩机电磁离合器继电器控制电路。

2) 压缩机电磁阀电路

变排量压缩机还需根据蒸发器温度、车外温度、发动机转速、车速、空调高压压力，以及进气温度信号改变压缩机电磁阀占空比。请查阅电路图，确定：
(1) 控制压缩机电磁阀控制单元；
(2) 测量压缩机电磁阀电阻。

3) 鼓风机电路
(1) 分析有级调速式鼓风机电路，并在车上找出调速电阻、鼓风机电机。
(2) 分析无极调速式鼓风机电路，并在车上找出调速电阻、鼓风机电机。
(3) 测量鼓风机调速模块控制信号线电压波形。

4) 风门控制电路

空调风门控制电路包括：进气风门控制电路、温度调节风门控制电路、风量分配风门控制。

(1) 能在车上找出各风门及风门电机;

(2) 能识别风门电机供电及信号线。

5) 冷却风扇电路

(1) 识读继电器控制式冷却风扇电路;

(2) 识读模块控制式冷却风扇控制电路。

3. 训练后工作

(1) 完成学习工作单;

(2) 各组同学派代表完成任务汇报;

(3) 拓展知识:请课后查阅资料,画出典型车型空调系统各信号传输路径。

任务二　手动空调电路故障与排除

(一) 训练目标与要求

(1) 能够根据电路原理诊断及排除鼓风机电路故障。

(2) 能够根据电路原理诊断及排除压缩机电磁离合器电路故障。

(3) 能够根据电路原理诊断及排除冷却风扇电路故障。

(二) 训练设备

整车或空调台架、电路图、维修手册、诊断仪、万用表、跨接线等。

(三) 训练步骤

1. 训练前准备

明确完成本项目所需要的知识准备,请学习相关知识,完成学习工作单,并思考以下问题:

(1) 导致压缩机不工作的原因有哪些?

(2) 导致冷凝器风扇不工作的原因有哪些?

(3) 导致鼓风机不工作的原因有哪些?

2. 鼓风机不工作故障诊断及排除

3. 开空调时,压缩机不工作、冷凝器风扇不转故障诊断及排除

4. 开空调时,压缩机正常、冷凝器风扇不工作故障诊断及排除

5. 冷凝器风扇高速运转故障诊断与排除

(1) 打开点火开关,冷凝器风扇即高速运转。

(2) 开空调时,冷凝器风扇即高速运转。

注意:要根据故障现象,结合电路,做到有的放矢;在检查电路的时候注意安全操作,当使用万用表欧姆挡测电阻时,注意要断电进行,否则会影响测量结果;将检测思路及检测结果记录下来。

6. 训练后工作

(1) 填写学习工作单。

(2) 各组同学派代表完成任务汇报。

项目三 空调不制冷故障诊断与排除

三、相关知识

（一）汽车空调电气控制系统

汽车空调种类繁多，虽电路形式不一，但其电气系统大同小异。控制内容包括蒸发器温度控制、压力控制、冷却风扇控制、鼓风机控制、其他保护控制等。目前，汽车空调系统有各种不同的形式，控制的方法也各不相同。

1. 电磁离合器

在非独立式汽车空调制冷系统中，压缩机是由汽车主发动机驱动的。为了使空调系统的开、停不影响发动机的工作，压缩机的主轴不是与发动机曲轴直接相连，而是通过电磁离合器把动力传递给压缩机。电磁离合器是发动机和压缩机之间的一个动力传递机构，受空调 A/C 开关、温控器、空调放大器、压力开关等控制，在需要时接通或切断发动机与压缩机之间的动力传递。另外，当压缩机过载时，它还能起到一定的保护作

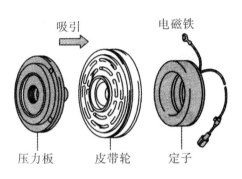

图 3-1 电磁离合器的结构

用。因此，通过控制电磁离合器的接合与分离，就可接通与断开压缩机。

电磁离合器的结构如图 3-1 所示，主要有三个部件：装在轴承上的皮带轮；与压缩机主轴花键连接的压力板；装在压缩机壳体上的电磁线圈。

当接通空调开关使空调制冷系统进入工作状态时，电磁离合器的电磁线圈通电产生电磁吸力，将压力板吸向皮带轮，使两者结合在一起，发动机的动力便通过皮带轮传递到压力板，带动压缩机运转，如图 3-2（a）所示。

当空调制冷系统停止工作时，电磁离合器断电，电磁吸力消失，皮带轮空转，压缩机停止转动，如图 3-2（b）所示。

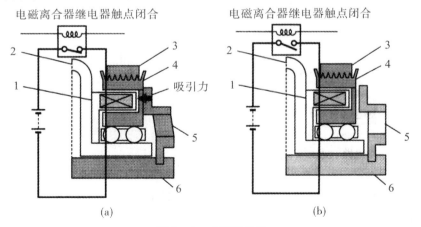

图 3-2 电磁离合器

（a）电磁离合器的接合状态；（b）电磁离合器的分离状态。

1—前端壳体；2—定子；3—传动皮带；4—皮带轮；5—压力板；6—压缩机轴。

2. 空调电气控制内容

1) 蒸发器温度控制

蒸发器温度控制是空调电气控制系统的基本任务。当汽车空调系统工作时，蒸发器表面温度逐渐降低，空气中的水分被析出，直至结冰。若不对蒸发器中的制冷加以控制，则蒸发器表面会逐渐全部结冰，以致蒸发器无法工作（风不能通过，无法进行热交换）。为控制蒸发器表面不结冰，而制冷效率又要达到最高水平，空调系统有两种控制系统：一种是压缩机连续运行式系统，即蒸发压力调节器控制系统，它是利用蒸发压力调节器控制蒸发器的温度；另一种是压缩机间断运行式系统，即循环离合器系统，它是利用温度传感器或温度开关控制压缩机的运转控制蒸发器的温度。

(1) 蒸发压力调节器（EPR）控制系统。根据制冷剂特性，只要制冷剂的压力高于一定数值，其温度就不会低于0℃（对于R134a，压力大约是0.18MPa），因此只要将蒸发器出口的压力控制在一定数值，就可以防止蒸发器表面结霜或结冰。蒸发压力调节器可以根据制冷负荷的大小调节蒸发器出口处的压力，确保蒸发器出口压力使制冷剂不低于0℃。蒸发压力调节器控制系统主要用在克莱斯勒和丰田公司的中、高级汽车上。

蒸发压力调节器装在蒸发器出口和压缩机入口的管路中，如图3-3所示，主要由金属波纹管、活塞和弹簧组成，在管路中形成了一个可调节制冷剂流量的阀门。当室温降低，制冷负荷减小时，蒸发器中制冷剂的蒸发压力 P_e 降低，这时此力就会小于波纹管中的弹簧压力 P_s，结果活塞被压回右侧，阀门移向关闭方向，制冷剂流量减少，并使蒸发器出口处的压力升高，达到新的平衡；反之，在制冷剂负荷增大时，活塞向左移动，阀门开度增大，制冷剂流量增加，以适应制冷负荷增大的需要。

(2) 循环离合器系统。是利用间断压缩机电磁离合器电路，即当蒸发器表面温度高于0℃（近似值，不同车型数值有所不同），电磁离合器电路接通，压缩机运转，制冷；当蒸发器表面温度低于0℃时，电磁离合器电路被切断，压缩机停止运转，不制冷，从而控制蒸发器表面温度。

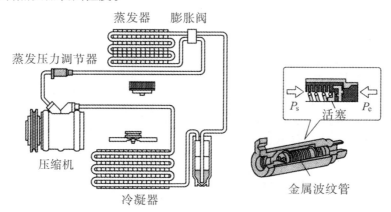

图3-3 蒸发压力调节器

目前有两种形式：一种是用温度开关（恒温器）直接控制压缩机电磁离合器，蒸发器温度开关安装在蒸发器的中央；另一种是将热敏电阻安装在蒸发器表面，当蒸发器表面温度低于一定数值时，切断压缩机电磁离合器电路。

2）压力控制

现代汽车空调控制系统一般都装有各种形式的压力开关。这些开关装在空调管道上或储液干燥器上，用来感测系统的工作压力，一旦压力异常的高或低，压力开关就会打开或闭合，这时空调系统会自动切断压缩机电路或控制冷却风扇以加强散热效果。常见压力开关主要有高压开关、低压开关、双重压力开关、三重压力开关等。

（1）高压开关。汽车空调在使用过程中，当出现散热片堵塞、风扇不转或制冷剂充注过量等不正常状况时，系统压力就会异常过高，此时若不停止压缩机的运转，过高的压力将导致压缩机损坏、管道破裂等故障发生。

现代汽车空调系统都设置有高压开关，它安装在空调系统高压端，一旦系统压力过高，压力开关动作，切断离合器电源或接通冷凝风扇高速挡电路，以加强散热，尽快降低系统的温度和压力。

高压开关又有两种形式：常开式和常闭式。用做压缩机电源切断的一般为常闭式，用做冷却风扇控制的则有常闭式或常开式。

（2）低压开关。低压开关一般装在制冷系统的高压端，用来防止压缩机在异常低压力下工作。空调工作时高压侧压力过低，一般表明系统存在泄漏。另外，在小型的汽车空调制冷系统中，很多压缩机本身不带润滑油泵。压缩机中摩擦副的润滑很大程度上靠制冷剂带油回流进行。所以，压缩机在缺油环境下继续运行可能导致严重损坏，且空调送出的风不凉，又增加了发动机功耗。在这种情况下，低压开关动作，触点断开，压缩机停转，起到保护作用。低压开关结构与常开式高压开关基本相同。当高压侧压力高于 0.23MPa 时，触点保持闭合；而当系统高压侧压力低于 0.21MPa 时，触点在弹簧力作用下断开，压缩机便无法启动。

（3）双重压力开关。双重压力开关由一个高压开关和一个低压开关复合而成，它同时具有低压开关和高压开关的功能。双重压力开关装在制冷系统的高压端，当系统制冷剂泄漏致使压力过低或已没有制冷剂循环时，双重压力开关中的低压开关动作，切断压缩机电磁离合器电源，以保护压缩机免受破坏。若由于散热不良等原因致使系统压力超过设计值时，双重压力开关中的高压开关动作，切断压缩机离合器电源。

（4）三重压力开关。目前，很多汽车空调采用三重压力开关，这种开关由双重压力开关和一个中压开关组成，装在制冷系统高压端，如图 3-4 所示。通常，低压切断离合器电路的压力约为 0.2MPa，高压接通冷凝器风扇高速挡的压力约为 1.6MPa（中压），高压切断电磁离合器的压力约为 3.2MPa。

（5）压力传感器。有些高档轿车用压力传感器来感测系统压力，测量压力是否正常。它的结构相当于一个歧管压力传感器，一般为压敏电阻式，主要应用在一些高档轿车空调上。此传感器除用做压力控制外，还作为冷凝器风扇的

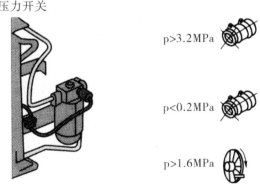

图 3-4 三重压力开关

控制信号。

3）冷凝器风扇控制

目前，很多车辆的冷却系统采用电子风扇冷却，而且大多数空调制冷系统的冷凝器与散热器共用风扇。车型不同，则配置风扇的数量不同，控制线路设计方面差异也很大，但其控制方式则大同小异，一般根据冷却液温度信号和空调压力开关组合控制。不开启空调时，根据冷却液控制风扇的转速：当冷却液温度较低时，风扇不转；当冷却液温度升高到一定数值时，风扇以低速运转；当温度进一步升高到一定数值时，风扇高速运转。开启空调时，不管冷却液温度高低，风扇都运转；当系统压力正常时，风扇低速运转；当系统压力高于一定数值时，风扇高速运转。

风扇转速的控制有两种：一种是利用改变风扇电机串联电阻的大小来改变风扇的转速（如桑塔纳车等）；另一种是利用继电器来控制风扇电机在电路中的连接方式，即串联（低速）或并联（高速）来实现风扇转速的调节（如丰田车等）。

图3-5为一冷凝器和散热器风扇控制电路，用压力开关、冷却液温度开关、三个继电器控制冷凝器和散热器风扇电路。此电路可以实现风扇不转、低速运转和高速运转三级控制。3号继电器只在空调制冷系统工作时起作用，使冷凝器风扇以低速或高速运转。2号继电器为双触点继电器，用来控制冷凝器风扇的转速。1号继电器用于控制散热器风扇。压力开关在空调系统压力高时断开，压力低时接通。冷却液温度开关在冷却液温度低时接通，温度高时断开。

不开空调时，3号继电器不工作，冷凝器风扇不工作。如果冷却液温度过高，冷却液温度开关断开，1号继电器线圈断电，触点闭合，散热器风扇运转，加强散热。

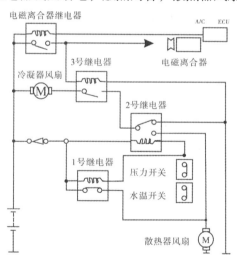

图3-5 冷凝器和散热器风扇控制电路

开启空调时，3号继电器线圈通电，触点闭合。如果冷却液温度较低，空调系统压力也较低，2号继电器线圈通电，使其下触点闭合，冷凝器风扇和散热器风扇串联，低速运转。如果冷却液温度升高或制冷系统压力增大时，冷却液温度开关或压力开关断开，2号和1号继电器线圈电路切断，这时2号继电器上触点闭合，1号继电器触点接通，这样冷凝器风扇和散热器风扇并联，两个风扇都以高速运转。

4）发动机怠速提升控制

在发动机处于怠速空转状态，如车流量较大或停车期间，发动机输出功率低，在此状态下运行空调容易导致发动机过热或熄火。为了防止这种情况产生，在空调的控制系统中安装了怠速提升装置。

如图3-6所示，当接通空调制冷开关（A/C）后，发动机控制单元（ECU）接收到空调器ECU的信号，从而控制怠速控制阀（ISCV）将怠速旁通气道的通路增大，使进气量增加，提高怠速。如果是节气门直动式怠速控制机构，控制单元便控制电机将节气门开度增大，提高怠速。

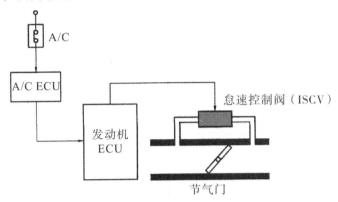

图3-6 怠速提升控制电路

5）传动皮带保护控制

当动力转向的油泵、发电机等附件与空调压缩机采用同一皮带驱动时，如果压缩机出现故障而锁死时，传动皮带将被损坏。为了防止这种情况发生，有些空调的控制电路中采用了传动皮带保护控制装置。丰田汽车皮带保护控制电路如图3-7所示。空调ECU同时接收到发动机转速信号和压缩机转速信号，并对这两个转速进行比较，当这两个转速的信号出现的差异超过某一限值时，空调ECU便认为压缩机出现了故障，切断压缩机电磁离合器电路，使压缩机停止运转，以保证其他附件的正常运转。另外，此时空调ECU使A/C开关指示灯闪烁通知驾驶员有此故障。

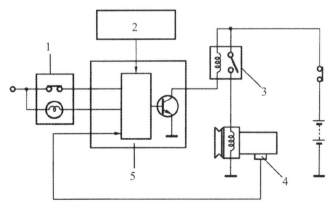

图3-7 传动皮带保护控制电路
1—空调A/C开关；2—发动机转速信号；3—电磁离合器继电器；
4—压缩机转速传感器；5—空调ECU。

6）压缩机双级控制

有些车辆为了提高车辆燃油经济性采用了压缩机双级控制。丰田汽车的压缩机双级控制电路如图 3-8 所示，在空调控制面板上有两个开关：一个是 A/C 开关，另一个是 ECON 开关。当 A/C 开关打开时，空调 ECU 根据蒸发器表面温度传感器的信号在较低的温度（大约 3℃）控制压缩机电磁离合器的通断；在打开 ECON 开关时，空调 ECU 在较高的温度（大约 11℃）控制压缩机电磁离合器的通断，这样就可以减少压缩机工作的时间，减少汽车的燃油消耗。

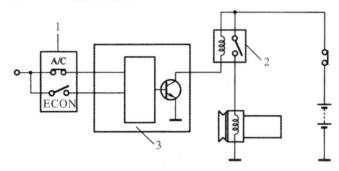

图 3-8　压缩机双级控制电路

1—空调开关；2—压缩机电磁离合器；3—空调 ECU。

7）其他控制

（1）发动机过热保护控制。当发动机处于大转矩输出或冷却系统出现故障时，冷却液温度会上升很高。此时，若不切断压缩机离合器电源，水温还会进一步升高，最终导致发动机严重动力不足，甚至拉缸、抱瓦。为防止发动机在带动压缩机时过热，一些车辆在空调系统电路中设有冷却液温度开关或传感器。当冷却液的温度高过一定值（一般为 120℃ 左右，车型不同，数值不同）时，切断压缩机电磁离合器电路，使压缩机停止运转。在温度下降到某设定值（108℃ 左右，车型不同，数值不同）时，再接通电磁离合器电路，使空调重新工作。

（2）制冷剂温度控制。在部分旋叶式和斜盘式压缩机上还装有制冷剂温度开关，防止压缩机温度过高而损坏。当制冷剂的温度超过 180℃ 时，开关断开，切断压缩机电磁离合器电路。

（3）环境温度控制。部分车辆在控制电路中装有环境温度开关，在环境温度低于某一规定值时（如普通桑塔纳轿车为 7℃），开关断开，切断压缩机电磁离合器电路，使空调制冷系统不能工作。当环境温度高于此值时，制冷系统才能进入工作状态。

（4）启动时的功率保护控制。启动时，启动电流很大，为实现顺利启动，在发动机启动时，应暂时切断车上其他用电设备电源，同时卸去发动机不必要的负荷。有些车上设置启动切断继电器，由起动机开关直接控制。一些电喷车则由发动机 ECU 接收启动信号，一旦处于启动状态，发动机 ECU 将压缩机电磁离合器电路切断。

（5）加速时功率保护控制。有些车辆上在加速时会切断压缩机电磁离合器电路，保证汽车能顺利加速。

（二）汽车空调控制电路实例

图3-9为上海桑塔纳LX型轿车空调系统电路，该电路由电源电路、电磁离合器（温度控制）电路、鼓风机控制电路、冷凝器风扇电路、急速控制电路和压力控制电路组成。

电源电路由蓄电池A、点火开关D、卸荷继电器J59以及熔断丝和空调主继电器J32组成。当点火开关A断开（OFF挡）或启动（ST挡）时，卸荷继电器断电，触点断开而使空调系统的供电线路"X"号线无电，空调无法启动运行。当点火开关D接通（即处于ON挡）时卸荷继电器通电，触点闭合，"X"号线通电，这时主继电器J32中的2号继电器经熔断丝S14得电使其触点闭合，接通了鼓风机电机V2的供电回路，鼓风机便可由鼓风机开关E9控制下运转，进行强制通风换气或送出暖气，它不受空调A/C开关E30的限制。鼓风机开关E9在不同的挡位时，鼓风机电机V2的供电回路串入的调速电阻个数也不同，从而可得到不同的送风速度。

鼓风机电机V2的供电回路：蓄电池"+"极→熔断丝S23→主继电器J32中的2号继电器触点→鼓风机开关E9→鼓风机调速电阻N23→鼓风机电机V2→搭铁→蓄电池"-"极。

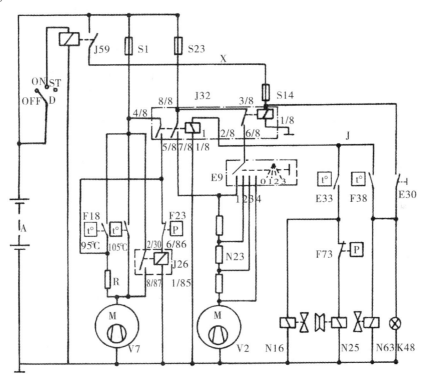

图3-9 上海桑塔纳LX型轿车空调系统电路

A—蓄电池；D—点火开关；J59—卸荷继电器；J32—空调主继电器；S1、S14、S23—熔断丝；
E9—鼓风机开关；E33—蒸发器表面温度开关；F38—环境温度开关；E30—空调A/C开关；
F18—冷却液温度开关；F23—高压开关（15bar）；J26—冷凝器风扇继电器；N23—鼓风机调速电阻；
F73—低压开关（2bar）；V7—冷凝器风扇电机；V2—鼓风机电机；N16—急速提升电磁阀；
N25—电磁离合器；N63—新鲜空气电磁阀；K48—空调开关指示灯。

夏季需要获得冷气时，必须接通空调 A/C 开关 E30，电流从蓄电池"+"极→卸荷继电器 J59 的触点→熔断丝 S14→空调 A/C 开关 E30，经 E30 后分为三路：一路经空调 A/C 指示灯 K48 构成回路，指示灯 K48 亮表示空调 A/C 开关接通；第二路经新鲜空气电磁阀 N63 构成回路，使该阀动作以接通新鲜空气翻板真空作动器的真空通路而使鼓风机强制通过蒸发器总成的空气通道进风，否则将无法获得冷气；第三路经环境温度开关 F38 后又分为两路，一路到蒸发器表面温度开关 E33，由 E33 控制电磁离合器 N25 和怠速提升电磁阀 N16 的供电，只有当蒸发器温度高于设定温度时，蒸发器表面温度开关 E30 触点接通，电磁离合器电路接通吸合，压缩机才能运转制冷，同时，怠速提升电磁阀 N16 动作而使发动机以较高转速运转，以有足够的动力驱动压缩机的工作。如蒸发器温度低于设定温度，蒸发器表面温度开关 E33 触点断开，压缩机将停止运转，同时怠速提升电磁阀 N16 断电，怠速提升装置不起作用。低压开关 F73 串联在蒸发器表面温度开关 E33 和电磁离合器 N25 之间的电路上，当制冷系统严重缺乏制冷剂而使系统高压侧压力低于 0.2MPa 时，低压开关 F73 触点断开，压缩机将无法运转。经过环境温度开关 F38 后的另一路电流则进入主继电器 J32 中的 1 号继电器后形成回路，使其两对触点吸合，其中一对触点用于控制冷凝器风扇继电器 J26，另一对触点则用于控制鼓风机电机 V2。高压开关 F23 串联在继电器 J26 和主继电器 J32 中 1 号继电器的前一对触点之间，当制冷系统高压侧压力低于 1.5MPa 时，高压开关 F23 触点断开，电阻 R 串联在冷凝器风扇电机 V7 的供电回路中，冷却风扇 V7 低速运转。当制冷系统高压侧压力高于 1.5MPa 时，高压开关 F23 触点接通，使得继电器在 J26 通电触点吸合，电阻 R 被短接，这时冷却风扇 V7 高速运转以加强冷凝器和发动机的冷却强度。主继电器 J32 中，1 号继电器还控制鼓风机的一对触点，当空调 A/C 开关一接通即闭合，这时如鼓风机开关 E59 没有接通鼓风机电路，鼓风机 V2 也将由该对触点获得电流而低速旋转，以防止接通空调 A/C 开关后忘记接通鼓风机开关，而造成因没有空气流过蒸发器使蒸发器表面温度过低面结冰或冻坏蒸发器。因此，在接通空调 A/C 开关之前，应首先接通鼓风机开关。

卸荷继电器 J59 的作用：当点火开关在启动挡（ST 挡）时，中断空调系统等附属电器的工作，以保证发动机启动时有足够的电流，启动结束后将自动接通空调系统的工作。

四、知识链接：丰田威驰手动空调电路分析

丰田威驰手动空调电路图如图 3-10 所示，其空调电路由压缩机电磁离合器电路、鼓风机电路和冷凝器风扇电路组成。

1. 压缩机电磁离合器电路

当接通鼓风机开关，打开 A/C 开关，空调系统压力正常，蒸发器表面温度较高，发动机处于正常运行工况，空调放大器接收此信号后，将 12 号端子与 5 号端子接通，空调继电器通电，空调继电器触点闭合，压缩机电磁离合器电路：蓄电池→熔断丝→暖风继电器触点→空调继电器→电磁离合器线圈→搭铁构成回路。

项目三 空调不制冷故障诊断与排除

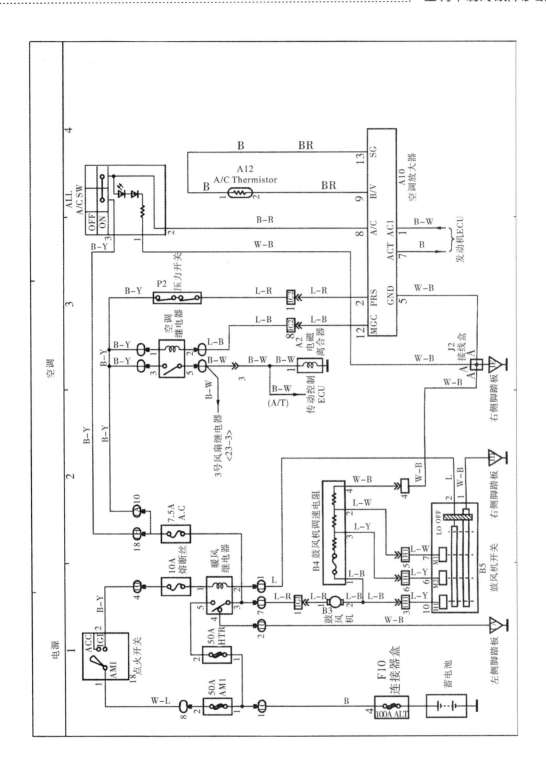

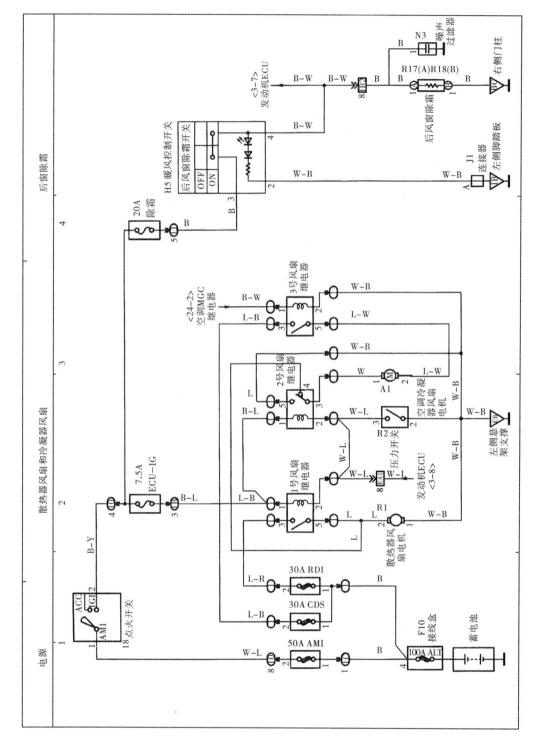

图 3-10　丰田威驰汽车空调控制电路

2. 鼓风机电路

（1）将鼓风机开关打开，暖风继电器通电：电源正极→熔断丝→点火开关→暖风继电器→鼓风机开关搭铁。

(2) 暖风继电器常开触点闭合：电源正极→熔断丝→暖风继电器触点→鼓风机电动机→鼓风机调速电阻搭铁。

根据鼓风机开关挡位不同，与鼓风机电动机串联的电阻数发生变化，从而达到调节鼓风机转速的目的。

3. 冷凝器风扇电路

不开空调时，3号继电器不工作，冷凝器风扇不工作。如果冷却液温度过高，1号继电器线圈通电，触点闭合，散热器风扇运转，加强散热。

开启空调时，3号继电器线圈通电，触点闭合。如果冷却液温度较低，空调系统压力也较低，2号继电器线圈断路，冷凝器风扇和散热器风扇串联，低速运转。如果冷却液温度升高或制冷系统压力增大时，冷却液温度开关或压力开关断开，2号和1号继电器线圈电路通电，这时2号继电器上触点闭合，1号继电器触点接通，这样冷凝器风扇和散热器风扇并联，两个风扇都以高速运转。

五、自我测试题

（一）填空题

1. 汽车上冷凝器风扇的转速控制主要依据三个信号，分别是_____、_____和_____信号。
2. 空调压缩机电磁离合器的作用是_____。
3. 手动空调系统电路可以归纳为_____电路、_____电路以及_____电路。
4. 空调系统压力开关一般装在用以检测系统_____侧压力，控制电子风扇工作的为_____开关，控制压缩机电磁离合器的有_____开关和_____开关。

（二）判断题

1. 低压开关的作用是在系统低压管路中压力过低时，切断压缩机电磁离合器电路。（   ）
2. 制冷系统压力过高或者压力过低都会导致压缩机停止工作。（   ）
3. 当发动机水温过高，或发动机负荷过大时，会切断空调压缩机电磁离合器的电源，空调压缩机停止工作。（   ）
4. 汽车空调系统的转速控制是指发动机在低速运转时自动断开空调设备。（   ）
5. 电磁离合器的作用是接通或切断发动机与压缩机之间的动力传递。（   ）
6. 丰田威驰轿车空调系统是通过改变风扇串联外电阻来实现调速的。（   ）
7. 汽车空调压缩机的电磁离合器是用来控制制冷剂流量的。（   ）
8. 当蒸发器温度过低时，为防止蒸发器表面结霜，压缩机将切断，同时由空调控制的冷凝器风扇电路也将切断。（   ）
9. 当发动机冷却液温度过高时，压缩机及冷凝器风扇电路将同时切断。（   ）
10. 桑塔纳2000GSi空调继电器搭铁线断路，在发动机急加速时将会导致空调压缩机电磁离合器不能切断。（   ）

（三）选择题

1. 在以下哪种情况下，会自动切断压缩机电磁离合器电路？（　　）
   A. 环境温度过高时　　　　　　　B. 蒸发器表面温度过高时
   C. 冷却液温度过高时　　　　　　D. 鼓风机转速过高时

2. 检测汽车空调压缩机转速的目的是（　　）。
   A. 检测压缩机与发动机转速是否匹配
   B. 检测压缩机与发电机的转速是否匹配
   C. 检测压缩机与转向助力泵的转速是否匹配
   D. 检测压缩机与车速是否匹配

3. 桑塔纳 2000 轿车环境温度传感器安装在（　　）。
   A. 进风口处　　　　　　　　　　B. 仪表板下方
   C. 挡风玻璃下方　　　　　　　　D. 冷凝器支架上

4. 空调系统制冷剂完全泄漏，此时如果接通 A/C 开关，压缩机（　　）。
   A. 运转　　　　　　　　　　　　B. 不运转
   C. 先运转一段时间，后停止　　　D. 运转温度过高

5. 汽车空调系统的鼓风机不运转，将导致（　　）。
   A. 制冷温度过低　　　　　　　　B. 蒸发器结冰
   C. 膨胀阀堵塞　　　　　　　　　D. A + B

6. 传动皮带保护控制用于（　　）。
   A. 当空调系统在运行时，稳定发动机怠速
   B. 防止制冷剂压力异常，增加导致制冷循环中的元件损坏
   C. 检测压缩机的锁定并关掉电磁离合器
   D. 防止蒸发器结霜

7. 在发动机转速过低时，为了防止发动机失速，空调压缩机不会工作，这属于哪种控制模式？（　　）
   A. 高速控制　　　　　　　　　　B. 低温保护
   C. 打滑保护　　　　　　　　　　D. 失速控制

8. 下面哪种原因会导致空调系统制冷时高压管路的压力过低？（　　）
   A. 压缩机的电磁离合器的线圈损坏　B. 高压管路堵塞
   C. 蒸发器堵塞　　　　　　　　　D. 制冷剂过多

9. 某车主反映空调系统在一天中有时制冷不正常。在测试中，低压侧压力开始正常，然后降为真空。以下哪个原因可能造成此故障现象？（　　）
   A. 膨胀阀出现冰堵　　　　　　　B. 环境温度开关出现故障
   C. 空调压缩机功率下降　　　　　D. 压缩机传动皮带出现打滑

10. 以下哪个故障原因会导致空调系统断续制冷？（　　）
    A. 温度传感器线路故障　　　　　B. 膨胀阀冰堵
    C. 压缩机油过多　　　　　　　　D. 离合器电磁线圈断路

11. 造成空调压缩机电磁离合器间歇性接合的故障原因是（　　）。

A. 环境温度过高 B. 电磁离合器线路接触不良
C. 系统制冷剂过多 D. 系统压力过低

12. 在汽车空调系统常见故障中,造成风量不足故障的原因是( )。
    A. 空调器控制电源电路故障 B. 制冷剂完全泄漏
    C. 空调器鼓风机电路故障 D. 点火电源电路故障

13. 一辆装有液压动力转向的轿车,开着空调后在方向盘打死时熄火。故障原因可能是( )。
    A. 车辆的动力转向压力开关损坏 B. 空调压缩机传动皮带松弛
    C. 空调压缩机电磁离合器出现故障 D. 动力转向泵的驱动皮带松弛

14. 在诊断压缩机不工作的故障时,直接将电源从蓄电池连接到电磁线圈插接器上,压缩机正常工作。这个故障最有可能的原因是( )。
    A. 压缩机电磁离合器线圈短路
    B. 压缩机电磁离合器线圈短路
    C. 压缩机离合器控制电路中的导线断路
    D. 压缩机离合器壳体处的离合器线圈插接器损坏

15. 打开空调开关后空调压缩机不工作,造成此现象的原因可能是( )。
    A. 离合器间隙过大 B. 蒸发器有轻微泄漏
    C. 循环回路中制冷剂不足 D. 环境温度过低

16. 汽车空调系统温度控制电路的作用是( )。
    A. 防止膨胀阀结冰 B. 防止蒸发器表面结霜或结冰
    C. 防止压缩机产生液击现象 D. 防止冷凝器表面结冰

17. 空调电磁离合器的作用是用来控制哪两个元件之间的动力传递?( )
    A. 发动机与电磁离合器 B. 发动机与压缩机
    C. 压缩机与电磁离合器 D. 电磁离合器与电磁开关

18. 某车主反映他的车空调不能制冷,工作人员对该车进行了初步检查,发现 A/C 指示灯正常,鼓风机正常,传动皮带也正常,可能的故障原因是( )。
    A. 系统管路中制冷剂过多 B. 电磁离合器的插接器连接不良
    C. 系统存在少许空气 D. 系统管路中有水分

19. 空调控制器能在车内温度降至规定值时,自动切断压缩机电磁离合器使之不工作,压缩机电磁离合器工作受( )影响。
    A. 制冷剂流量 B. 温度调节开关
    C. 双压力开关 D. 蒸发器温度传感器

(四)简述题

1. 简述压缩机的工作及切断条件。
2. 简述冷凝器风扇控制原理。
3. 画出鼓风机转速控制简图并进行分析。

项目四

自动空调温度调节异常故障诊断与排除

一、项目描述

客户报修空调制冷不足（配备自动空调），请检查并排除故障。

对于配置自动空调系统的车辆，当空调系统出现故障时，除了与手动空调系统相同的基础部件的检修之外，还需对自动空调控制系统进行检修；在对自动空调控制系统进行故障排除时，应利用其自诊断功能进行诊断。

通过该项目的实施，应达到以下要求。

1. 知识要求

（1）掌握自动空调的组成与工作原理。

（2）熟悉自动空调的控制功能。

（3）掌握暖风、通风系统的组成及工作原理。

2. 技能要求

（1）能在车上找出自动空调各传感器及执行器，并熟悉空调控制器各端子测试条件及测试结果。

（2）能对自动空调系统进行自诊断。

（3）能对自动空调的各传感器及执行器进行检修。

（4）能拆装暖风、通风系统。

3. 素质要求

（1）具备团队合作精神。

（2）具有表达沟通能力。

（3）具备5S理念。

（4）厚植爱国情怀，激发技能报国使命感；

（5）培养工程思维，增强解决问题能力；

二、项目实施

 任务一 自动空调系统认识

（一）训练目标与要求

（1）能够在车上找出自动空调各部件。

（2）会观察当自动空调各参数变化时执行元件的动作变化。

（二）训练设备

配备自动空调的整车或台架，常用工具。

（三）训练步骤

1. 训练前准备

明确完成本项目所需要的知识准备，请学习相关知识，完成学习工作单，并思考以下问题：

（1）自动空调和手动空调的区别在哪里？

（2）自动空调控制系统的传感器有哪些？执行元件有哪些？

（3）自动空调系统实现恒温控制的原理是什么？

（4）如何实现鼓风机无级控制？

2. 认识自动空调

（1）在车上分别指出车内温度、湿度传感器、胸部出风口温度传感器、脚部出风口温度传感器、环境温度传感器、蒸发器温度传感器、水温传感器、日光强度传感器、车速传感器、空调压力传感器。

（2）说出发动机ECU在自动空调控制系统的作用。

（3）在台架上分别指出进气风门伺服电动机、空气混合风门伺服电动机、出风模式伺服电动机、压缩机电磁离合器、压缩机控制电磁阀、鼓风机调速模块及鼓风机电动机、冷凝器风扇电动机。

3. 模拟改变设定温度、车内温度、车外温度、蒸发器表面温度时，观察空气混合风门的动作

1）MAX控制

当温度设置在MAXCOOL或MAXHOT时，空气混合挡板被充分地开到COOL侧或HOT侧，不管T_{AO}的值如何。

2）正常控制

（1）$T_{设定}$升高，空气混合风门应往热侧移动。

（2）$T_{车内}$升高，空气混合风门应往冷侧移动。

（3）$T_{车外}$升高，空气混合风门应往冷侧移动。

（4）$T_{蒸发器表面}$升高，空气混合风门应往冷侧移动。

4．模拟改变设定温度、车内温度、车外温度、蒸发器表面温度时，观察鼓风机的动作

1）自动控制

通过送风机马达内部和设置温度之间的差距自动调整速度来控制风量。

（1）当存在大的温差时，送风机马达速度 Hi（高）。

（2）当存在小的温差时，送风机马达速度 Lo（低）。

2）观察预热控制

当气流模式被设置到 FOOT 或 BI-LEVEL 且送风机速度选择器设置到 AUTO 时：

（1）模拟冷却液温度高于 30℃ 时，观察鼓风机电机动作情况；

（2）模拟蒸发器表面温度低于 30℃ 时，观察鼓风机电机动作情况。

5．模拟改变设定温度、车内温度、车外温度、蒸发器表面温度时，观察气流选择风门的动作

1）自动控制

气流控制以下述方式切换：

（1）将 T_{AO} 值由低变高时，FOOT；

（2）将 T_{AO} 值由高变中时，BI-LEVEL；

（3）将 T_{AO} 值由高变低时，FACE。

在下列情况下，出口空气温度（T_{AO}）被降低：

（1）温度设置降低；

（2）车内温度升高；

（3）环境温度高；

（4）日照很强。

2）观察 DEF-FOOT 控制

（1）当预热控制正工作时，ECU 控制出气方式由 FOOT 方式转变为 DEF 方式。

（2）当预热控制不工作时，ECU 控制出气方式由 DEF 方式转变为 FOOT 方式。

6．训练后工作

完成学习工作单。

任务二　自动空调系统自诊断与检修

（一）训练目标与要求

（1）能够对自动空调系统进行自诊断。

（2）能够对自动空调各传感器进行检修。

（3）能够对自动空调各执行元件进行检修。

（二）训练设备

整车或空调台架、诊断仪、万用表、跨接线、常用工具。

（三）训练步骤

1．训练前准备

明确完成本项目所需要的知识准备，请学习相关知识，并完成学习工作单。

2. 对自动空调系统进行自诊断

连接诊断仪，进入自动空调系统就可进入自诊断模式，读取空调系统故障码，记录故障代码及含义。

3. 传感器的检修

这里只介绍 A/C 压力传感器电路、蒸发器温度传感器电路、光照传感器电路检测方法，其他温度传感器电路检测方法同蒸发器温度传感器电路。

1）A/C 压力传感器电路检修

以新蒙迪欧车型空调压力传感器（图 4-1）为例，介绍其检修步骤。

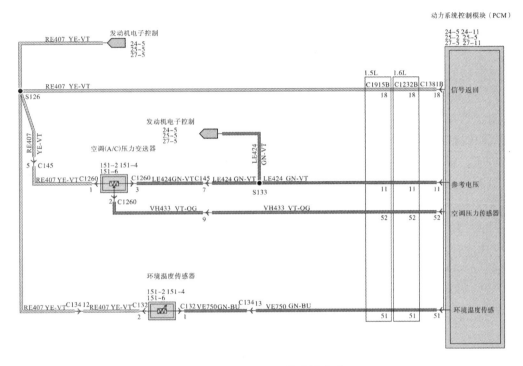

图 4-1 A/C 压力传感器电路

（1）连接空调压力表，测量制冷循环压力值。打开点火开关，连接诊断仪，读取空调压力数据流。两者读数差应处于 ±101kPa 范围内。若正常，则说明动力控制模块 PCM 故障。

（2）断开 A/C 压力传感器插接器，检测传感器电压。用万用表测量传感器供电与搭铁之间电压，应为 5V；测量传感器信号线电压，若为 5V，说明此段线路对信号正极短路；若电压为 0V，则进行下一步检查。

（3）检查 A/C 空调压力传感器电路是否接地短路。关闭点火开关，分别测量传感器供电及信号线路对地电阻，组织应大于 10kΩ，否则维修该线路。

（4）检查 A/C 空调传感器电路是否出现开路。断开传感器与控制单元连接线束，测量连接线路电阻值，应小于 3Ω，否则维修该线路。

（5）检查 A/C 压力传感器电路是否短路。分别测量线路之间电阻值，应大于 10kΩ，否则维修该线路。

2）蒸发器温度传感器电路的检修

大部分车型蒸发器温度传感器工作原理相同，为负温度系统热敏电阻，检测方法基本相同。

（1）检查蒸发器温度传感器是否存在对电源短路。断开传感器与空调控制单元连接线束，测量传感器信号线对地电压，若有电压，说明线路存在对电源短路。

（2）检查蒸发器温度传感器电路是否存在接地短路。关闭点火开关，测量传感器信号线对地电阻，阻值应大于10kΩ，否则维修该线路。

（3）检查蒸发器温度传感器电路是否开路。测量蒸发器温度与空调控制单元连接线路电阻，阻值应小于3Ω，否则维修该线路。

（4）检查蒸发器温度传感器电路间是否有短路。测量蒸发器温度传感器之间电阻，阻值应大于10kΩ，否则维修该线路。若正常，则更换蒸发器温度传感器，检查空调控制单元是否正常运行。

3）光照传感器电路的检修

对于大部分车型，光照传感器结构原理基本相似。现以新蒙迪欧（图4-2）为例，介绍光照传感器检测方法。然后接通点火开关，测量供电端子C286-2搭铁端子C286-4之间电压，应为4.7V～5.1V之间。若为0V，则测量供电端子C286-2对地电压，若正常，说明传感器搭铁回路故障；若不正常，则检修此段线路。

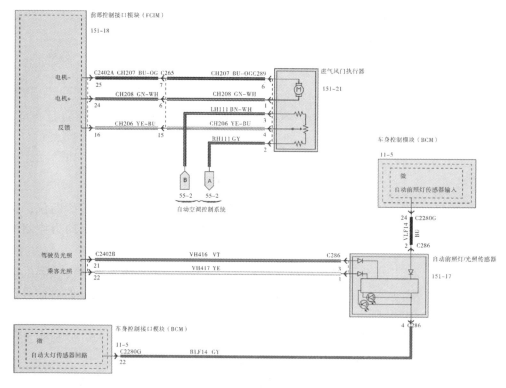

图4-2 光照传感器电路

（2）检查阳光强度传感器信号电路是否对电压短路。关闭点火开关，断开阳光强度传感器线束C286，然后接通点火开关，测量传感器信号线路C286-1、C286-3对地电压，若有电压，则维修此段线路。

（3）检查阳光强度传感器信号电路是否接地短路。关闭点火开关，测量 C286-1、C286-3 对地电阻，阻值应大于 10kΩ，否则维修该线路。

（4）检查阳光强度传感器信号电路是否开路。测量 FCIM C2402B-21 与光照传感器 C286-3、FCIM C2402B-22 与蒸发器温度传感器 C286-1 连接线路电阻值，应小于 3Ω，否则维修该线路。

（5）检查光照传感器电路间是否有短路。测量光照传感器 C286-3 与 C286-1 间电阻，阻值应大于 10kΩ，否则维修该线路。若正常，则更换光照传感器，检查 FCIM 是否正常运行。

4. 执行元件的检修

1）风门执行器电路检修

（1）检查进气风门执行器电路是否对电源短路。关闭点火开关，断开空调控制单元与风门电机总成连接线束，然后接通点火开关，分别测量进气风门电机总成电机回路线路、电位计线路对地电压，若有电压，说明电路对电源短路，应进行维修。

（2）检查风门执行器电路是否对地短路。关闭点火开关，分别测量风门电机总成各连接线路对地电阻，阻值应大于 10kΩ，否则维修该线路。

（3）检查风门执行器电路是否存在开路。分别测量风门电机总成与空调控制单元连接线路电阻值，应小于 3Ω，否则维修该线路。

（4）检查风门执行器电路是否短路。分别测量风门执行器电路线间电阻应大于 10kΩ，否则维修该线路。若正常，则更换进气风门执行器，检查空调控制单元是否正常运行。

2）A/C 离合器继电器控制电路的检测

（1）使用诊断仪，读取并记录压缩机工作相关数据流，如空调压力、蒸发器温度、冷却液温度、环境温度、车内温度。

（2）检查空调电磁离合器供电保险丝是否正常。

（3）检查电磁离合器继电器线圈、触点供电电路是否开路。

（4）检查电磁离合器继电器是否正常。测量电磁离合器线圈阻值、执行继电器通电工作测试。

（5）检查电磁离合器继电器控制电路。测量继电器控制端与控制单元连接线路是否开路、对地短路、对电源短路。

（6）检查电磁离合器继电器输出端与电磁离合器线圈连接线路是否开路、对地短路、对电源短路。

3）压缩机调节阀电路检测

（1）使用诊断仪，读取压缩机调节工作电流。

（2）检测压缩机调节阀供电保险丝是否正常。

（3）检测压缩机调节阀供电电压波形。若为 0V 一条直线，则检测调节阀与控制单元之间连接线路是否开路、对地短路。

4）鼓风机工作电路检测

（1）使用诊断仪，读取鼓风机工作电压、鼓风机调速模块信号电压。

（2）检测鼓风机调速模块供电保险丝是否正常。

（3）检测鼓风机电机工作电压。若为0V，断开鼓风机电机与调速模块连接线束，测量连接线路是否开路、对地短路、对电源电路。

5. 训练后工作

（1）完成学习工作单。

（2）各组同学派代表完成任务汇报。

三、相关知识

（一）自动空调的组成

1. 空调系统的类型与区别

汽车空调系统按照控制方式可以分为手动控制空调系统、半自动控制空调系统和全自动控制空调系统。

手动控制空调系统，它只按驾驶员所设定的鼓风机转速运转，压缩机的通断动作变化只按驾驶员所设定的温度动作。它不能根据车内温度的变化对冷气负荷作出任何修正动作。配气系统各个风门位置的变化也是由面板功能键通过相应拉索或电机驱动风门来完成。而在汽车运行中，太阳辐射、乘客热量、发动机余热等因素引起车内温度发生变化，要求汽车空调能予以自动修正控制。

自动空调控制系统，能根据驾驶员所设定的温度不断检测车内温度、车外温度、太阳辐射等，自动调节鼓风机转速，保持车内温度在设定范围内。大部分车型的自动空调系统除了能实现温度控制和鼓风机转速控制以外，还能进行进气控制、气流方式控制和压缩机控制等。

2. 自动空调系统的组成

自动空调与手动空调的机械部件几乎是一致的，区别在于控制系统上。自动空调系统主要由制冷系统、采暖系统、通风系统、空气净化系统和控制系统五部分组成。其中前四部分与手动空调没有区别，而自动空调的控制系统则包括各传感器、空调ECU以及执行器，如图4-3所示。

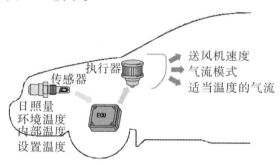

图4-3 自动空调控制系统组成

自动空调控制系统的组成框图如图4-4所示，主要由输入信号、电子控制单元ECU、执行机构组成。工作时，电子控制单元ECU接收有关控制的输入信号并进行运算，然后发出控制指令驱动各执行机构工作。

自动空调控制系统的输入信号一般包括车内温度传感器、车外温度传感器、太阳辐射传感器、蒸发器温度传感器、冷却液传感器、驾驶员设定的温度信号、由电位计检测出空气混合风门的位置信号等。执行机构一般包括各驱动风门执行机构、鼓风机电机、压缩机电磁离合器等。

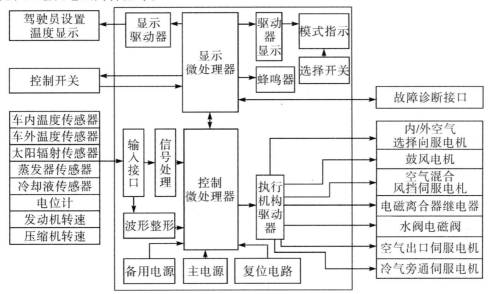

图4-4　自动空调控制系统组成框图

（二）自动空调控制内容

1. 温度控制系统

1）系统组成

温度控制系统包括车内温度传感器、车外温度传感器、日光强度传感器、温度设定电阻器、蒸发器温度传感器、自动空调放大器（ECU）、空气混合控制伺服马达。

2）工作过程

自动空调系统调节温度的过程：先在吸气口吸入一定量的空气，这部分空气在蒸发器内通过热交换并被冷却，同时被干燥，然后使一部分冷却、干燥的空气通过空气混合入口送入加热器加热，剩余的冷空气直接送入混合室，与从加热器过来的空气相混合。经过混合处理后的空气通过空气出口吹进车内，直至使车内温度达到设定值。也就是说，温度控制最终是通过控制空气混合控制风门的开度来实现的。

2. 鼓风机转速控制系统

1）系统组成

包括车内温度传感器、车外温度传感器、日光强度传感器、温度设定电阻器、蒸发器温度传感器、水温传感器、鼓风机电机、鼓风机变阻器、鼓风机转速控制开关等。

2）工作过程

（1）手动控制。手动开关操作时，微处理器根据手动开关信号，控制大功率三极管，从而控制鼓风机的转速。

（2）自动控制。这个控制与温度控制相似，自动控制鼓风机转速。

（3）预热控制。冬天，车辆长时间停放后，若马上打开鼓风机，此时吹出是冷空气而不是想要的暖风。因此，鼓风机要在水温升高（30℃）时，才能逐步转向正常工作。

（4）鼓风机启动控制。鼓风机在启动时，工作电流会比稳定工作时大很多，为了防止烧坏功率三极管，不论鼓风机目标转速多少，在鼓风机启动时都为低速运转，然后才逐步升高，直到达到理想的转速，整个过程大约需要5s时间。

（5）时滞控制。夏天，车辆长时间停放在炎热太阳下，若马上打开鼓风机，此时吹出是热风而不是想要的冷风。因此，鼓风机不能马上工作，而是滞后一段时间工作。

（6）车速补偿。在车速高时，鼓风机的转速可适当降低，以补偿由于散热的影响，使之与低速时具有一样的感觉。

（7）极速控制。有些车型，在设定温度处于最低（18℃）或最高（32℃）时，鼓风机转速会固定在高速转动。

3. 进气控制

1）手动控制

在手动模式中，进气门只有两种位置，即内循环、外循环。

2）自动控制

微处理器根据各传感器的信号自动控制马达的动作，从而决定进气模式。

4. 气流方式控制（出气控制）

1）手动控制

在手动控制中，气流方式有五种，即吹脸、双层、吹脚、吹脚/除雾、除雾。

2）自动控制

在自动控制中，气流方式一般只有三种，即吹脸、吹脚、双层。空调ECU根据各传感器的信号自动调节气流方式。在MAX A/C（空气最大值）模式下，内外循环按钮指示会点亮，从而强制启用车内空气循环模式。有些车型，在DEFROST（除雾）模式下，内外循环按钮被禁用。进气门开启，此时仅允许车外空气进入乘客舱。

5. 压缩机控制

1）基本控制

空调ECU根据车内温度、车外温度、设定温度，自动决定压缩机是否工作。

2）低温保护

一般车型在环境温度低于某值（3℃或8℃）时，压缩机不会工作。

3）高速控制

在发动机转速超过某转速时，压缩机不会工作，以保护压缩机。

4）加速切断

在发动机处于急加速工况，为了提供足够的动力，压缩机会暂时停止工作。

5）高温控制

在发动机水温超过某值（109℃）时，压缩机是不会工作的，以防止发动机水温进一步上升。

6）打滑保护

有些车型，发动机外围只有一根皮带，若压缩机卡死，会使该皮带负荷过大而断裂，而水泵、发电机等都不能工作。因此，在皮带打滑时，压缩机是不能工作的。

7）低速控制

在发动机转速低于某转速（600r/min）时，为了防止发动机失速，压缩机不会工作。

8）低压保护

为了防止压缩机在系统没有制冷剂条件下工作，使压缩机损坏，在系统压力低于某值（500kPa）时，压缩机是不工作的。

9）高压保护

在系统压力超过某值（3140kPa）时，如果压缩机继续工作，会使空调系统瘫痪，因而在系统高压下不会工作。

（三）自动空调主要元件的检测

1. 传感器检测

1）车内温度传感器的检修

车内温度传感器又称室内温度传感器，是自动空调重要传感器之一。它能影响到出风口空气温度、出风口风量、气流方式以及进气模式。

车内温度传感器采用负温度系数的热敏电阻，温度越高，阻值越小，并把温度值转换为电阻值信号输入电控单元。用万用表测量车内温度传感器电阻值随温度变化情况：当温度为25℃时，阻值为2.0kΩ～2.7kΩ；当温度为50℃时，阻值为1.6kΩ～1.8kΩ（阻值视车型而定）。

2）车外温度传感器的检测

车外温度传感器又称环境温度传感器、外界空气温度传感器、大气温度传感器，是自动空调重要的传感器之一。它能影响到出风口空气的温度、出风口风量、气流方式、进气模式、压缩机电磁离合器的通断。

车外温度传感器采用负温度系数的热敏电阻，温度越高，阻值越小，并把温度值转换为电阻值信号输入电控单元。车外温度传感器的检测与车内传感器检测方相同。脱开车外温度传感器导线插头，用万用表电阻挡测量其电阻值：在25℃时，应为1.6kΩ～1.8kΩ，温度越低，阻值越大（阻值视车型而定）。

3）日光强度传感器的检测

日光强度传感器又称日光传感器用以测量阳光的强弱，从而修正混合风门的位置和鼓风机的转速。

日光强度传感器是用光敏二极管检测阳光辐射变化情况的。光敏二极管对阳光辐射变化反应敏感，而其自身又不受温度的影响。阳光越强，电阻越小；阳光越弱，电阻越大，并把日光辐射强弱转换为电阻值信号输入电控单元。检测时，拆下仪表板上的杂物箱，拔下日光强度传感器导线连接器，用布遮住传感器，测量日光强度传感器连接器端子1与2之间的电阻值，正常情况电阻值为∞，应不导通。掀开日光强度传感器上的布，并用灯光照射日光强度传感器，继续测量连接器端子1与2间的电阻值，正常情况应为4kΩ。当灯光逐渐从传感器上移开时，光照由强变弱，日光强度传感器的电阻值应当增加。

4）蒸发器温度传感器的检测

蒸发器温度传感器用以测量蒸发器表面温度，作用有：①修正混合风门的位置；②控制压缩机。在蒸发器表面温度低于0℃时，使压缩机停止工作，以防止蒸发器表面结霜。

蒸发器温度传感器使用负温度系数的热敏电阻，温度越高，阻值越小；温度越低，阻值越大。检测时，从蒸发器壳体上找出蒸发器温度传感器，并拆下其电路连接器。将蒸发器出口温度传感器放入冷水中，改变水温，测量其电阻值。传感器电阻随温度变化情况应符合表4-1规定要求。

表4-1　不同温度下蒸发器温度传感器电阻值

温度/℃	电阻/kΩ
0	5
10	2.8
20	1.6
30	0.8
40	0.7

5）水温传感器的检测

水温传感器用以检测发动机水温，其作用主要有：①测量加热芯温度，修正混合风门的位置，有的车型用发动机水温传感器代替；②防止发动机在高温下压缩机工作，有些车型采用发动机水温传感器代替，也有的车型采用水温开关代替；③作为鼓风机预热控制的信号。

水温传感器一般也是采用负温度系数的热敏电阻，即温度越高，阻值越小；温度越低，阻值越大。其检测方法与车内温度传感器相同。

2. 执行元件的检修

1）混合风门伺服电机的检修

混合风门在风道中所处位置很特殊，如图4-5所示。混合风门伺服电机是系统最关键的部件，混合风门的位置差一点，车内空气温度就相差很多。

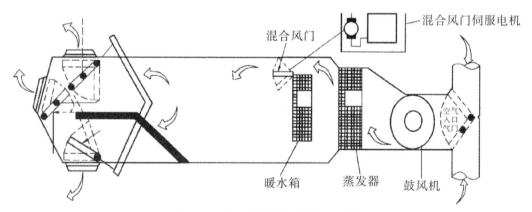

图4-5　混合风门及混合风门伺服器

（1）位置传感器的检测。改变设定温度，从最低（16℃）调节到最高（32℃），位置传感器的信号电压应能均匀下降。当混合风门伺服电机从冷气侧移到暖气侧，滑动电阻应不间断地逐渐变小，如表4-2所示。

表4-2 位置传感器的检测数值

设定温度	电压/V	电阻/kΩ
最低	4	3.76~5.76
最高	1	0.94~1.44

（2）混合风门直流电机的检测。对混合风门的驱动电机直接通电，混合风门应能平稳移动，改变极性，混合风门的移动方向应相反。

2）模式伺服电机的检修

自动空调的出风口有三大类，即吹脸（Face）、吹脚（Foot）、除雾（Defrost）。有多种组合，即吹脸（Face）、双层（B\L）、吹脚（Foot）、吹脚/除雾（F/D）、除雾（DEF）。在手动挡，可能控制风门处于五种出风类型中的任一种；在自动挡，ECU可以控制风门处于吹脸、双层、吹脚。

丰田车系专用的模式伺服电机结构如图4-6所示。

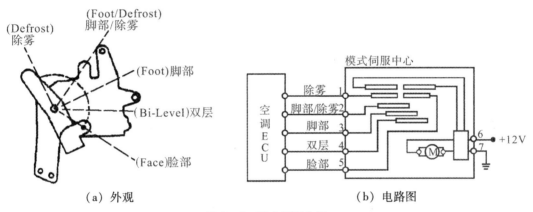

(a) 外观　　　　　　　　　　(b) 电路图

图4-6 模式伺服电机

拔下模式伺服电机的7针连接器，7号脚接负极，6号接正极；若1号脚搭铁，伺服电机会运行到除雾位置；若2号脚搭铁，伺服电机会运行到脚部/除雾位置；若3号脚搭铁，伺服电机会运行到脚部位置；若4号脚搭铁，伺服电机会运行到双层位置；若5号脚搭铁，伺服电机会运行到吹脸位置。

3）进风控制伺服电机的检修

进风控制伺服电机与空调ECU的连接电路如图4-7（b）所示。

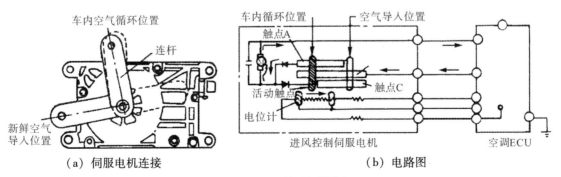

(a) 伺服电机连接　　　　　　　　　(b) 电路图

图4-7 进风控制伺服电机

当按下"车外新鲜空气导入"键时,电机转动,带动活动触点、电位计触点及进风挡风板移动或旋转,新鲜空气通道开启。当活动触点与触点 A 脱开时,电机停止转动,空调进风方式被设定在"车外新鲜空调导入"状态,车外空气被吸入车内。

当按下"车内空气循环"键时,电机带动活动触点、电位计触点及进风挡风板向反方向移动或旋转,关闭新鲜空气入口,同时打开车内空气循环通道,使车内空气循环流动。

当按下"AUTO"键时,空调 ECU 首先计算所需要的出风温度,并根据计算结果自动改变进风控制伺服电机的转动方向,从而实现进风的自动调节。

拆下进气控制伺服电机插头,测量电位计阻值,当伺服电机连杆转到"车内空气循环"一侧时,其阻值为 3.76kΩ~5.76kΩ,当伺服电机连杆转到"新鲜空气导入"一侧时,其阻值为 0.94kΩ~1.44kΩ。

4)鼓风机控制模块的检修

鼓风机控制模块用于接收空调 ECU 的信号,控制鼓风机的转速。图 4-8 为 LS400 鼓风机控制模块与空调 ECU 的电路连接图。

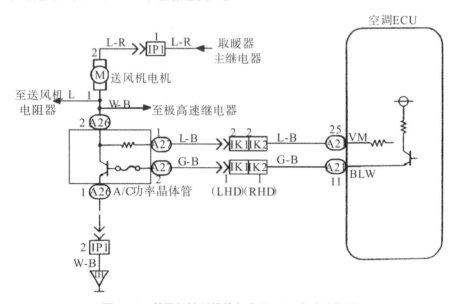

图 4-8　鼓风机控制模块与空调 ECU 电路连接图

检测时,脱开鼓风机控制模块连接器,取一个蓄电池,将蓄电池正极接到鼓风机控制模块端子 A26 2 和端子 A27 2 上;将蓄电池的负极经一个 12V、3.4W 试灯接在端子 A26 1 上,如图 4-9 所示。如果灯泡亮,说明鼓风机控制模块正常。

(四)自动空调的故障诊断

1. 故障诊断的一般程序

按照图 4-27 所示程序进行自动空调的故障排除

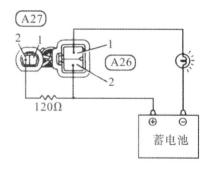

图 4-9　鼓风机控制模块的检测

和分析。

2. 常见故障分析

自动空调控制系统主要有以下几方面故障：风量控制不良，主要包括鼓风电机不转、送风量不改变；温度控制不良，主要包括温度不降低、不升高或降低升高缓慢等；进气控制不良，总是车外空气进来，或总是车内空气循环，两者不能按控制方式来改变；送风控制不良，按功能选择键后，送出来的空调风不是所要求的风门和温度。空调系统常见故障及其诊断顺序如表4-3所示。

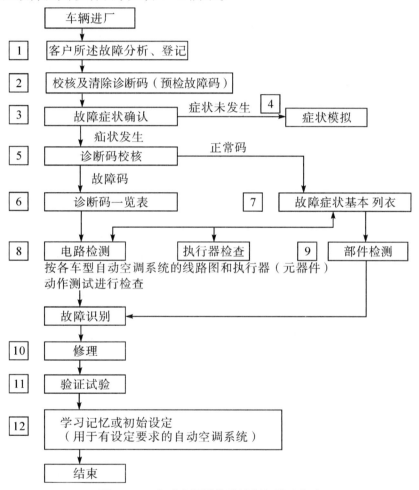

图4-10 自动空调的故障诊断与排除程序

表4-3 空调系统常见故障及其诊断顺序

故障现象		诊断次序
风量控制	鼓风机不运行	1. 点火电源电路；2. 空调器控制电源电路；3. 取暖主继电器电路；4. 空调器鼓风机电机电路；5. 水温传感器电路；6. 空调ECU
	鼓风机无控制	1. 点火电源电路；2. 功率晶体管电路；3. 超高速继电器电路；4. 取暖主继电器电路；5. 鼓风机电机电路；6. 传感器电路；7. 空调ECU

续表

故障现象		诊断次序
温度控制	无冷风输出	1. 制冷剂漏光；2. 传动皮带折断或张力不够；3. 用压力表检查制冷系统；4. 压缩机控制电路；5. 压力开关电路；6. 压缩机锁定传感器电路；7. 空气混合风门位置传感器电路；8. 空气混合伺服电机电路；9. 车内温度传感器电路；10. 环境温度传感器电路；11. 蒸发器温度传感器电路；12. 点火电源电路；13. 空调器控制电源电路；14. 取暖主继电器电路；15. 鼓风机电机电路；16. 点火器电路；17. 空调 ECU
	无暖风输出	1. 热水阀；2. 水温传感器电路；3. 空气混合风门位置传感器电路；4. 空气混合风门伺服电机电路；5. 点火电源电路；6. 空调器控制电源电路；7. 取暖主继电器电路；8. 鼓风机电机电路；9. 车内温度传感器电路；10. 环境温度传感器电路；11. 蒸发器温度传感器电路；12. 空调 ECU
	输出空气温度比规定值高或低，或响应缓慢	1. 制冷剂量；2. 传动皮带张力；3. 用压力表检查制冷系统；4. 冷凝器风机电路；5. 热水阀；6. 鼓风机电机电路；7. 日光强度传感器电路；8. 车内温度传感器电路；9. 环境温度传感器电路；10. 蒸发器温度传感器电路；11. 水温传感器电路；12. 空气混合风门位置传感器电路；13. 空气混合风门伺服电机电路；14. 进气风门位置传感器电路；15. 进气风门伺服电机电路；16. 冷凝器；17. 储液干燥器；18. 蒸发器；19. 加热器芯；20. 膨胀阀；21. 空调 ECU
温度控制不良	无温度控制，只有冷气或暖气最足	1. 车内温度传感器电路；2. 环境温度传感器电路；3. 空气混合风门位置传感器电路；4. 空气混合风门伺服电机电路；5. 空调 ECU
进气控制不良	无进气控制	1. 进气风门位置传感器电路；2. 进气风门伺服电机电路；3. 空调 ECU
送风控制不良	出气气流无法控制	1. 出风口风门伺服电机电路；2. 冷气最大伺服电机电路；3. 空调 ECU
发动机怠速控制不良	发动机怠速时，不出现转速升高或持续提高	1. 压缩机电路；2. 空调 ECU；3. 发动机和变速器 ECU
后置空调器故障	后鼓风机不运行	1. 后空调器鼓风机电机电路；2. 后空调器控制开关电路；3. 空调 ECU
	无后鼓风机控制	1. 后空调器高速鼓风机控制电路；2. 后空调器超低速鼓风机控制电路；3. 烟雾传感器电路；4. 后空调器控制开关电路；5. 空调 ECU
	无后冷气输出	1. 后空调器电磁阀电路；2. 空调 ECU
	后输出空气温度与规定值不符，或响应缓慢	1. 后空调器电磁阀电路；2. 后空调器高速鼓风机控制电路；3. 烟雾传感器电路；4. 后空调器控制开关电路；5. 空调 ECU
	后气流风口不可控制	1. 后空调器控制开关电路；2. 空调 ECU

四、知识链接：自动空调电路原理分析

以桑塔纳 3000VISTA 自动空调为例，分析其压缩机电磁离合器电路、鼓风机转速控制电路、散热风扇电路、进气风门控制电路、空气混合风门控制电路、出风模式风门控制电路。

（一）压缩机电磁离合器电路

桑塔纳 3000VISTA 轿车采用了可变排量压缩机 SE7PV16（机械波纹管式），压缩机工作与否由电磁离合器的通电情况决定。压缩机控制电路由 A/C 开关、蒸发器温度传感器 E33、车外温度传感器 G17、空调控制器 J127、压力开关 F129、电磁离合器继电器、散热器风扇控制器 J293、电磁离合器 N25 以及线路组成，如图 4-11 所示。

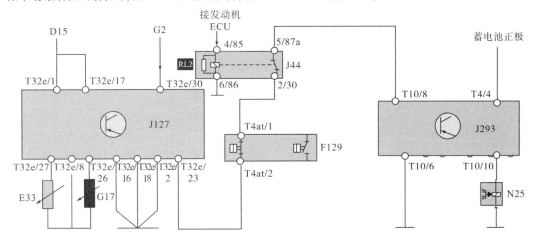

图 4-11 压缩机控制电路图

1. 空调控制器 J127

空调控制器 J127 负责接收 A/C 开关、蒸发器温度传感器 E33、水温传感器 G2、车外温度传感器 G17 的信号。当 A/C 开关接通、蒸发器温度高于 3℃、水温低于 120℃、环境温度高于 -3℃，空调控制器 J127 T32e/23 脚输出高电位（电源电压）给空调压力开关 F129 T4a/2 脚。

2. 空调压力开关

开启空调时，空调控制器 J127 给压力开关供电，当空调压力正常时（0.196MPa < P < 3.14MPa），压力开关闭合，信号传输至电磁离合器继电器 J44。

3. 电磁离合器继电器 J44

J44 安装在蓄电池后方的发动机舱继电器—保险丝盒内，其内部结构如图 4-12 所示。从图中可以看出其为常闭继电器，继电器 2/30 脚与压力开关相连；继电器 5/87a 脚分两路，一路与发动机ECU J220 相连，为发动机提供空调怠速提升请求信号，另一路为散热器空调控制器 J293 提供压缩机工作请求信号；继电器 6/86 脚与发动机 ECU J220 相连，当发动机处于紧急运行状态、发动机处于最大负荷、发动机低于最小负荷运行、打开点火开关和打开 A/C 开关而发动机不发动情况之一时，发动机

ECU J220 将切断压缩机电磁离合器电路。继电器 6/86 脚测试电压如表 4-4 所示。继电器 4/85 脚搭铁，为继电器线圈供电形成回路。

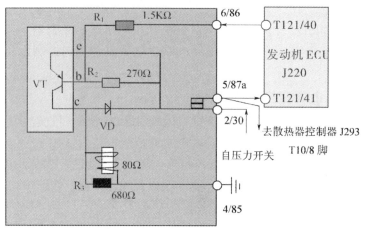

图 4-12 电磁离合器继电器 J44 内部电路

表 4-4 继电器 6/86 脚测试电压

点火开关 OFF	点火开关 ON 但未发动		点火开关 ON 且发动	
	A/C OFF	A/C ON	A/C OFF	A/C ON
0V	0V	0V	0V	11.4V~11.8V（140ms 后）

打开点火开关启动后，电磁离合器继电器工作过程如下：

（1）未开 A/C，由于 $U_{2/30}=0V$，继电器线圈不供电，触点闭合；

（2）打开 A/C，$U_{2/30}=14V$，由于 $U_{6/86}=0V$，继电器 2/30 脚通过 R_2 分压，三极管 VT 导通（$U_e > U_b$），触点断开，此时散热器风扇继电器 J293 不接收 A/C 请求信号，压缩机不工作。发动机 ECU J220 使 $U_{6/86}$ 搭铁延时 140ms，用以实现将怠速从 860r/min 提升至 1000r/min。当怠速稳定后，发动机 ECU J220 使 $U_{6/86}$ 上升为电源电压，$U_e = U_b$，三极管 VT 截止，触点闭合，继电器 5/87a 脚一路为发动机 ECU（T121/41）提供空调请求信号，保持高怠速；另一路为散热器风扇继电器 J293 提供空调请求信号，压缩机工作。

电磁离合器继电器与发动机 ECU 连接的接脚在发动机数据 50 组 3 区显示：A/C Low（High），Compre ON（OFF）。经过测试，在各种情况下 50 组 3 区显示如表 4-5 所示。

表 4-5 发动机数据 50 组 3 区显示

显示测试条件	A/C	Compre
打开点火开关和 A/C 开关但未启动	A/C Low	Compre OFF
打开点火开关和 A/C 开关且启动	A/C High	Compre ON
电磁离合器触点断开	A/C Low	Compre ON 然后 OFF
继电器未装	A/C Low	Compre OFF
6/86 脚断路	A/C High	Compre OFF

4. 散热器风扇控制器 J293

控制器 J293 接收来自 J44 的信号,并为电磁离合器 J25 提供工作电压,内部结构如图 4-13 所示。散热器风扇控制器 J293 内部有三个继电器 J_1、J_2 和 J_3,分别用以控制冷凝器风扇高速运转、冷凝器风扇低速运转和压缩机电磁离合器。控制器 J293 外围线路主要有 4 类:火线、搭铁线、输入信号线和输出信号线。通过实验模拟验证,得出控制器 J293 各端子含义及工作条件如表 4-6 所示。

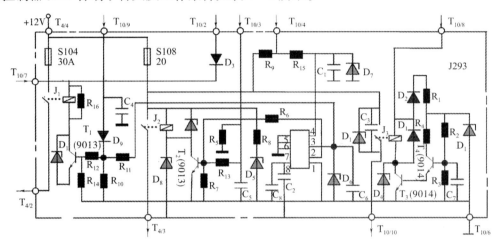

图 4-6 控制器 J293 内部结构

表 4-13 J293 各端子含义及工作条件

端子号	端子类型	含义	工作条件	用途
$T_{10/2}$	输入信号	压力信号	空调压力大于或等 1.77MPa	给 J_1 线圈供电
$T_{10/3}$	输入信号	空调信号 1	①将点火开关旋至 ON 挡;②A/C 开关打开;③环境温度大于 -3℃;④蒸发器温度高于 3℃;⑤水温低于 120℃;⑥空调压力正常	给三极管 T_2 提供基极电流
$T_{10/4}$	空			
$T_{10/6}$	搭铁	搭铁	始终	控制器搭铁线
$T_{10/7}$	输入信号	水温信号	发动机温度超过 105℃ 时	给 J_1 线圈供电
$T_{10/8}$	输入信号	空调信号 2	①满足空调信号 1 的所有条件;②发动机处于正常工况	①给 J_3 线圈供电;②三极管 T_4 导通条件
$T_{10/9}$	输入信号	点火开关信号	点火开关至 ON 位置	给三极管 T_1 提供基极电流
$T_{10/10}$	输出信号	电磁离合器工作信号	①端子 $T_{10/8}$ 供电条件满足;②端子 $T_{4/4}$ 供电	给电磁离合器提供电源
$T_{4/2}$	输出信号	冷凝器风扇高速运转工作信号	①端子 $T_{10/2}$ 或 $T_{10/7}$ 两者之一供电条件满足;②端子 $T_{10/9}$ 供电条件满足;③端子 $T_{4/4}$ 供电	给风扇电动机 1 号端子提供电源电压
$T_{4/3}$	输出信号	冷凝器风扇低速运转信号	①端子 $T_{10/3}$ 供电条件满足;②端子 $T_{4/4}$ 供电	给风扇电动机 2 号端子提供电源电压
$T_{4/2}$	火线	电源电压	蓄电池供电	控制器及执行器供电线

(二) 鼓风机转速控制电路

鼓风机转速控制电路由空调控制面板（集成车内温度传感器和鼓风机开关）、车外温度传感器 G17、日光强度传感器 G107、蒸发器温度传感器 E33、水温传感器 G2、设定温度、空调控制器 J127、鼓风机电机 V2、鼓风机调速模块 N23 以及线路组成。空调控制器接收到各传感器或鼓风机开关信号后，通过占空比控制鼓风机转速，如图 4-14 所示。鼓风机调速模块 N23 各端子测试结果如表 4-7 所示。

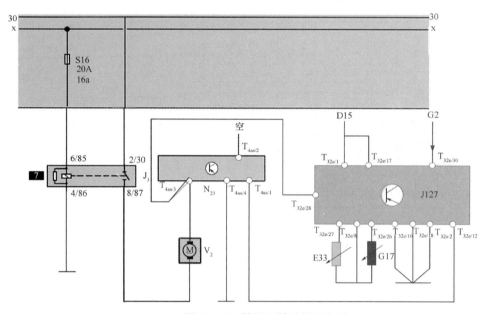

图 4-14 鼓风机转速控制电路

表 4-7 鼓风机调速模块 N23 各端子测试结果

端子号	端子含义	测试条件	测量值
$T_{4as/1}$	占空比信号线	①点火开关至 OFF 至 ON 位置；②鼓风机从 OFF 至 7 挡	0V → 1.8V → 1.86V → 1.96V → 2.04V → 2.37V → 2.45V → 2.8V
$T_{4as/2}$	空	空	空
$T_{4as/3}$	鼓风机控制信号	①点火开关至 ON 位置；②鼓风机从 OFF 至 7 挡	12V → 10.8V → 10V → 8.9V → 6.5V → 5.77V → 4.8V → 2.37V
$T_{4as/4}$	搭铁	始终	与接地间电阻小于 1Ω

(三) 散热器风扇电路

散热器风扇电路由风扇运转信号、散热器风扇控制器 J293、散热器风扇电机及线路组成。在汽车上，发动机散热器和冷凝器一般共用电子风扇。电子风扇的运转情况一般取决于三个信号：A/C 开关信号、水温信号以及空调压力信号。

(1) 当发动机温度达到 95℃时，安装在发动机散热器上热敏开关 F18 的 3 号端子与 2 号端子接通，给风扇电机 2 号端子供电，风扇电机低速旋转。

(2) 当发动机温度达到 105℃时，安装在发动机散热器上热敏开关 F18 的 3 号端子与1号端子接通，风扇控制器J293接收到$T_{10/7}$端子信号后，内部继电器J1工作，给风扇电机1号端子供电，风扇电机高速旋转。

（3）开启空调时，风扇控制器J293接收到$T_{10/3}$信号后，内部继电器J2工作，给风扇电机2号端子供电，风扇电机低速旋转。

（4）运行时空调系统高压侧压力达到1.77MPa时，风扇控制器J293接收到$T_{10/2}$端子信号后，内部继电器J_1工作，给风扇电机1号端子供电，风扇电机高速旋转。

（四）进气风门控制电路

进气风门控制电路由各传感器（与鼓风机转速控制相同）、内外循环开关、空调控制器J127、进气风门伺服电机V154、电位计G143及线路组成。空调控制器J127根据各传感器信号或内外循环开关信号，通过控制端子T32e/6与T32e/22的电压，从而控制电机V154的动作。伺服电动机V154、电位计G143各端子测试结果如表4-8所示。

表4-8 伺服电动机V154、电位计G143各端子测试结果

端子号	端子含义	测试条件	测量值
$T_{6t/1}$	电机供电线	点火开关至OFF至ON位置	0V→12V~14V
$T_{6t/2}$	内循环切换信号	①点火开关至OFF至ON位置；②从外循环切换至内循环	10.5V→0V
$T_{6t/3}$	搭铁线	始终	与接地之间电阻小于1Ω
$T_{6t/4}$	电位计信号线	从外循环→部分内循环→内循环	1.22V→2.4V→4.2V
$T_{6t/5}$	电位计供电线	点火开关至OFF至ON位置	0V→5V
$T_{6t/6}$	外循环切换信号	①点火开关至OFF至ON位置；②从内循环切换至外循环	10.5V→0V

（五）空气混合风门控制电路

空气混合风门控制电路由各传感器（与鼓风机转速控制相同）、空调控制器J127、空气混合风门伺服电机V68、电位计G92及线路组成。空调控制器J127根据各传感器信号和设定温度信号，通过控制端子T32e/4与T32e/20的电压，从而控制电机V68的动作。伺服电机V68、电位计G92各端子测试结果如表4-9所示。

表4-9 伺服电机V68、电位计G92各端子测试结果

端子号	端子含义	测试条件	测量值
$T_{6t/1}$	电机供电线	点火开关至OFF至ON位置	0V→12~14V
$T_{6t/2}$	降温控制信号	①点火开关至OFF至ON位置；②温度从最热→最冷	10.5V→0V
$T_{6t/3}$	搭铁线	始终	与接地间电阻小于1Ω
$T_{6t/4}$	电位计信号线	温度从最热→最冷	1.22V→4.2V
$T_{6t/5}$	电位计供电线	点火开关至OFF至ON位置	0V→5V
$T_{6t/6}$	升温控制信号	①点火开关至OFF至ON位置；②温度从最冷→最热	10.5V→0V

（六）出风模式风门控制电路

出风模式风门控制电路由各传感器（与鼓风机转速控制相同）、空调控制器 J127、出风模式风门伺服电机 V70、V85、电位计 G112、G114 及线路组成。空调控制器 J127 根据各传感器信号和设定温度信号，通过控制端子 T32e/5 与 T32e/21 的电压，从而控制电机 V70 的动作。通过控制端子 T32e/3 与 T32e/19 的电压，从而控制电机 V85 的动作。伺服电机及电位计各端子测试结果如表 4-10 所示。

表 4-10 伺服电动机及电位计各端子测试结果

端子号		端子含义	测试条件	测量值
$T_{6t/1}$		电机供电线	点火开关至 OFF 至 ON 位置	0V→12~14V
$T_{6t/2}$	V70	吹脚控制信号线	①点火开关至 OFF 至 ON 位置；②吹胸部→吹脚	10.2V→0V
	V85	除霜控制信号线	①点火开关至 OFF 至 ON 位置；②吹脚→除霜	10.2V→0V
$T_{6t/3}$		搭铁线	始终	与接地间电阻小于1Ω
$T_{6t/4}$	G112	电位计信号线	吹胸部→吹脚	3.0V→2.0V→1.5V
	G114	电位计信号线	吹脚→除霜	1.9V→3.2V
$T_{6t/5}$		电位计供电线	点火开关至 OFF 至 ON 位置	0V→5V
$T_{6t/6}$	V70	吹胸部控制信号	①点火开关至 OFF 至 ON 位置；②除霜→吹胸部	10.2V→0V
	V85	吹脚控制信号	①点火开关至 OFF 至 ON 位置；②除霜→吹胸部	10.2V→0V

五、自我测试题

（一）填空题

1. 自动空调与手动空调相比，区别仅在于_____。
2. 自动空调常用的传感器及信号有_____、_____、_____、_____、_____、_____、_____ 等。
3. 自动空调控制内容有_____、_____、_____、_____。

（二）判断题

1. 日光强度传感器常采用负温度系数的热敏电阻式的传感器。　　　　　　（　　）
2. 一般来说，对自动空调，室内温度与设定温度之差越大，鼓风机转速越低。
　　　　　　　　　　　　　　　　　　　　　　　　　　　　　　　　（　　）
3. 在电控空调系统的模式风门自动控制中，模式一般只有三种位置，即吹脸、吹

脚和吹全身。 （ ）
4. 空调压缩机的电磁离合器线圈两端并联的二极管是为了整流。 （ ）
5. 当空调空气混合风门伺服电机电位计信号线断路时，空调系统将不会出冷风。
 （ ）

（三）选择题

1. 汽车自动空调的调节风门控制在自动模式时，若环境温度为5℃时，调节风门处于哪种位置？（ ）
   A. 面部　　　　　B. 脚下　　　　　C. 面部和脚下　　　　D. 面部和除霜

2. 对于自动空调系统，如果蒸发器温度传感器损坏或性能不良，则有可能导致哪些问题？（ ）
   A. 空调压缩机不工作或工作异常　　B. 鼓风机不工作
   C. 空调压缩机机械性损坏　　　　　D. 冷凝器堵塞

3. 汽车自动空调系统中，日光强度传感器一般安装在车辆的什么位置？（ ）
   A. 前保险杆上　　　　　　　　　B. 发动机盖上
   C. 后保险杠上　　　　　　　　　D. 仪表台上，靠近挡风玻璃附近

4. 下列关于预热控制的陈述哪个是正确的？（ ）
   A. 冷却剂温度高时，预热控制停止送风机风扇转动，因此暖风不出来
   B. 加热时，预热控制停止冷空气气流
   C. 加热时，预热控制停止热空气气流
   D. 制冷时，预热控制有助于迅速降低内部温度

5. 丰田花冠自动空调系统中，鼓风电机控制模块放大来自（ ）的控制电机运转信号，进而驱动鼓风电机。
   A. 发动机 ECU　　B. 空调 ECU　　C. 水温开关　　　　D. 压力开关

6. 对于下列各传感器（1~4）给出选择准确的陈述（ ）。
   （1）内部温度传感器　（2）环境温度传感器
   （3）日光强度传感器　（4）蒸发温度传感器
   A. 用于防止产生霜冻、控制温度及气流延时
   B. 用来探测日照强度，以控制由于日照强度波动引起的车内温度波动
   C. 用来探测外部温度，以控制由于外部温度波动引起的车内温度波动
   D. 探测车内温度，是温度控制的基础
   答案：（1）＿＿＿＿　（2）＿＿＿＿　（3）＿＿＿＿　（4）＿＿＿＿

7. 下列关于气流调节的陈述哪个是正确的？（ ）
   A. 降低车内温度时，模式风门位置为 BI – LEVEL
   B. 降低车内温度时，模式风门位置为 FOOT
   C. 取暖时，模式风门位置为 FOOT
   D. 取暖时，模式风门位置为吹脸/除霜

8. 下列关于鼓风机转速控制的陈述哪个是正确的？（　　）
   A. 鼓风机转速是根据规定温度调整的
   B. 鼓风机转速是根据车内温度与规定温度之间的差异调整的
   C. 鼓风机转速是根据车内温度与外部温度之间的差异调整的
   D. 鼓风机转速是根据车内温度调整的

（四）简述题

1. 画出车内温度传感器与空调 ECU 的控制简图，并说明车内温度传感器的检测方法。
2. 简述手动空调与自动空调的异同点。
3. 简述自动空调的工作原理。
4. 画出空气混合风门伺服电机与空调 ECU 的控制简图，并说明其检测方法。

项目五

电动车窗工作异常故障诊断与排除

一、项目描述

客户报修电动车窗工作异常,请进行检查并排除故障。

要完成该任务,首先应熟悉电动车窗的功能并能正确操作电动车窗;如果是机械故障,必须熟练完成电动门窗的拆装;如果是电路故障,必须能识读电动车窗的电路图并在此基础上完成电路故障诊断与排除。

通过本项目的学习,应达到以下要求。

1. 知识要求

(1) 熟悉电动车窗的功能及分类。

(2) 掌握电动车窗的工作原理。

(3) 掌握电动车窗各元件的检测方法。

(4) 掌握舒适 CAN 总线和 LIN 总线的通信原理与信号特点。

(5) 理解电动车窗常见故障诊断与排除方法。

2. 技能要求

(1) 能正确操作汽车电动车窗。

(2) 能在车上找出电动车窗各组成部件。

(3) 能识读汽车电动系统电路并画出其电路简图。

(4) 会检测舒适 CAN 总线。

(5) 会检测 LIN 总线。

(6) 能够对电动车窗常见故障进行诊断与排除。

3. 素质要求

(1) 具备团队合作精神。

(2) 具有表达沟通能力。

(3) 具备 5S 理念。

(4) 培养正确的劳动态度,弘扬劳动精神、奋斗精神、奉献精神。

二、项目实施

任务一 左前车窗无法升降故障诊断与排除

(一) 训练目标与要求

(1) 会操作电动车窗开关演示电动车窗功能。
(2) 能在车上指出电动车窗的组成部件。
(3) 能够按规范拆装电动车窗。
(4) 会识读电动车窗电路。
(5) 会检测电动车窗主开关和分开关。
(6) 能检测电动车窗电机的性能。
(7) 能够对电动车窗常见故障进行诊断与排除。

(二) 训练设备

整车或电动车窗台架、专业拆装工具、速腾维修手册、诊断仪、数字型万用表、速腾轿车电路图。

(三) 训练步骤

1. 训练前准备

明确完成本项目所需的知识准备,请学习相关知识,并完成学习工作单。

2. 操作电动车窗

图 5-1 为电动车窗主开关。

(1) 将点火开关旋至 ON 位置时,电动车窗可以运行。

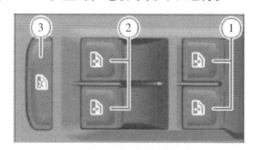

图 5-1 速腾轿车电动车窗主开关
1—前排车窗开关按钮;2—后排车窗开关按钮;3—车窗锁止开关。

(2) 操作驾驶员侧车窗升降。
① 手动控制。拉起或按下车窗开关 1/2 行程,车窗就会点动上升或下降。
② 自动控制。拉起或按下车窗开关全程,车窗会自动上升至最顶部或最下方。若要中途停止车窗的升降,可向相反方向轻拉开关,然后释放。
(3) 操作其他三个车窗的升降。可用驾驶员侧主开关或各自车门的分开关进行操

作，都为手动控制。

（4）操纵窗锁止开关。按下窗锁止开关后，后侧车窗分开关将不能控制相应车窗升降，被锁止。

（5）验证无钥匙电动车窗功能。如果驾驶员车门和前排乘客侧车门不打开，在关闭点火开关数分钟内仍可用按钮操控电动车窗。但是，一旦打开任一前车门，就不能再对其进行操作。

（6）验证车窗整体启闭功能。点火开关关闭时，可按住轿车钥匙上的闭锁或解锁按钮，所有车窗将同时打开或关闭。对于配置免钥匙的轿车，还可将手指放在车门把手上的锁止传感器上数秒钟，直至车窗关闭。若需终止该功能，松开闭锁或解锁按钮即可。

（7）验证车窗防夹功能。关闭车窗时若受阻，该车窗将自动下降以释放阻力。

注意：若更换车窗电机或控制单元，则必须对车窗升降器电机进行编码。编码方法：使车窗玻璃升降器向上运行至限位位置，然后再一次拉住开关2秒钟，即可完成上部限位位置的识别。

3. 拆装左前车门饰板

查阅车型维修手册，拆装左前车门饰板。

4. 拆装车窗升降器及车窗电机

查阅车型维修手册，拆装车窗升降器及电动车窗电机。

5. 识读速腾轿车电动车窗电路

（1）识读电动车窗开关电路。查阅电路图，识读电动车窗开关电路，并能复述其工作原理。

（2）画出左前车窗升降控制电路简图。在电路图中找出车门控制单元（如有）供电、搭铁、网络通讯电路、车窗电机工作电路。

（3）完成左前车窗控制电路搭建。在台架上完成左前车窗升降电路搭建，并完成测试。

6. 左前车窗无法升降故障诊断与排除

下面以模块控制式的速腾轿车电动车窗故障为例，阐述故障诊断排除过程。

由于其他车窗均工作正常，故障可能原因有：

（1）左前车窗开关本身故障；

（2）车窗控制单元故障；

（3）车窗电机本身及其线路故障。

在诊断与排除故障时，可使用诊断仪读取相应故障码和数据流，操作左前车窗开关时，若能从左前车门控制单元中读取开关状态变化，则更换左前车门控制单元；若读取开关状态不变化，则检测开关电路。开关电路检测步骤如下：

（1）测量左前车窗开关信号输入。打开点火开关，测量车门控制单元 J386 的 T32/31 端对地电压。在不操作开关时，电压为 3.6V 左右，操作开关时，电压会通过开关内部的分压电阻被下拉。若为 3.6V 不变，说明开关信号电路存在断路，转至第（2）步;若为 0V 不变，说明开关信号电路存在短路或 J386 未发出参考电压，转至第（3）步。

(2) 测量左前车窗开关信号输出。测量玻璃升降器按钮 E40 的 T10c/5 端对地电压，若始终为 0V，说明 J386 的 T32/31 与 E40 T10c/5 连接线路断路；若始终为 3.6V 不变，由于其他车窗工作正常，说明共用的开关搭铁电路正常，故障在 E40 本身。

(3) 测量左前车窗开关信号电路是否存在对地短路。关闭点火开关，断开 J386 T32 及 E40 线束插接器，测量 E40 T10c/5 线路对地电阻，若小于 2Ω，说明此段线路对地短路。若为无穷大，则连接 J386 的 T32 插接器，测量 E40 的 T10c/5 端子对地电阻，若小于 2Ω，说明 J386 内部故障。若为无穷大，则连接 E40 的 T10c 插接器，测量 E710 的 T10c/5 端子对地电阻，若小于 2Ω，说明 E40 内部故障。若无穷大，则更换 J386。

7. 训练后工作

(1) 将故障排除过程及测试结果填写在学习工作单内。
(2) 各组同学派代表完成任务汇报。

任务二　左后车窗无法升降故障诊断与排除

（一）训练目标与要求

(1) 能够按规范拆装电动车窗开关及车门内饰。
(2) 会识读电动车窗电路。
(3) 会检测 LIN 总线。
(4) 能够对左后车窗无法升降故障进行诊断与排除。

（二）训练设备

整车或电动车窗台架、对应车型电路图、维修手册、诊断仪、示波器、万用表、常用拆装工具。

（三）训练步骤

1. 训练前准备

明确完成本项目所需的知识准备，请学习相关知识，并完成学习工作单。

2. 操作电动车窗，验证故障现象

操作电动车窗主开关和分开关，左后车窗均不能工作，其他车窗工作均正常。操作中控及遥控门锁，左后门锁闭锁器不工作，开闭左后侧车门，仪表显示车门状态未发生变化。

3. 识读左后车窗升降电路图

(1) 画出左后车窗升降控制电路简图。在电路图中找出左后车窗车门控制单元的供电、搭铁电路，左后车窗升降控制电路，并将之填写在学习工单上。
(2) 完成左后车窗升降电路布线。在速腾舒适系统台架上完成左后车窗升降电路连接与布线，并完成测试。

4. 左后车窗无法升降故障诊断与排除

以速腾轿车为例进行说明。尤其其他车窗均工作正常，结合左后门锁闭锁器不工作，根据故障概率，优先考虑 J386 与 J388 LIN 通信故障，故障原因可能有：

(1) J386 局部故障;

(2) J388 局部故障;

(3) J388 供电、搭铁电路故障;

(4) J386 与 J388 LIN 通信线路故障。

具体诊断与排除步骤如下:

(1) 使用诊断仪从左前车门控制单元内读取相应故障码,确定是否存在 LIN 通信故障,如是否出现"010002 本地数据总线无通信,未达到下限"故障提示。

(2) 检查 J388 供电、搭铁。打开点火开关,操作左后车窗升降,用万用表测量 J388 供电端 T18b/10、T18b/11 均应为 +B 电源电压,若电压不正常,由于右后侧车窗正常,说明共用保险丝正常,应检查相应供电线路。测量 J388 搭铁端 T18b/9 对地电压,应为 0V,若不正常,说明 J388 搭铁电路故障。

(3) 测量 J388 LIN 线(T18b/12)信号波形。正常为 0 ~ +B 电压变化的波形,如图 5-2 所示。若为 0V 不变,说明 LIN 通信电路对地短路或测量点两端与 J386、J388 连接端子同时断路,转至第(4)步;若为接近 +B 电压不变,说明 LIN 通信电路对电源短路或断路,转至第(5)步;若波形起点和幅值出现偏移,说明 LIN 通信电路出现虚接。

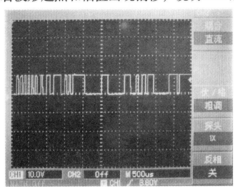

图 5-2 LIN 总线波形

(4) 断开 J388 线束连接器,用示波器测量 J388 LIN 线(T18b/12)信号,若波形恢复正常,说明 J388 内部对地短路。若仍为 0V 不变,则连接 J388 线束插接器,断开 J386 T20c 线束插接器,再次测量 J388 LIN 线(T18b/12)信号,若为 +B 电压,表明 J386 内部对地短路,若为 0V,断开 J386 T20c 线束插接器与 J388 线束插接器,用万用表测量 LIN 通信线路是否断路和对地短路。

(5) 断开 J388 线束连接器,用示波器测量 J388 LIN 线(T18b/12)信号,若波形恢复正常,说明 J388 内部对电源短路。若仍为 +B 不变,则连接 J388 线束插接器,断开 J386 T20c 线束插接器,再次测量 J388 LIN 线(T18b/12)信号,若波形恢复正常,表明 J386 内部对电源短路,若为 +B,断开 J386 T20c 线束插接器与 J388 线束插接器,用万用表测量 LIN 通信线路是否断路和对电源短路。

5. 训练后工作

(1) 将故障排除过程及测试结果填写在学习工作单内。

(2) 各组同学派代表完成任务汇报。

任务三　右侧车窗无法升降故障诊断与排除

（一）训练目标与要求

（1）能够按规范拆装电动车窗开关及车门内饰。
（2）会识读电动车窗电路。
（3）会检测CAN总线。
（4）能够对右侧车窗无法升降故障进行诊断与排除。

（二）训练设备

整车或电动车窗台架、维修手册、电路图、诊断仪、万用表、示波器、专用拆装工具。

（三）训练步骤

1. 训练前准备

明确完成本项目所需的知识准备，请学习相关知识，并完成学习工作单。

2. 操作电动车窗，验证故障现象

操作电动车窗主开关和分开关，右侧车窗均不能工作，左侧车窗工作均正常。操作中控及遥控门锁，右侧门锁闭锁器不工作，开闭右侧车门，仪表显示车门状态未发生变化。操作右侧后视镜，右侧后视镜不工作，左侧后视镜正常。

3. 识读右侧车窗升降电路图

（1）画出右侧车窗升降控制电路简图。在电路图中找出右前车窗车门控制单元、右后车窗控制单元的供电、搭铁电路，右侧车窗升降控制电路，并将之填写在学习工单上。

（2）完成右侧车窗升降电路布线。在速腾舒适系统台架上完成右侧车窗升降电路连接与布线，并完成测试。

4. 速腾舒适CAN总线波形测量

打开点火开关，用示波器测量舒适CAN总线正常波形和异常波形。

1）正常波形

舒适CAN总线正常波形如图5-3所示。CAN-H线显性电压约为4V，隐性电压约为0V；而CAN-L线显性电压约为1V，隐性电压约为5V。

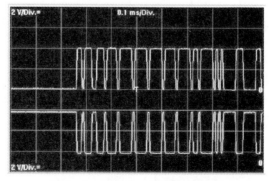

图5-3　舒适CAN总线正常波形

2) CAN-L线断路波形测量

若舒适CAN-L线断路（图5-4），CAN-H线波形正常，CAN-L线波形异常，如图5-5所示。此时总线以CAN-H线运行，进入单线运行模式，舒适系统功能不受影响。

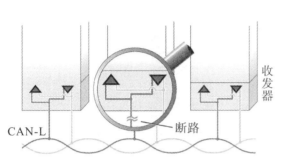

图5-4 舒适CAN-L线断路

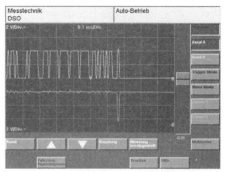

图5-5 舒适CAN-L断路总线波形

3) CAN-H线断路波形测量

若舒适CAN-H线断路（图5-6），CAN-L线波形正常，CAN-H线波形异常，如图5-7所示。此时总线以CAN-L线运行，进入单线运行模式，舒适系统功能不受影响。

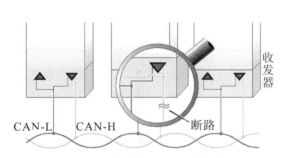

图5-6 舒适CAN-H线断路

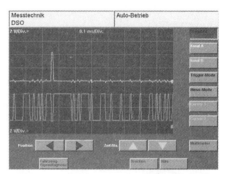

图5-7 舒适CAN-H断路总线波形

4) CAN-L对电源短路

若舒适CAN-L线对电源短路（图5-8），CAN-H线波形正常，CAN-L线波形为+B一条直线，如图5-9所示。此时总线以CAN-L线运行，进入单线运行模式，舒适系统功能不受影响。

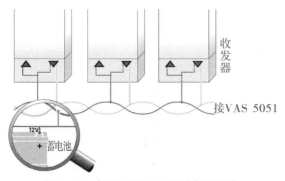

图5-8 舒适CAN-L线对电源短路

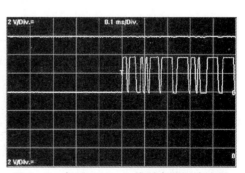

图5-9 舒适CAN-L线对电源短路波形

5) CAN-L 对地短路

若舒适 CAN-L 线对地短路（图 5-10），CAN-H 线波形显性电平下拉，CAN-L 线波形为 0V 一条直线，如图 5-11 所示。此时总线以 CAN-H 线运行，进入单线运行模式，舒适系统功能不受影响。

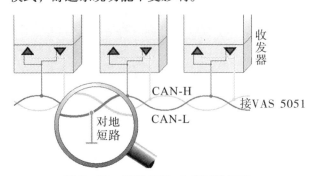

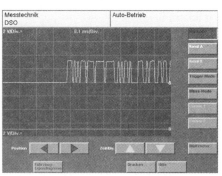

图 5-10　舒适 CAN-L 线对地短路　　　　图 5-11　舒适 CAN-L 线对地短路波形

6) CAN-H 对地短路

若舒适 CAN-H 线对地短路（图 5-12），CAN-H 线波形为 0V 一条直线，CAN-L 线波形正常，如图 5-13 所示。此时总线以 CAN-L 线运行，进入单线运行模式，舒适系统功能不受影响。

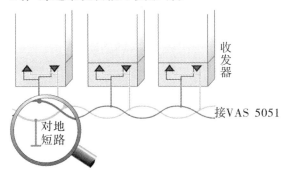

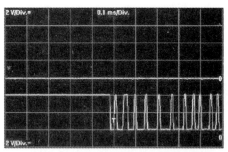

图 5-12　舒适 CAN-L 线对地短路　　　　图 5-13　舒适 CAN-H 线对地短路波形

7) CAN-H 线对 CAN-L 线短路

若舒适 CAN-H 线对 CAN-L 短路（图 5-14），CAN-H 线波形与 CAN-L 线波形相同，如图 5-15 所示。此时 CAN 收发器关闭 CAN-L 线，以 CAN-H 线单线运行，舒适系统功能不受影响。

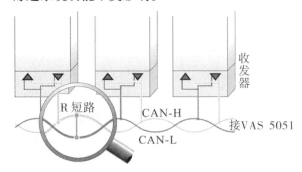

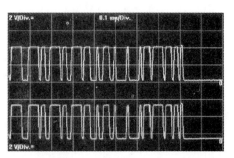

图 5-14　舒适 CAN-H 线对 CAN-L 线短路　　　　图 5-15　舒适 CAN-H 线对 CAN-L 线短路波形

8）CAN-H线与CAN-L线装混

若舒适CAN-H线与CAN-H装混（图5-16），CAN-H线波形与CAN-L线波形隐性电平都会有一个偏移，在隐性状态，某控制单元的导线装混会导致CAN-H线上的电压升高和CAN-L线的电压下降，如图5-17所示。此时舒适系统对应控制单元不能通信。

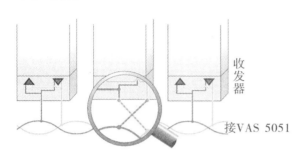

图5-16 舒适CAN-H线与CAN-L线装混

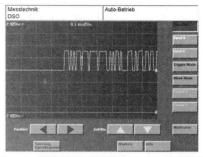

图5-17 舒适CAN-H线与CAN-L线装混波形

5. 右侧车窗无法升降故障诊断与排除

由于其他车窗均工作正常，结合右侧门锁闭锁器及后视镜均不工作，根据故障概率，优先考虑J386与J387 CAN通信故障，故障原因可能有：

（1）J386局部故障；

（2）J387局部故障；

（3）J387供电、搭铁电路故障；

（4）J386与J387 CAN通信线路故障。

具体诊断与排除步骤如下：

（1）使用诊断仪从右前车门控制单元内读取相应故障码，确定是否存在CAN通信故障。查看舒适系统通信数据流，初步确定是局部短路故障或断路故障。

（2）检查J387供电、搭铁。打开点火开关，操作右后车窗升降，用万用表测量J387供电端T20b/18、T20b/20均应为+B电源电压，若电压不正常，由于左前侧车窗正常，说明共用保险丝正常，应检查相应供电线路。测量J387搭铁端T20b/19对地电压，应为0V，若不正常，说明J387搭铁电路故障。

（3）用示波器双通道测量J387 CAN线（T20b/8、T20b/9）信号波形。正常波形如图5-7所示。结合根据故障波形判断故障性质和范围，测量方法同LIN总线故障检测方法。

6. 训练后工作

（1）将故障排除过程及测试结果填写在学习工作单内。

（2）各组同学派代表完成任务汇报。

三、相关知识

（一）电动车窗的功用

电动车窗又称自动车窗，是指其玻璃升降器能自动升降门窗玻璃，即使在行车过程中也能方便地开、关车窗。电动车窗开启和关闭的方式通常有：手动操作、自动操作和遥控器按键操作。有部分车型可以使用免钥匙系统按钮开启和关闭电动车窗。

1) 手动与自动电动车窗操作

点火钥匙在 ON 档时，才能进行电动车窗手动和自动操作。车辆停驶或取出点火钥匙后，如果没有打开任一侧车门，在一段时限内电动车窗可以继续开启和关闭操作；工作时间取决于附件延时工作时间。

2) 舒适功能

电动车窗的舒适功能是指通过遥控器全部开启或关闭电动车窗的功能。遥控器上锁按键给所有车门与行李箱盖上锁后按住上锁按钮（至少2秒）可以同时关闭所有车窗与天窗。

遥控器开锁按键给车门与行李箱盖开锁后按住开锁按钮（至少4秒）可全部打开车窗。

（二）电动车窗的组成

电动车窗主要由电动车窗电机、电动车窗开关、位置传感器、电动车窗儿童保护开关、电动车窗控制模块、电动车窗升降器等组成。

1. 电机

电动车窗电机用来控制车窗的上升与下降。每个车门各有 1 个电机，通过开关控制其电流的方向，从而实现车窗的升降。电动车窗电机是永磁式直流电动机。该直流电动机的转子有正极和负极两条线路。电动车窗控制模块通过改变两条线路的极性来实现电动机的正转和反转，从而实现电动车窗的上升和下降。有些车型电机单独安装，有些车型电机与控制模块安装为一个整体，如图 5-18 所示。

图 5-18 与控制模块一体的车窗电机

2. 控制开关

控制开关一般有 2 套：一套为总开关，装在仪表板或驾驶员侧的车门上，因此，驾驶员可以控制每个车窗玻璃的升降；另一套为分开关，分别安装在每个车门上，这样乘客也可以对各个车窗进行升降控制。汽车上还装有锁止开关，如将它断开，分开关就不起作用。

目前车辆玻璃升降器开关有多种，常见有三种。一种为开关直接控制玻璃升降器电机的工作；一种通过改变内部电阻将信号通过硬线发送给控制模块；一种为开关通过 LIN 线将升降的请求发送给控制模块，由控制模块控制升降器电机的工作所示。

1）直接控制开关

直接控制式开关是指通过开关控制电机的上升与下降。如图 5-19 所示，电源经过 B+ 流到端子 C，当开关处于开启状态时，端子 A 与端子 C 结合，电流由 B+ 流经 C 到端子 A，到电机的 F 端子，通过 E、D、G 搭铁，车窗开启。关闭电流流向相反。

2）电阻信号开关

有些车型电动车窗开关为电阻信号开关，如速腾车窗玻璃升降器开关（图 5-20）。以左前车窗开关 E40 为例，开关内部为电阻分压结构，开关处于不同的挡位时，信号电路上就会产生一个对应的电压。

驾驶员侧车门控制单元 J386 通过 T32/31 输出一个参考电压给驾驶员侧车窗开关 E40 的 T10c/5 端子，同时通过 T10c/4 端子为开关提供搭铁回路。操作开关至（上升、自动上升、下降、自动下降）时，T10c/5 至 T32/31 这条线路上的电压会产生相应的变化，驾驶员侧车门控制单元 J386 监测线路上的电压，根据此电压确认开关处于哪种状态（上升、自动上升、下降、自动下降），从而控制升降器电机做相应的运转。

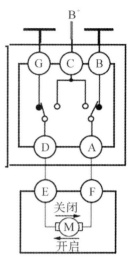

图 5-19　直接开关控制式

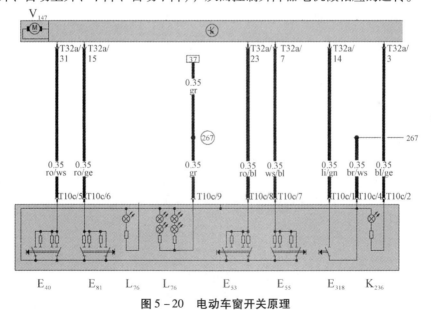

图 5-20　电动车窗开关原理

3）LIN 信号开关

如图 5-21 所示，LIN 信号开关是指升降器开关并不直接参与控制电机的工作，而是将驾驶员操作意图的信号通过 LIN 线传递给门模块，由模块控制升降器电机工作。

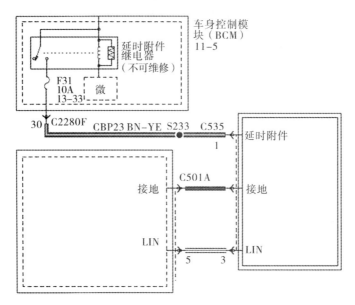

图 5-21 LIN 信号开关

3. 电动车窗电机位置传感器

位置传感器是用来判断电机的运转位置和转速的，通常称之为电动车窗电机位置传感器。

如图 5-22 所示，位置传感器安装在控制模块的线路板上，带有磁性的信号发生轮安装在电动车窗电机转子轴上，电机转动就会在位置传感器中产生方形波的脉冲信号，电动车窗控制模块根据位置传感器的信号判断电机的位置与转速。

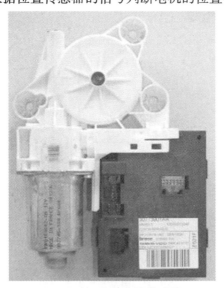

图 5-22 电机位置传感器

位置传感器为两个霍尔开关，如图 5-23 所示。霍尔效应开关 1 在电动车窗电机每转动一圈时输出一个脉冲循环，控制模块检测电机的旋转速度。霍尔效应开关 2 按照与霍尔效应开关 1 相同的方式输出电机旋转脉冲。由于相位差转换了 90°，因此霍尔效应开关 1 和 2 在打开和关闭期间的高低脉冲点不同，从而使电动车窗主开关能够检测到电动车窗电机的旋转方向。

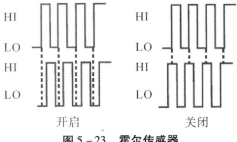

图 5-23　霍尔传感器

4. 控制模块

有些车型上，每个车门的电动车窗，都由各自门上的模块进行控制。每一个控制模块都具有网络通信的功能，如图 5-24 所示。

每个控制模块接收来自开关的请求信号或网络上其他模块的信号，去控制电机的上升与下降。通过位置传感器检测电机的旋转方向与状态决定是否激活防夹功能。

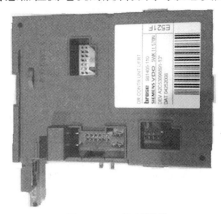

图 5-24　控制模块

5. 车窗升降器

常见的电动车窗升降器有绳轮式、交臂式和软轴式等几种，如图 5-25～图 5-27 所示。我国引进的乘用车中大部分采用绳轮式，如一汽奥迪、上海桑塔纳等；少数是交臂式和软轴式。

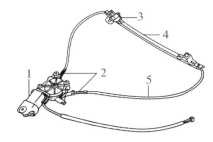

图 5-25　绳轮式升降器
1—电机和蜗轮机构；2—减振弹簧；3—夹持器；
4—玻璃升降导轨；5—绳索轮。

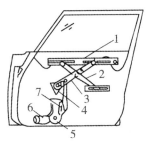

图 5-26　交臂式升降器
1—玻璃安装槽板；2—从动臂；3—主动臂；
4—托架；5—平衡弹簧；6—电机；7—扇形齿。

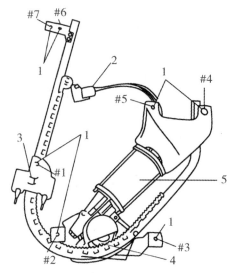

图 5-27 软轴式升降器

1—铆钉；2—导线连接器；3—定位架；4—电机；5—小齿轮。

（三）电动车窗的工作原理

1. 直接开关控制式

图 5-28 为四车门电动车窗的主控制开关，图 5-29 为该电动车窗的控制电路。该控制可以实现手动控制和自动控制。手动控制是指按着相应的手动按钮，车窗可以上升或下降，若中途松开按钮，上升或下降的动作即停止；自动控制是指按下自动按钮，松开后车窗会一直上升或下降至最低。

1）手动操作控制玻璃升降

如图 5-28（b）所示，当把手动按钮推向车辆前进方向时，车窗玻璃即上升。此时，触点 A 与 UP（向上）接点相连，触点 B 处于原来状态，电机按 UP 箭头方向通过电流，车窗玻璃上升直至关闭；当把手离开旋钮时，利用开关自身的回复力，开关即回到中立位置。若把手动按钮推向车辆后方，触点 A 保持原位不动，而触点 B 则与 DOWN（向下）侧相连，电机按 DOWN 箭头所示的方向通过电流，电机反转，以实现车窗玻璃向下移动，直至下降到底。

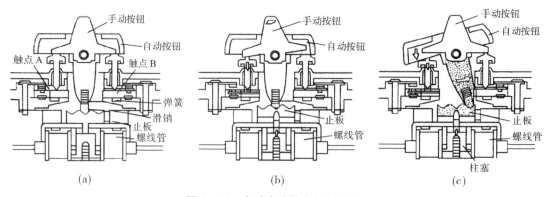

图 5-28 电动车窗的主控制开关

（a）中立位置；（b）手动键 UP；（c）自动键 UP。

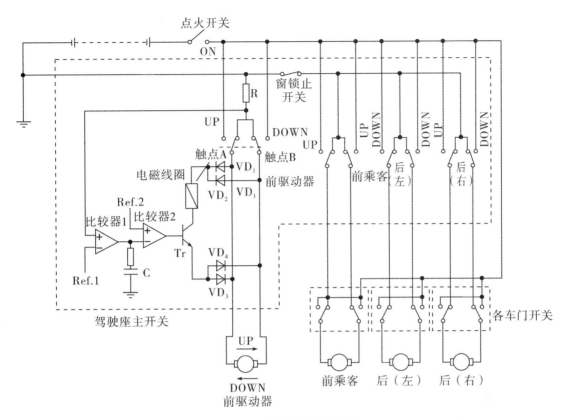

图 5-29 电动车窗控制电路

2) 自动控制玻璃升降

当把自动按钮压向车辆前进方向时,如图 5-28(c)所示,触点 A 与 UP 侧相接,电机按 UP 箭头方向通过电流,车窗玻璃上升;与此同时,检测电阻 R(图 5-29)上的电压降低,此电压加于比较器 1 的一端,它与参考电压 Ref.1 进行比较。Ref.1 的电压值设定为相当于电机制动时的电压。所以,通常情况下,比较器 1 的输出为负电位。比较器 2 的基准电压 Ref.2 设定为小于比较器 1 的输出正电位。所以,比较器 2 的输出电压为正电压,三极管 Tr 接通,电磁线圈通过较大的电流,控制电路为蓄电池"+"→点火开关→UP→触点 A→二极管 VD_1→电磁线圈→三极管→二极管 VD_4→触点 B→电阻 R→搭铁→蓄电池"-"。此电流产生较大的电磁吸力,吸引驱动器开关的柱塞,于是把止板向上顶压,越过止板凸缘的滑销于原来位置被锁定,这时即使把手离开自动按钮,开关仍会保持原来的状态。

当玻璃上升至终点位置,在电机上有锁止电流流过,检测电阻 R 上的电压降增大,当此电压超过参考电压 Ref.1 时,比较器 1 的输出由低电位转变为高电位。此时,电容 C 开始充电,当 C 两端电压上升至超过比较器 2 的参考电压 Ref.2 时,比较器 2 则输出低电位,三极管 Tr 立即截止,电磁线圈中的电流被切断,止板被弹簧通过滑销压下,自动按钮自动回复到中立位置,触点 A 搭铁,电机停转。

在自动上升过程中,若想中途停止,则向反方向扳动手动按钮,然后立刻放松。这样触点 B 将短暂脱离搭铁,使电机因回路被切断而自动停转。同时,通过电磁线圈的电流亦被切断，止板被弹簧通过滑销压下，自动按钮自动回复到中立位置，触点 A、B 均搭铁，电机停转。

车窗玻璃自动下降的工作情况与上述情况相反，操作时只需将自动按钮压向车辆后方即可。

2. 模块控制式

速腾轿车电动车窗通过各控制单元控制，如图 5-30 所示。速腾轿车电动车窗能实现点动上升、下降，自动上升、下降，儿童安全锁、车窗整体启闭以及车窗防夹等功能。

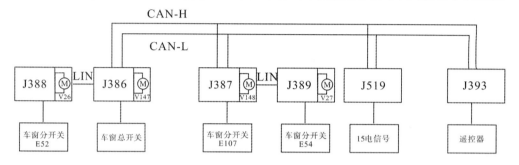

图 5-30　速腾轿车电动车窗控制简图

1）驾驶员侧车窗升降过程

当满足以下条件之一时，驾驶员侧车窗将工作：

①15 电接通，且操作 E40 开关；

②15 电断开，未打开前门，此时操作 E40 开关；

③15 电断开，长按遥控器上开锁、闭锁按钮。

如图 5-30 所示，J519 将 15 电信号通过舒适 CAN 传递给 J386，J386 结合前门车门触点开关及 E40 开关信号，控制电机 V147 正反转。

J393 将遥控器信息通过舒适 CAN 传递给 J386，在点火钥匙关闭情况下，J386 驱动电机 V147 正反转，从而实现驾驶员侧车窗整体启闭。

2）右前车窗升降过程

当满足以下条件之一时，右前车窗将工作：

①15 电接通，且操作右前车窗主开关 E81 开关或右前车窗分开关 E107；

②15 电断开，未打开前门，此时操作 E81 或 E107 开关；

③15 电断开，长按遥控器上开锁、闭锁按钮。

（1）主开关控制右前车窗升降

如图 5-30 所示，J519 将 15 电信号、J386 将 E81 信号通过舒适 CAN 传递给 J387，J387 结合前门车门触点开关状态，控制电机 V148 正反转。

（2）分开关控制右前车窗升降

如图 5-30 所示，J519 将 15 电信号通过舒适 CAN 传递给 J387，J387 结合前门车门触点开关和 E107 开关信号，控制电机 V148 正反转。

（3）右前车窗整体启闭

J393 将遥控器信息通过舒适 CAN 传递给 J387，在点火钥匙关闭情况下，J387 驱动电机 V148 正反转,从而实现右前车窗整体启闭。

3) 左后车窗升降过程

当满足以下条件之一时,左后车窗将工作:

①15 电接通,且操作左后车窗主开关 E53 开关;

②15 电接通,车窗锁止开关 E318 未锁止,操作左后车窗分开关 E52;

③15 电断开,未打开前门,此时操作 E53 或 E52 开关;

④15 电断开,长按遥控器上开锁、闭锁按钮。

(1) 主开关控制左后车窗升降。图 5-30 所示,J519 将 15 电信号通过舒适 CAN 传给 J386,J386 将 15 电信号、E53 信号通过 LIN 总线传递给 J388,J388 结合前门车门触点开关状态,控制电机 V26 正反转。

(2) 分开关控制左后车窗升降。如图 5-30 所示,J519 将 15 电信号通过舒适 CAN 传递给 J386,J386 将 15 电信号通过 LIN 总线传给 J388,J388 结合前门车门触点开关和 E52 开关信号,控制电机 V26 正反转。

(3) 左后车窗整体启闭。J393 将遥控器信息通过舒适 CAN 传递给 J386,在点火钥匙关闭情况下,J386 将信号通过 LIN 总线传递给 J388,J388 驱动电机 V26 正反转,从而实现左后车窗整体启闭。

(四) 电动车窗的正确使用和保养

(1) 电动车窗的耗电量很大,慢车状态时激活的一刹那甚至会使发动机声音发生变化,所以电池较弱的汽车,注意不要将车窗同时开或关。

(2) 为使玻璃顺利滑动,重要的是尽量减少阻力。玻璃的污损也会成为阻力,应经常保持车窗的洁净。玻璃与导轨的滑动状况差时,可涂上橡胶保养剂。

(3) 要注意车窗机械部分的润滑及清洁。电动开关车窗动作不顺畅的原因多为车门内部升降器里的油分耗尽,应取下内盖加上油。取下内盖,剥开下面防水用的塑料纸,露出车窗的升降器,取下隐蔽螺钉、拆下快动开关即可。然后一边上下移动,一边喷涂就可以使很细小的部分也能涂上。

四、知识链接:CAN/LIN 总线通信原理

(一) 多路传输技术概述

为了实现汽车上各种电控单元的信息共享,而借助于通信介质(双绞线、同轴电缆、光纤或单线、无线)将各电控单元、智能传感器和执行器通过多路传输技术连接起来的系统称为车载网络系统。

1. 多路传输的概念

早在 1968 年,美国的艾塞库斯就提出了利用单线传输多路信号的构想,由于受当时微电子技术水平的限制而未能如愿。多路传输是指一条线路上能传输多种信号,如图 5-31 所示。

图 5-31　多路传输

传统的电子控制系统，传感器与控制单元之间、控制单元与控制单元之间均采用点对点的传输方式，如图 5-32 所示。

图 5-32　点对点的通信方式

随着人们对车辆舒适性、安全性、便捷性，尤其是环保及燃油经济性的要求，车辆上电子控制系统越来越多，一个信号可能被多个控制系统或控制单元共享。如车速信号，ABS 控制单元、自动变速器控制单元、发动机控制单元、组合仪表控制单元、空调控制单元、电控助力转向系统控制单元、音响控制单元等共享；再如水温信号，发动机控制单元、空调控制单元和组合仪表控制单元共享。为了实现信息的共享，若仍采用传统点对点的方式，势必会造成线路数量急剧增多，如图 5-33 所示为三个控制系统之间采用点对点的方式通信的连接示意图。若采用多路传输技术，线束数量则大大减小，如图 5-34 所示。

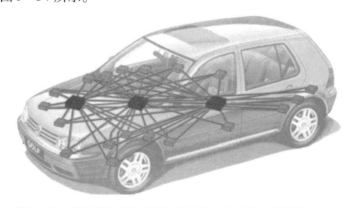

图 5-33　采用点对点方式通信的三个控制系统之间的信息共享

图 5-34　采用多路传输通信的三个控制系统之间的信息共享

2. 多路传输的优点

1）控制单元之间能共享传感器输入的信息

采用多路传输技术后，各控制单元之间可以共享各种工作所需信号。

2）减轻车辆质量

由于多路传输能实现一条线路上传递多种信号，因而可以大大节省导线的数量。

3）实现多个模块参与复杂的汽车系统操作

如要实现当车速达到一定数值，车门自动落锁功能，在长安福特车型上，需要三个控制单元同时参与工作。司机侧门模块（DDM）利用来自动力控制模块 PCM 的变速器挡位（TR）传感器信号和来自 ABS 模块的车速信号，自动锁上车门。其工作过程如图 5-35 所示。

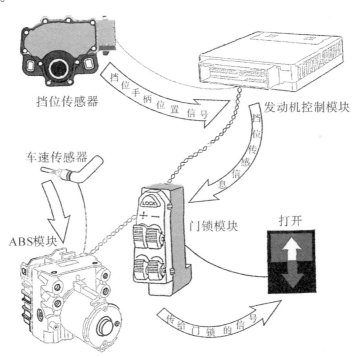

图 5-35　三个模块共同参与工作

(1) PCM 把 TR 信号发送给 DDM。

(2) ABS 模块把车速信号发送给 DDM。

(3) 当汽车的换挡杆在某个特定的位置且达到预设的车速时,DDM 就会利用这些信号来自动地锁上车门。

4) 使用网络能提高诊断能力

一些模块允许模块的输入和输出信号通过网络由诊断仪监测。通过某些网络用诊断仪可以浏览参数识别(PID)数据,诊断仪也常用于启动网络上的输出装置,如图 5-36 所示。

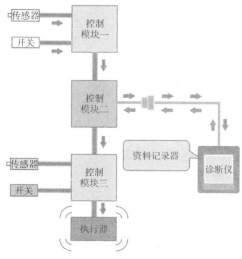

图 5-36 通过网络提高诊断能力

(二) CAN 总线

1. CAN 总线系统的组成

CAN 是控制器局域网(Controller Area Network)的简称。最初是德国博世(Bosch)公司为汽车的监测、控制系统而设计的一种串行数据通信协议。这种串行数据通信协议在应用上由于可采用双绞线、同轴电缆和光导纤维作为通信介质,因此又称"控制器局域网总线",常用 CAN-BUS(Controller Area Network-BUS),即 CAN 总线表示。

CAN 数据总线系统由电控单元 ECU、传输介质双绞线和终端电阻组成,如图 5-37 所示。

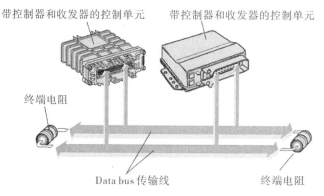

图 5-37 CAN 数据总线系统的组成

1）电控单元 ECU

CAN 总线上的每个电控单元 ECU 独立完成网络数据交换和测控任务，如发动机电控单元 ECU、自动变速器电控单元 ECU、ABS 电控单元 ECU 等。CAN 总线上的电控单元 ECU 与非网络电控单元 ECU 不同，非网络电控单元 ECU 不需要对外进行数据交换；而网络上的电控单元 ECU 之间需要数据交换，例如发动机电控单元 ECU 中的发动机转速数据除了控制发动机的工况需要外，还需要经 CAN 总线传输给自动变速器电控单元 ECU，供自动变速器自动换挡控制使用；反过来，自动变速器的换挡信号也要经 CAN 总线传输给电控单元 ECU，使发动机的工况适合自动变速器的换挡要求。

CAN 总线电控单元是在非网络电控单元的基础上又增加了 CAN 控制器和 CAN 收发器。

（1）CAN 控制器。内部集成 CAN 协议。CAN 控制器接收微处理器的数据，并将数据处理后传到收发器，这个过程是双向的。

（2）CAN 收发器。CAN 收发器由一个发射器和一个接收器组合而成。收发器将从控制器接收的数据转化成能够通过 CAN – BUS 信号线传递的电信号，并能双向传递。

2）数据传输线

双向传输数据的导线，分别称为 CAN_ H 线和 CAN_ L 线。双绞线具有较强的抗干扰能力。

3）终端电阻

CAN 两端都接一个 120Ω 的电阻器，即连接在双绞线的两端，终端电阻可防止信号在传输线终端被反射并以回波的形式返回，影响数据的正确传送。

2. CAN 总线的数据传输

1）CAN 总线的广播式传输

CAN 总线的数据传输像一个电话会议，如图 5 – 38 所示。一个电话用户（电控单元）将数据"讲入"网络中，其他用户通过网络"接听"这个数据，对于这个数据感兴趣的电控单元就会利用数据，而其他控制单元则选择忽略。在该网络中，任一控制单元都既可发送数据，又可接收数据。

CAN 总线与其他通信网的不同之处是报文传送中不包含目标地址，它是以全网广播为基础，各接收站根据报文中反映数据性质的标识符过滤报文，该收的收下，不该收的弃而不用。

2）CAN 总线系统防干扰措施及原理

汽车在使用过程中，电火花、电磁线圈、移动电话和发送站等电磁设备发出的电磁波都会影响或破坏 CAN 的数据传送。为了防止数据在传送时受到干扰，CAN 总线采用较多的防干扰措施。

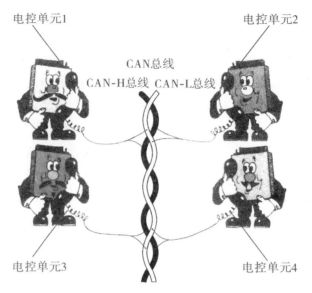

图 5-38　CAN 总线的数据传输示意图

（1）双绞线的抗外电磁干扰作用。

图 5-39 所示为双绞线抗外电磁干扰原理图。图中上为双平行线易受电磁波干扰的示意图，根据电磁感应定律和右手定则，双平行线和两端的通信设备构成一个空间闭合回路和导线闭合回路，穿过双平行线的磁感应线可在回路中形成方向一致的干扰性感应电流，对有用信号形成干扰。

图中下为双绞线抗电磁波干扰的示意图，双绞线与两端的通信设备虽然构成一个大的导线闭合回路，但由于双绞线是双线扭绞而成，在空间上构成一个一个的小闭合回路，穿过双绞线的磁感应线在相邻的两个"绞孔"的空间上虽然感应电动势方向相同，但在同一根导线上的感应电动势方向却是相反的，因此，起着抵消的作用。

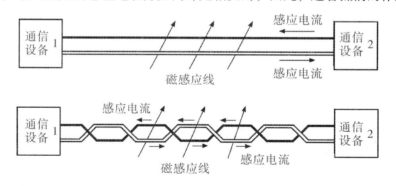

图 5-39　双绞线抗外电磁干扰原理图

（2）差分信号和差分式接收器的抗干扰作用。

CAN 发送器发送的数据信号是差分信号，CAN 接收器是差分式接收器，它们的结合起着很好的抗干扰作用。图 5-40 是差分信号和差分式接收器的抗干扰示意图。为了方便说明，以分立元件组成的差分放大电路为例（集成电路的原理相同）。

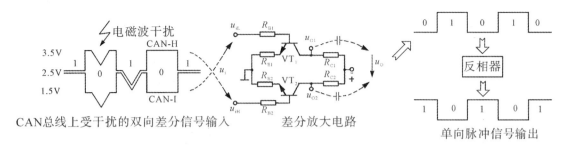

图 5-40　差分信号和差分式接收器的抗干扰示意图

图中差分放大电路由 NPN 型三极管 VT1、VT2，集电极电阻 R_{C1}、R_{C2}，基极电阻 R_{B1}、R_{B2}，发射极电阻 R_{E1}、R_{E2} 组成。受干扰的双向差分信号从差分放大电路左端输入，由于一级放大具有反向作用，所以将高电平信号输入差分放大电路的下端，将低电平信号输入差分放大电路的上端。输入信号电压 $u_i = u_{iH} - u_{iL}$，当受电磁干扰时，高电平信号和低电平信号的电位同时变化（输入信号的电位差 u_i 不变），经差分放大电路放大，输出电压 u_{o1} 和 u_{o2} 也同时变化，结果使输出信号电压 $u_o = u_{o1} - u_{o2}$ 不变，使输出的单向脉冲信号与不受电磁干扰的信号相同，达到抗干扰的目的。

由于 CAN 总线上的数字信号是 10101（负逻辑），差分放大电路输出的单向脉冲信号是 01010，与 CAN 总线上的数字信号逻辑关系相反，所以要经反相器反相，才能得到与 CAN 总线逻辑关系一致的数据信号 10101（正逻辑）。

（3）其他防干扰措施。

除以上防干扰措施外，还有光电隔离电路和软件处理等措施。

3. CAN 总线的数据类型

CAN 总线所传输的数据又称为报文，是按一帧一帧的传送，每帧数据由一组二进制数或数字脉冲组成，这组二进制数按功能又分为一段一段的，每一段称为帧的域或场。CAN 总线所传输的数据有数据帧、远程帧、错误帧和过载帧 4 种类型。CAN 的帧有两种不同的帧格式，不同之处为识别符的长度不同：具有 11 位识别符的帧称之为标准帧；而含有 29 位识别符的帧为扩展帧。

1）数据帧

数据帧的功能是将数据从发送器传到接收器。数据帧由开始域、仲裁域、控制域、数据域、安全域、应答域、结束域 7 个不同的域组成，如图 5-41 所示。

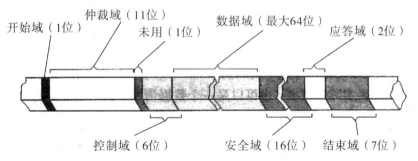

图 5-41　数据帧的组成

(1) 开始域。

标志数据帧的起始,仅由一个"显性"(即0)位组成,带有约5V的电压的1位被送入CAN高位传输线,带有约0V电压的1位被送入CAN低速传输线。开始域由控制芯片完成。

(2) 仲裁域。

仲裁域包括标识符和远程发送请求位(RTR)。识别符代表数据的优先权,标准格式下标识符的长度为11位,这些位按ID.10~ID.0的顺序发送,最低位是ID.0。7个高位(ID.10~ID.4)必须不能全是"隐性"。在标准帧里,识别符后是远程发送请求位(RTR),该位若为"显性"(即0),代表发送的信息是数据;若为"隐性"(即1)代表发送的信息是数据请求。

只要总线空闲,各控制单元均可向总线发送数据,如果各个控制单元要同时发送各自的数据,那么系统必须决定哪一个控制单元先进行发送。系统规定具有最高优先权的数据先发送,标识符的二进制值越小,其优先权就越高。不同数据的优先权根据数据的重要性和紧迫性等因素由人为编程时确定。

如图5-42发动机电控单元、ABS电控单元和自动变速器电控单元相比较,ABS电控单元的标识符数值设定的最小,优先权最高;自动变速器电控单元标识符数值最大,优先权最低;发动机电控单元标识符数值居中。当以上三个电控单元同时向总线发送数据时,系统就先发送ABS电控单元发送的数据,此时,发动机电控单元和自动变速器电控单元转化为接收器接收数据。总线一旦空闲,系统会发送其他电控单元的数据。

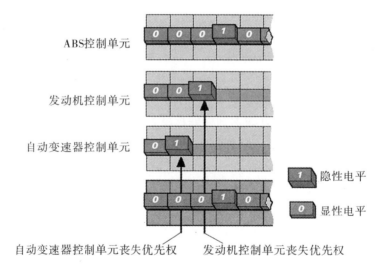

图5-42 各控制单元的仲裁域

(3) 控制域。

控制域由6个位组成,其中4位是数据长度代码,即数据的字节数量,另两位作为扩展用的保留位。所发送的保留位必须"显性"。控制域供接收器检查是否已经接收到所传来的所有信息。接收器接收和认可所有由"显性"和"隐性"的任意组合在一起的位。

(4) 数据域。

数据域由数据帧发送的数据组成，可以为 0~8 个字节，每字节包含了 8 个位，所以数据帧最大为 64 个位。

(5) 安全域。

安全域用来检测传递数据中的错误。CAN 系统工作于电噪声很大的环境，这个环境中的数据最容易丢失或破坏。CAN 协议提供了 5 种错误检测和修正的方法，因此如果数据被破坏，它能够检测出来，而且网络中的所有的电控单元都会忽略这个数据。这 5 种错误检测类型分别为位错误、填充错误、校验（CRC）错误、形式错误、应答错误。

(6) 应答域。

应答域用来反映接收器通知发送器是否已经正确接收到数据。当接收器正确地接收到有效的数据，接收器就会在应答间隙期间内向发送器发送一"显性"位以应答，而应答界定符始终是"隐性"位。

如果检查到错误，接收器立即通知发送器，发送器然后再发送一次数据，直到该数据被准确接收为止，但从检测到错误到下一数据的传送开始为止，发送时间最多为 29 个位的时间。

应答域长度为 2 个位，包含应答间隙和应答界定符，常态下发送两个"隐性"位。

(7) 结束域。

结束域标志着数据报告结束，由 7 个"隐性"位组成。这是显示错误并重复发送数据的最后一次机会。

2) 远程帧

CAN 总线上电控单元的数据发布，有两种基本形式。

远程帧由开始域、仲裁域、控制域、安全域、应答域和结束域 6 个不同的域组成。与数据帧相反，远程帧的远程发送请求位（RTR 位）是"隐性"的（即逻辑"1"）。它没有数据域，数据长度代码的数值是不受制约的（可以标注为容许范围内 0~8 的任何数值）。其余域功能同数据帧。

3) 错误帧

任何电控单元检测到总线错误就发出错误帧。错误帧的功能是对所发送的数据进行错误检测、错误标定及错误自检。错误帧由两个不同的域组成，第一个域为不同控制单元提供错误标志的叠加，第二个域是错误界定符。

4) 过载帧

过载帧用以在先行的和后续的数据帧（或远程帧）之间提供一附加的延时。接收器在电路尚未准备好或在间歇域期间检测到一个"显性"位时，会发送过载帧，以延迟数据的传送。过载帧包括过载标志和过载界定符两个域。

5) 帧间空间

数据帧或远程帧与其前面帧的隔离是通过帧间空间实现的，无论其前面的帧为何类型。

4. 高速 CAN

CAN 总线按数据传输速度分为三种，高速 CAN 总线、中速 CAN 总线和低速 CAN

总线。中速 CAN 与高速 CAN 信号特点一致，在此不重复阐述。

1）高速 CAN 总线的信号

高速 CAN 总线的差分电压信号如图 5-43 所示。CAN-H 线上传送的信号和 CAN-L 线上传送信号的相位正好是相反的。电压水平的数值如图中所示，是标准化的。

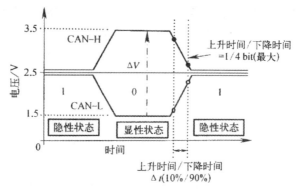

图 5-43　高速 CAN 总线信号电压

2）高速 CAN 总线上节点的收发器

高速 CAN 总线上节点的收发器如图 5-44 所示，其接收器为单一的差分放大器，电路简单，如果出现故障，即时中断通信，没有容错功能和诊断电路。

收发器判断高速 CAN 总线的电平及逻辑信号见表 5-1。

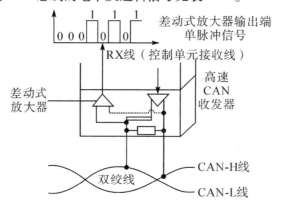

图 5-44　高速 CAN 总线上节点的收发器

表 5-1　高速 CAN 总线的电平及逻辑信号

状态	CAN-H 线/V	CAN-L 线/V	差动输出信号电压/V	逻辑信号
显性	3.5	1.5	3.5-1.5=2	0
隐性	2.5	2.5	2.5-2.5=0	1

以下 7 种情况中，只有两种情况在物理层容错范围内，其他几种情况，网络是不能运行的，并且各个电控单元之间也不可以实现通信：

(1) CAN-H 线与地线短路，无法运行；

(2) CAN-H 线与电源正极短路时，CAN-L 线在物理层容错范围内，差分放大器可以接收并放大信号，但数值变低，可以降级运行；

(3) CAN-L 线与地线短路时，CAN-H 线在物理层容错范围内，差分放大器可以接收并放大信号，但数值变低，可以降级运行；

(4) CAN-L 线与正极短路，无法运行；

(5) CAN-H 线断路，无法运行；

(6) CAN-L 线断路，无法运行；

(7) CAN-H 线与 CAN-L 线短路，无法运行。

3）高速 CAN 总线的休眠与唤醒

高速 CAN 数据总线系统物理层将网络活动信息告知 Rx 线，Rx 线唤醒 CAN 控制器中的协议控制器，实现该过程只需要 CAN 线路接口有持续供电即可。当协议控制器被唤醒时，它将打断网络休眠，执行苏醒过程。

5. 低速 CAN 总线

1）低速 CAN 总线的信号

以大众低速 CAN 总线为例，其差分电压信号如图 5-45 所示，CAN-H 线上传送的信号和 CAN-L 线上传送信号的相位虽然是相反的，但电压水平的数值与高速 CAN 总线的电压有区别。

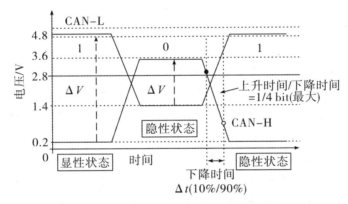

图 5-45 低速 CAN 总线上的差分信号

收发器判断低速 CAN 总线的电平及逻辑信号见表 5-2。

表 5-2 低速 CAN 总线的电平及逻辑信号

状态	CAN-H 线/V	CAN-L 线/V	差动输出信号电压/V	逻辑信号
显性	4	1	4-1=3	0
隐性	0	5	0-5=-5	1

2）低速 CAN 总线上节点的收发器

低速 CAN 总线上节点的收发器如图 5-46 所示，其接收器包括一个差分放大器、一个 CAN-H 信号放大器和一个 CAN-L 信号放大器，如果电路出现故障，故障逻辑电路判断总线的电平数值，可以用以下容错功能，维持数据信号传送。所以，低速 CAN 具有良好的容错功能。

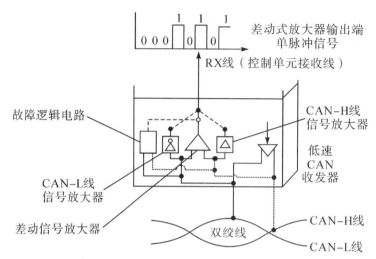

图 5-46 低速 CAN 总线上节点的收发器

（1）低速 CAN 总线正常时，由差分信号放大器接收和放大总线信号，总线为双线工作模式。

（2）低速 CAN-L 线有故障（与地线或电源正极短路、断路）时，故障逻辑电路接通 CAN-H 线信号放大器，使用 CAN-H 线信号，总线降级为单线工作模式。

（3）低速 CAN-H 线有故障（与地线或电源正极短路、断路）时，故障逻辑电路接通 CAN-L 线信号放大器，使用 CAN-L 线信号，总线降级为单线工作模式。

（4）低速 CAN-H 线和 CAN-L 线相互短路时，故障逻辑电路将 CAN-L 自动切断，接通 CAN-H 线信号放大器，使用 CAN-H 线信号，总线降级为单线工作模式。

3）低速 CAN 总线的休眠与唤醒

通过低速 CAN 总线系统物理层可以实现对 CAN 总线系统的休眠与唤醒的管理。如车辆解锁、操作车内电器等都可以唤醒低速 CAN 总线系统。当车辆落锁 35 秒后或不锁车但没任何操作 10 分钟又可使低速 CAN 总线从觉醒状态转为休眠。

（三）LIN 总线

1. LIN 总线概述

LIN 是局域网络子系统（Local Interconnect Network）的简称。LIN 是用于汽车分布式电控系统的一种新型低成本串行通信总线，它是一种基于串行数据格式、主从结构的单线 12V 的总线通信系统。

LIN 总线的目标是为现有汽车网络（例如 CAN 总线）提供辅助功能，因此 LIN 总线是一种辅助的总线网络。在不需要 CAN 总线的带宽和多功能的场合，比如智能传感器和主要用于智能传感器和执行器的串行通信。

LIN 总线是 CAN 总线网络下的子系统。车上各个 LIN 总线系统之间的数据交换是由控制单元通过 CAN 数据总线实现的。

LIN 总线上的数据交换是单主多从配置方式，配置灵活的网络结构 LIN 网络的拓扑结构为总线型，网络中只有一个主节点（主控制器或主控单元），其余均为从节点（从属控制器或从属控单元）。主节点控制整个网络的通信，网络中不存在冲突，不需要仲裁。整个网络的配置信息只保护在主节点中，从节点可以自由的接入或脱离网络而不会对网络中的其他节点产生任何影响。网络中的节点数不仅受标识符长度的限制，而且还受总线物理特性的限制。实际应用中 LIN 网络中挂接的节点数不高于 16 个。单线传输，速率最高达 20Kb/s，LIN 单线传输最大距离不超过 40m，最大波特率受电磁干扰的限制最高达 20Kb/s，受网络传输的超时限制，最小为 1Kb/s。这一速度能满足多数智能传感器和执行器的通信要求。

为了实现 CAN 与 LIN 网络之间的通信，在 LIN 主节点内集成有"网关"电路，"网关"电路可将具有 LIN 标志符的数据转换为 CAN 的标志符，然后作为 CAN 数据在 CAN 网络中传送；反过来，"网关"电路又可将收到的具有 CAN 标志符的数据转换为 LIN 标志符，然后作为 LIN 数据在 LIN 网络中传送。

LIN 总线具有以下特征：
（1）单主/多从结构，即单个主控制器/多个从属控制器，无须总线仲裁机制。
（2）同步广播式发送/接收方式，依靠标志符识别数据报文，共有 64 个标志符。
（3）节点数小于 16 个，总线可以由任意一个节点提供电源。
（4）基于常用的串行通信（USART/SCI）接口硬件，从节点可以由廉价的单片机开发。
（5）系统配置灵活、容易，不需要改变 LIN 节点上的硬件和软件就可以在网络上增加节点。
（6）从属控制器节点可以实现自同步。
（7）保证延时和信号传输的正确性。
（8）单总线数据传输结构，依靠车身公用地线实现信号传输回路。
（9）数据传输速度可以达到 20Kb/s。
（10）故障节点的检测功能，数据累加和校验及错误检测功能。

2. LIN 总线的组成

LIN 总线系统由一个主控制单元、若干从属控制单元和单根传输线组成。在 LIN 总线系统内，单个的控制单元、传感器及执行元件都可看作 LIN 总线主控制单元的从控制单元。

传感器内集成有一个电子装置，可将测量值变为数字信号通过 LIN 总线传送。

执行元件都是智能型的电子或机电部件，这些部件通过 LIN 主控制单元发送的数字信号接收任务。LIN 主控单元通过集成在的执行元件内的传感器来获知执行元件的实际状态，然后就进行规定状态和实际状态的数值比较，从而获得相应的控制信号数值，控制执行元件的工作状态。

1）主控制单元

主控制单元连接在 CAN 数据总线上，它执行 LIN 的主要功能，其主要作用：
（1）监控数据传递和数据传递的速率，发送信息标题。
（2）主控制单元的软件内已经设定了一个周期，这个周期用于决定何时将哪些信息发送到 LIN 数据总线多少次。
（3）主控制单元在 LIN 数据总线与 CAN 总线之间起"翻译"作用，它是 LIN 总线系统中唯一与CAN数据总线相连的控制单元。

（4）通过LIN主控制单元进行LIN系统自诊断。

2）从控制单元

（1）接收、传递或忽略与从主控制系统接收到的信息标题相关的数据。

（2）可以通过一个"叫醒"信号时，唤醒主系统。

（3）检查对所接收数据的检查总量。

（4）对所发送数据的检查总量进行计算。

（5）同主系统的同步字节保持一致。

（6）只能按照主系统的要求同其他子系统进行数据交换。

3）传输介质

LIN总线的传输介质一般使用单独的铜线，各节点的工作地线与车身金属体公用地线可靠连接，构成电路回路。在绘制LIN总线网络图时，各节点的工作地线一般没有画出。

3. LIN总线数据传输

1）LIN数据总线电压

LIN数据总线电压如图5-47所示。

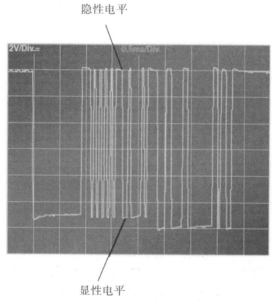

图5-47　LIN数据总线电压

（1）隐性电平。

如果无信息发送到LIN数据总线上或者发送到LIN数据总线上的是一个隐性比特，那么数据总线导线上的电压就是蓄电池电压。

（2）显性电平。

为了将显性比特传到LIN数据总线上，发送控制单元内的收发器将数据总线导线接地，即LIN数据总线的显性电平是一个低电位。

（3）LIN数据传输的安全性。

为了增加数据传递的安全性，控制单元在隐性电平和显性电平收发时，通过预先设定公差值来保证其稳定性。如图5-48所示，隐性电压的发送范围为 $0.8U_{蓄电池}$ ~ $U_{蓄电池}$，而显性电压为 0 ~ $0.2U_{蓄电池}$。

（4）LIN数据总线抗干扰措施。

为了能在有干扰辐射的情况下仍能收到有效的信号，接收的允许电压范围值更大一些，如图5-49所示。

2) LIN总线的数据报文帧

LIN总线的一个报文帧如图5-50所示，是由一个主控制单元发送的信息标题（报文头）和一个主控制单元或从控制单元发送的信息内容（响应）组成。

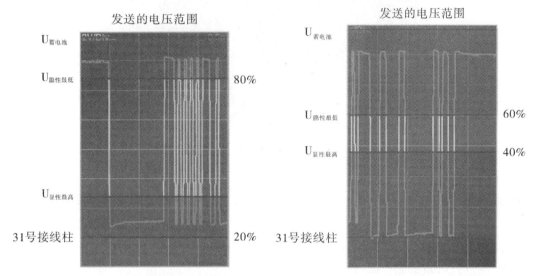

图5-48 控制器收发器的发送电压范围　　图5-49 LIN数据总线抗干扰措施

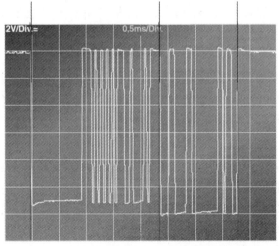

图5-50 LIN总线的报文帧

（1）信息标题。

信息标题由 LIN 主控制单元按周期发送。信息标题包括四部分：同步暂停区、同步分界区、同步区、识别区，如图 5-51 所示。

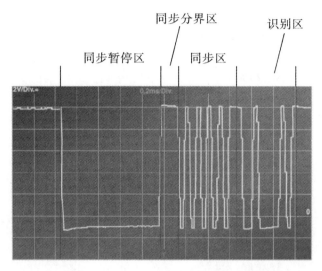

图 5-51　LIN 总线报文帧的信息标题

①同步暂停区。

同步暂停区为至少 13 位的显性位，用以通知所有从控制单元有关信息起点的情况。

②同步分界区。

同步分界区为至少一位的隐性位。

③同步区。

同步区由 0101010101 这个二进制位序构成，所有从控制单元通过这个二进制位序来与主控制单元进行匹配（同步）。所有控制单元同步对于保证正确的数据交换是非常重要的，如果失去了同步性，那么接收到的信息中的某一位数值就会发生错误，该数据将会导致数据传递错误。

④识别区。

识别区的长度为 8 位二进制，前 6 位是回应信息识别码和数据区的个数，回应数据区的个数应该在 0~8 之间。后 2 位是校验位，用于检查数据传递是否有错误。当出现识别码传递错误时，检验可防止与错误的信息适配。

（2）信息内容。

信息内容可以是从控制单元回应的信息，也可以是主控制命令的信息。

①带有从控制单元回应的信息。

LIN 主控制单元要求 LIN 从控制单元发送的信息标题内包含的信息，如开关、执行器的状态或测量值，该回应由 LIN 从控制单元来发送。

如图 5-52 所示，空调控制单元在信息标题中发出查询鼓风机转速的识别码，新鲜空气鼓风机在回应区显示鼓风机转速为 150r/min。这个回应就是由 LIN 从控制单元提供的。

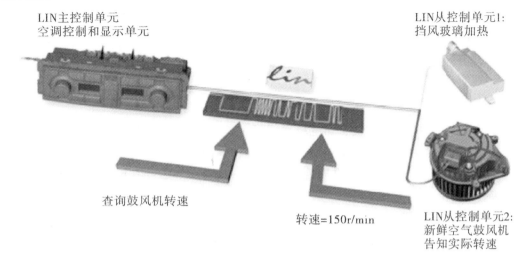

图 5-52　带有从控制单元回应的信息

②带有主控制单元命令的信息。

LIN 主控制单元通过标题内的标识码要求 LIN 从控制单元使用包含在回应内的数据，该回应由 LIN 主控制单元来发送。从控制单元会使用这些数据去执行各种功能。

如图 5-53 所示，空调控制单元在信息标题中发出设定鼓风机转速的识别码，空调控制单元在回应区设定鼓风机转速为 200r/min。这个回应就是由 LIN 主控制单元提供的。

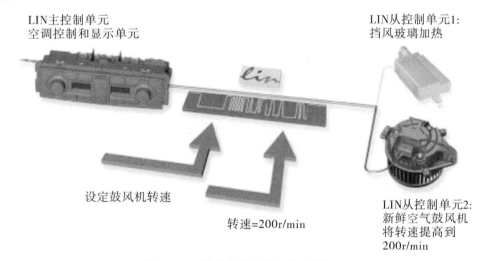

图 5-53　带有主控制单元命令的信息

五、自我测试题

（一）填空题

1. 电动车窗升降器一般有 3 种形式，分别为_____、_____和_____。

2. 高速 CAN 总线的网络传播速率为_____Kb/s，低速 CAN 总线的网络传播速率为_____Kb/s。

3. LIN 总线的平均电压为_____V。

4. 在 CAN 总线信号中，隐性用逻辑_____表示，显性用逻辑_____表示。

5. 速腾轿车舒适低速 CAN 休眠低压，CAN－H 为____V，CAN－L 为____V。

（二）判断题

1. 奇瑞 A3 轿车前排两侧车窗电机都不能操作，而后排则可以动作，检测该故障时应首先检查前车身控制模块是否损坏。（　　）

2. 在操作电动车窗时，如果出现某个机械部位卡死，则会引起熔断丝烧断或热敏开关断开，从而避免电机被烧坏。（　　）

3. 带有防夹功能的电动车窗系统，在断电后应重新编程。（　　）

4. 在检测桑塔纳 2000 电动车窗时，发现车窗玻璃只能升不能降，可能原因是电机损坏。（　　）

5. 电动车窗一般装有 2 套开关，即总开关和分开关，这两个开关之间是互相独立的。（　　）

6. 电动车窗中自动控制依靠检测电阻测量车窗的位置，当检测电阻的电压减少时，表示车窗已经升到位或降到位。（　　）

7. 电动车窗的主开关接地失效会导致所有车窗均不能动作。（　　）

8. 电动车窗的继电器一般为常开型继电器。（　　）

（三）选择题

1. 一个有缺陷的风扇电机运行所需电流比正常电机运行所需电流要大的原因是因为（　　）。

　　A. 电机速度下降了　　　　　　　　B. 反电动势减少了
　　C. 气流慢下来，从而降低了电机的冷却速度　　D. A 和 B 正确

2. 在讨论电动车窗的控制时，甲认为主开关能对系统进行集中控制，乙认为锁止开关可对司机侧车窗进行控制，你认为（　　）。

　　A. 甲对　　　B. 乙对　　　C. 甲、乙都对　　　D. 甲、乙都不对

3. 在讨论电动车窗的故障时，主开关能控制乘员侧车窗升降，而分开关不能控制自己的车窗升降。甲认为锁止开关失效，乙认为主开关到分开关电源线开路，你认为（　　）。

　　A. 甲对　　　B. 乙对　　　C. 甲、乙都对　　　D. 甲、乙都不对

4. 在检测电动车窗系统中，发现右后门车窗不工作，首先应该检测下列哪个位置？（　　）。

　　A. 用仪器检测故障码
　　B. 拆下右后门电机检测电机故障
　　C. 拆下右后门电动玻璃开关，检测开关电路
　　D. 拆下左前门主开门，检测开关电路

5. 带有防夹功能的电动车窗，在蓄电池断电后，防夹功能不正常，应如何处理？（　　）。
   A. 用仪器消除控制单元里的故障码　　B. 重新编程
   C. 重新设定　　　　　　　　　　　　D. 输入防盗密码，重新匹配

6. 电动车窗系统的熔断器熔断了，下列哪一项是最不可能的原因？（　　）
   A. 电路中某个地方的导线短路接地
   B. 车窗的机械出现卡滞现象
   C. 电机电路存在断路故障
   D. 电机中有短路故障

7. 车窗升降器的齿扇上装螺旋弹簧是为了（　　）。
   A. 回位　　　　　　　　　　　B. 防止电机损坏
   C. 减轻电机上升时的载荷　　　D. 增大电机的转速

8. 电动车窗中的电机一般为（　　）。
   A. 单向直流电机　　　　　　　B. 双向交流电机
   C. 永磁双向直流电机　　　　　D. 单向交流电机

9. 检查电动车窗电机时，用蓄电池正、负极分别接电机连接器端子后，电机转动，互换正、负极和端子的连接后电机反转，说明（　　）。
   A. 电机状况良好　　　　　　　B. 不能判断电机的好坏
   C. 电机损坏　　　　　　　　　D. 电机控制线路出现故障

10. 当大众低速舒适CAN-H线与CAN-L线发生短路时，舒适CAN（　　）。
    A. 将以CAN-L线降级运行　　　B. 将以CAN-H线降级运行
    C. 停止通信　　　　　　　　　D. 不受影响，继续双线运行

（四）简述题

1. 画出电动车窗电路控制简图，并进行说明。
2. 何谓电动车窗手动升降？何谓自动升降？
3. 分析双向式电机的检查思路。
4. 试画出速腾轿车右后车窗升降原理简图。

项目六

电动座椅工作异常故障诊断与排除

一、项目描述

客户报修电动座椅无法调节，请进行检查并排除故障。

要完成该任务，首先应熟悉电动座椅的功能并能正确操作电动座椅；如果是机械故障，必须熟练完成电动座椅的拆装；如果是电路故障，必须能识读电动座椅的电路图并在此基础上完成电路故障诊断与排除。

通过本项目的学习，应达到以下要求。

1. 知识要求

（1）熟悉电动座椅的功能。

（2）掌握电动座椅电路的工作原理。

（3）掌握电动座椅电路各元件的检测方法。

（4）理解电动座椅常见故障诊断与排除方法。

2. 技能要求

（1）能正确操作汽车电动座椅。

（2）能在车上找出电动座椅的各组成部件。

（3）能识读汽车电动座椅电路。

（4）会检测电动座椅开关性能。

（5）会检测双向式电机的好坏。

（6）会检测自动座椅位置传感器。

（7）能够对电动座椅常见故障进行诊断与排除。

3. 素质要求

（1）正确使用工具、量具及仪表。

（2）安全用电、防火，无人身、设备事故。

(3) 按规范对电动系统进行拆装维护。
(4) 具备良好的团队协作能力及组织沟通能力。
(5) 具备较强的分析问题和解决问题能力。
(6) 具备5S理念。养成共同协作的好习惯，培养在学习中敢担当、能吃苦的好品质。

二、项目实施

任务一 电动座椅无法前后移动故障诊断与排除

（一）训练目标与要求

(1) 会操作电动座椅并演示电动座椅的各项功能。
(2) 能在台架上指出电动座椅的组成部件。
(3) 能够按规范拆装电动座椅。
(4) 会识读电动座椅电路。
(5) 会检测电动座椅开关。
(6) 会检测电动座椅电机。
(7) 会检测位置传感器。
(8) 会诊断电动座椅调节异常故障。

（二）训练设备

整车或电动座椅台架、对应车型电路图、维修手册、诊断仪、万用表、常用拆装工具。

（三）训练步骤

1. 训练前准备

明确完成本项目所需的知识准备，请学习相关知识，并完成学习工作单。

2. 操作电动座椅调节功能

（1）按照座椅开关方向调节驾驶员座椅位置：水平位置调整、前垂直位置调整、后垂直位置调整、靠背倾斜位置调整、腰垫位置调整，如图6-1所示。

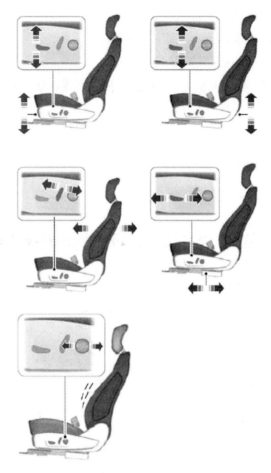

图 6-1　驾驶员十向电动座椅调节

（2）副驾座椅调节。按照座椅开关（老板键）方向调节副驾座椅位置：水平位置调整和靠背倾斜位置调整，如图 6-2 所示。

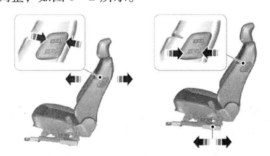

图 6-2　副驾驶座椅调节

3. 操作电动座椅加热、通风和按摩功能

（1）按下座椅加热开关控制前排座椅坐垫和靠背加热。

（2）按下座椅通风按钮，验证前后座椅通风功能。

（3）按下座椅按摩开关，驾驶员按摩模块和副驾驶按摩模块控制气袋充气或放气，实现座椅按摩功能。

项目六 电动座椅工作异常故障诊断与排除

4. 认识电动座椅组成部件

在车上找出电动座椅元件。

5. 拆卸并认识电动座椅组成部件

具体拆装步骤参考维修手册。

6. 自动座椅不能前后移动故障诊断与排除

其自动座椅检修方法：若电机运转而座椅不动，同样首先看是否已到极限位置，然后检查电机与变速器之间的相关轴是否磨损过大或损坏，必要时应更换；若电机不工作，应检查电源线路、开关线路、电机控制线路是否断路，搭铁是否牢固，然后进行如下单件检测。

（1）电动座椅开关检查。

检查各端子之间导通状况，若导通状况不符合规定要求，应更换开关。

以福特金牛座电动座椅为例（图6-3），性能良好的座椅开关检测结果应如表6-1所示。

表6-1 座椅开关的检查

开关位置	端子	10	11	14	15
滑动开关	向前	○——	——	——○
			○——|——|——○	
	关断				
	向后	○——	——	——○	
			○——	——	——○

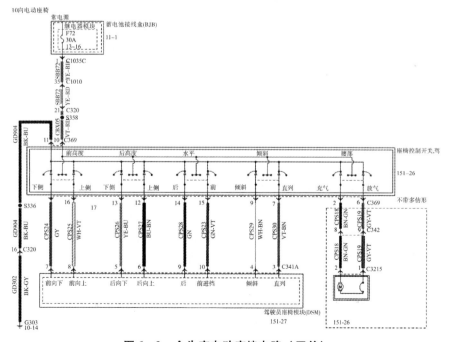

图6-3 金牛座电动座椅电路（开关）

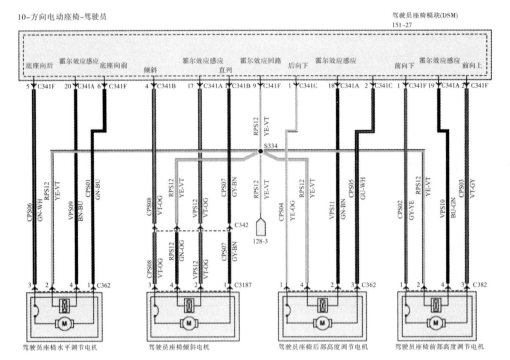

图6-4 金牛座自动座椅电路（电机及传感器）

（2）驾驶员座椅水平调节电机的检查。

座椅电机检查方法基本相同。以金牛座电动座椅水平调节电机（图6-4）为例，把蓄电池的正、负极分别接至电动座椅电机连接器端子，检查时按表6-2所示把蓄电池正、负极分别接在各端子之间，检查电机的工作情况。

表6-2 驾驶员座椅水平调节电机的检查

位置 \ 端子	1	3
前	+	−
后	−	+

（3）位置传感器检测。

①拆下驾驶座椅。

②调节驾驶员座椅前后移动，用示波器测量驾驶员座椅水平电机总成位置传感器电压波形，在座椅移动时，应产生方波信号。

（4）座椅控制模块。

在开关处于向前/向后位置时，座椅控制模块对应端子电压应发生变化，对电机输出两端子之间将产生±B电压，否则说明座椅控制模块存在故障。

7. 训练后工作

（1）将故障排除过程及测试结果填写在学习工作单内。

（2）各组同学派代表完成任务汇报。

任务二　自动座椅无记忆功能故障诊断与排除

（一）训练目标与要求

（1）会操作电动座椅并演示电动座椅的记忆功能。
（2）会识读电动座椅电路。
（3）会检测电动座椅开关。
（4）会诊断自动座椅无记忆功能故障。

（二）训练设备

整车或电动座椅台架、电路图、维修手册、诊断仪、万用表、专用拆装工具。

（三）训练步骤

1. 训练前准备

明确完成本项目所需的知识准备，请学习相关知识，并完成学习工作单。

2. 操作电动座椅调节功能

（1）座椅及后视镜位置记忆操作如下：
①进入驾驶室，关上车门，打开点火开关，变速器置于 P 或 N 挡。
②调整座椅及后视镜至合适位置，按住记忆按键 "1" 并保持 3s，如图 6-5 所示，听到提示音后松开按键，此位置即被记忆。记忆按键 "2" 和记忆按键 "3" 操作方法与上面相同。

图 6-5　座椅记忆开关

（2）倒挡时，后视镜位置记忆操作如下：
①进入驾驶室，关上车门，打开点火开关。
②挂入倒挡，调整右侧后视镜至合适位置，按下记忆键（红色按钮），按住记忆键 "1" 并保持 3s，听到提示音后松开按键，此位置即被记忆。注意：在使用此功能时，后视镜转换开关应始终在 R 的位置。

（3）方便出入功能。
关闭点火钥匙，座椅控制模块接收到此信号后，向后移动大约 50.8mm（除非座椅已经处于或接近行程末端位置）。如果收到主驾驶座椅位置开关、外后视镜控制开关时这个功能被禁用，DSM 将取消这个功能。

座椅控制模块在座椅便携退出操作之前会记忆座椅的当前位置。在执行便携进入操作时，座椅回到便携退出操作时的那个位置。

(4) 遥控钥匙绑定记忆座椅。

可保存三个遥控钥匙的预设存储位置。

绑定方法：

①进入驾驶室，关上车门，打开点火开关。

②调整座椅及后视镜至合适的位置，按下要绑定的记忆座椅位置按钮直到仪表响两声。

③在3s内快速的按下遥控器的锁车键。

解除绑定方法：

①点火开关打开。

②按下要解除的记忆座椅位置按钮直到仪表响两声。

③在3s内快速的按下遥控器的开锁键。

3. 自动座椅记忆无功能故障诊断与排除

(1) 打开点火开关，使用诊断扫描工具，读取故障码和数据流，看是否存在记忆开关相关故障码和相关数据流。

(2) 在将点火开关从 ON 切换到 OFF 再返回 ON 的同时，观察数据流 "IGN_FINAL" 状态是否与点火开关状态一致。若否，则检查点火开关及其线路故障。若是，则转至第 (3) 步。

(3) 操作并调节电动座椅，用诊断仪座椅控制模块和驾驶员侧车门控制单元进行自检，若不能通信，则检测网络通信系统；若能通信，操作记忆恢复功能1、2和3按钮时，用诊断仪查看座椅控制模块记忆恢复功能开关状态数据流是否被激活。若数据不被激活，表明座椅控制单元未接收到记忆开关信号，应进一步检查。

(4) 断开点火开关，测量记忆开关性能是否良好。

(5) 检查记忆开关接地电路是否出现开路。

(6) 检查记忆设定电路是否对电源短路。

(7) 检查记忆设定电路是否对地短路。

(8) 检查记忆设定开关是否出现开路。

(9) 使用诊断仪激活座椅控制单元使各座椅电机双向运转，若不工作，检测电机相关电路详见任务一。

4. 训练后工作

(1) 将故障排除过程及测试结果填写在学习工作单内。

(2) 各组同学派代表完成任务汇报。

三、相关知识

（一）普通电动座椅

1. 基本组成

为了实现座椅位置的调节，普通电动座椅包括若干个双向电机、传动装置和控制电路（包括控制开关）3个主要部分。其结构和电机的安装位置分别如图6-6和图6-7所示。

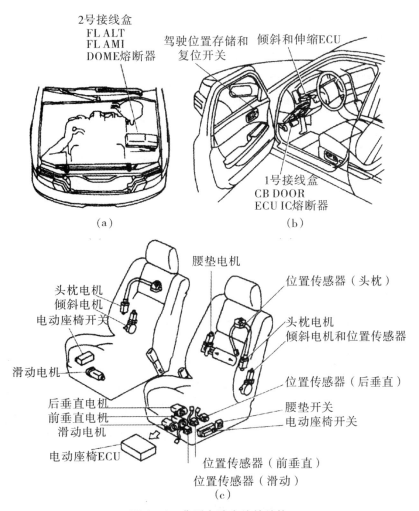

图 6-6 典型电动座椅的结构

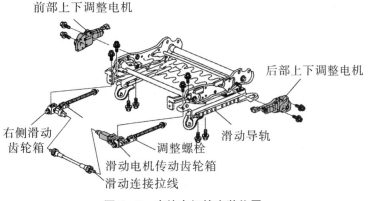

图 6-7 座椅电机的安装位置

双向电机产生动力,传动装置可以把动力传至座椅,通过控制开关实现座椅不同位置的调节。

(1) 电机。电动座椅中使用的电机一般为永磁式双向直流电机,通过控制开关来改变流经电机内部的电流方向,从而实现转动方向的改变。

(2)传动装置。电动座椅的传动装置主要包括变速器、联轴节、软轴及齿轮传动机构等。变速器的作用是降速增矩。电机轴分别与软轴相连,软轴再和变速器的输入轴相连,动力经过变速器的降速增矩以后,从变速器的输出轴输出,变速器的输出轴与蜗杆轴或齿轮轴相连,最终蜗轮蜗杆或齿轮齿条带动座椅支架产生位移。

2. 控制电路

如图6-8所示,该电动座椅包括滑动电机、前垂直电机、倾斜电机、后垂直电机和腰垫电机,可以实现座椅的前后移动、前部高度调节、靠背倾斜程度调节、后部高度调节及腰椎前后调节。现以座椅靠背的倾斜调节为例,介绍电路的控制过程。

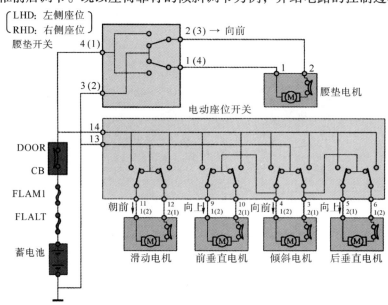

图6-8 电动座椅的控制电路

当电动座椅的开关处于倾斜位置时,如果要调整靠背向前倾斜,则闭合倾斜电机的前进方向开关,即端子4置于左位时,控制电路为蓄电池正极→FLALT→FLAM1→DOOR CB→端子14→(倾斜开关"前")→端子4→1(2)端子→倾斜电机→2(1)端子→端子3→端子13→搭铁。此时座椅靠背前移。

端子3置于右位时,倾斜电机反转,座椅靠背后移。此时的电路为蓄电池正极→FLALT→FLAM1→DOOR CB→端子14→(倾斜开关"后")→端子3→2(1)端子→倾斜电机→1(2)端子→端子4→端子13→搭铁。

(二)座椅加热系统

座椅加热系统可以对驾驶员和乘客的座椅进行加热,使乘坐更加舒适。有些汽车座椅的加热速度可以调节,有些不可以调节。图6-9为本田雅阁轿车座椅加热开关和继电器的安装位置,图6-10为其电路图。此座椅的加热速度可以调节。驾驶员和副驾驶员座椅的加热器和加热控制开关相同。其中,HI表示高位加热,LO表示低位加热。该座椅加热系统可以单独对驾驶员侧或副驾驶员侧的座椅进行加热,也可以同时对两座椅进行加热。下面以驾驶员侧的座椅加热器为例,分析其工作过程。

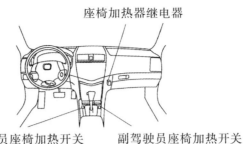

图 6-9 本田雅阁轿车座椅加热器开关和继电器的安装位置

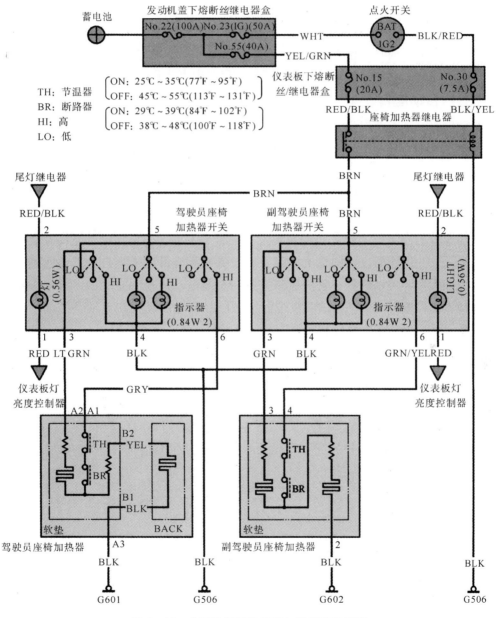

图 6-10 本田雅阁轿车座椅加热系统电路图

(1) 当加热器开关断开时,加热系统不工作。

(2) 当加热器开关处于"HI"位置时,电流首先经过点火开关给座椅加热器的继电器线圈通电,线圈产生磁场使继电器开关闭合。此时加热器的电路为蓄电池正极→熔断丝→继电器开关→加热器开关端子5,然后电流分为3个支路:一路经指示灯→继电器端子4→搭铁,指示灯点亮;另一路经加热器开关端子6→加热器端子A1→节温器→断路器→靠背线圈→搭铁;还有一路经加热器开关端子6→加热器端子A1→节温器→断路器→座垫线圈→加热器端子A2→加热器开关端子3→加热器端子开关4→搭铁。此时靠背线圈和座垫线圈并联加热,加热速度较快。

(3) 当加热器开关处于"LO"位置时,电流流向为蓄电池正极→熔断丝→继电器开关端子5,然后分为2个支路:一路经指示灯→加热器端子4→搭铁,低位指示灯点亮;另一路经加热器开关端子3→加热器端子A2→加热器座垫线圈→加热器靠背线圈→搭铁。此时靠背线圈和座垫线圈串联加热,电路中电流较小,因此加热的速度较慢。

(三) 自动座椅

自动座椅的基本结构及驱动方式与普通的电动座椅相似,只是在普通电动座椅的基础上增加了一套具有存储记忆功能的电子控制系统。电子控制系统可以存储不同驾驶员或乘客的座椅位置,不同的驾驶员或乘客可以通过一个按钮调出自己的座椅位置,使得座椅的调整更加方便快捷。

1. 自动座椅的组成

自动座椅的控制系统有2套控制装置:一套是手动的,包括电动座椅开关、腰垫电机及开关和一组座椅位置调整电机等,驾驶员或乘客可以根据自身需要通过相应的座椅开关和腰垫开关来调整,它的控制方式和普通电动座椅完全相同;另一套是自动的,包括座椅位置传感器、存储和复位开关、ECU及与手动控制系统共用的一组调整电机,图6-11为其基本组成和安装位置示意图。

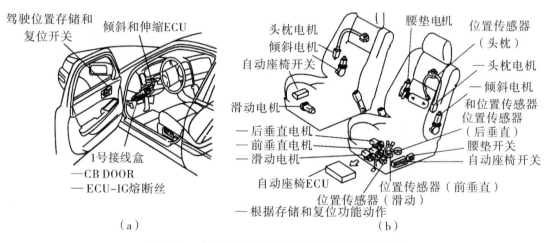

图6-11 自动座椅的基本组成和安装位置示意图

2. 自动座椅位置传感器

自动座椅位置传感器主要有 2 种形式：一种是滑动电位器式；另一种是霍尔式。

3. 自动座椅的控制电路及工作原理

凌志 LS400 自动座椅控制电路如图 6-12 所示。

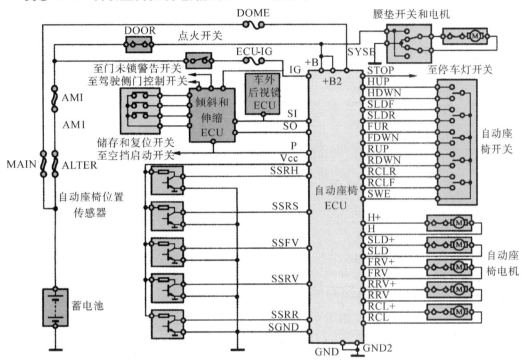

图 6-12　凌志 LS400 自动座椅控制电路

四、知识链接：座椅舒适系统

福特金牛座轿车配备了座椅舒适功能，包括前排座椅位置调节，主驾驶座椅记忆，前排座椅加热、空调、按摩，后排座椅空调、按摩等功能。下面以此车型为例，介绍其座椅舒适系统组成及工作原理。

（一）前排座椅记忆及调节控制原理

前排座椅调节及记忆电路原理如图 6-13 所示。

主驾座椅控制开关将信号传递给 DSM，DSM 将控制各座椅电机正反转，从而实现座椅调节。

点火开关将信号传递给 BCM，BCM 通过 HSCAN 将点火开关信号传递给网管模块 GWM，GWM 通过 MSCAN 将信号传递给 DSM，DSM 接收将各电机位置信号记录在记忆设置开关对应组别内。

调节前排座椅的时候，DSM 通过监测座椅电机位置传感器信号来记录座椅目前的位置。如果座椅电机位置信号丢失，受影响的座椅进入慢步模式。慢步模式座椅只允许通过座椅控制开关操作，作动开关后，座椅根据信号移动一秒后停止。这时候开关需要释放再作动，座椅才能再次移动。座椅进入慢步模式说明座椅电机位置传感器失效，DSM 会存储 DTC 故障代码。

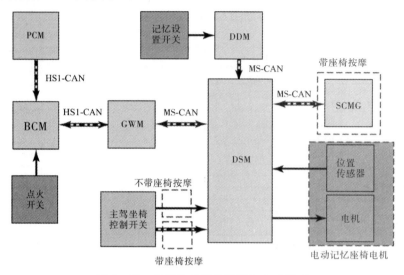

图 6-13 前排座椅调节及记忆电路原理

（二）前排座椅加热控制原理

前排座椅加热控制原理如图 6-14 所示。温度控制按钮将请求信号传递给 FCIM，FCIM 控制各座椅加热垫工作。FCIM 将温度按钮信息通过 MSCAN 传给 GWM，GWM 通过 HS3CAN 将信号传递给 APIM，然后传递给 FDIM，显示温度信息。

（三）前排座椅通风控制原理

前、后排座椅通风控制原理如图 6-15 所示。前排座椅的座垫和靠垫各装配了一个鼓风机总成，当鼓风机把乘客舱的空气吸入座椅，TEDs 电热元件对空气进行制冷，然后通过泡沫板吹向座垫和靠背的表面，如图 6-16 所示。前排座椅通风模块 SCME 监控椅垫的温度，SCME 可提供变化的电压给鼓风机，从而控制鼓风机转速。

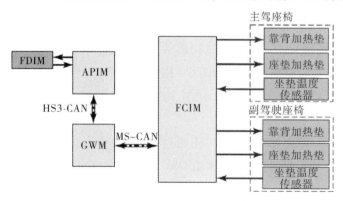

图 6-14 前排座椅加热控制原理

项目六 电动座椅工作异常故障诊断与排除

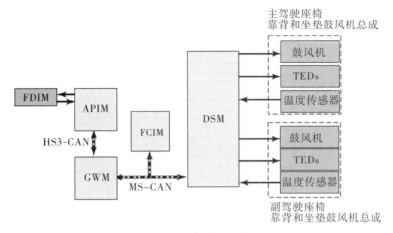

图 6-15 前排座椅通风控制原理

图 6-16 前排座椅通风装置

（四）座椅按摩

按下座椅按摩开关，驾驶员按摩模块和副驾驶按摩模块控制气袋充气或放气，实现座椅按摩功能。座椅按摩模块位于座椅靠背内，如图 6-17 所示。

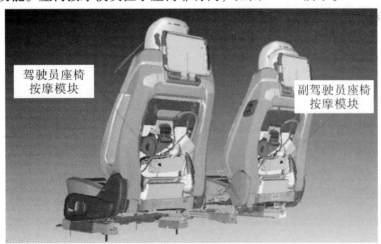

图 6-17 座椅按摩装置

五、自我测试题

（一）填空题

1. 普通电动座椅由_____、_____和_____3个部分组成，自动座椅是在普通电动座椅的基础上加装一套_____。
2. 自动座椅位置传感器主要有2种形式：一种是_____；另一种是_____。
3. 福特中速 CAN 的通信速率为_____Kb/s。

（二）判断题

1. 为防止电动座椅过载，在电机的内部装有断路器。（   ）
2. 座椅加热系统中，可通过调整可变电阻调整座椅的加热速度。（   ）
3. 自动座椅记忆功能是否实现与点火开关的状态无关。（   ）
4. 金牛座舒适座椅系统 DDM 与 DSM 之间通信是通过 HSCAN 实现的。（   ）
5. 当自动座椅的霍尔传感器出现故障时，自动座椅相应电机不能工作。（   ）

（三）选择题

1. 在电动座椅中，一般1个电机可完成座椅（   ）。
   A. 1个方向的调整　　　　　B. 2个方向的调整
   C. 3个方向的调整　　　　　D. 4个方向的调整
2. 电动座椅控制系统中，前垂直电机可译为（   ）。
   A. Frontverticalmotor　　　　B. Rearverticalmotor
   C. Reclingmotor　　　　　　D. Frontpowerseatswitch
3. 前排主驾驶座椅电动调节（   ）。
   A. 8 向　　　B. 10 向　　　C. 6 向　　　D. 4 向
4. 背调节功能（老板键）的座椅有（   ）。
   A. 前排主驾驶　B. 前排副驾驶　C. 左后排座椅　D. 右后排座椅
5. 座椅通风功能采用元件是（   ）。
   A. 鼓风机　　　B. 空调压缩机　　C. 半导体制冷　　D. PTC

（四）简述题

1. 简述福特金牛座座椅舒适系统的功能。
2. 简述福特金牛座座椅记忆开关的检测方法。

项目七

中控门锁及防盗系统工作异常故障诊断与排除

一、项目描述

客户报修车辆中控门锁工作异常，请进行检查并排除故障。

要完成该任务，首先应熟悉中控门锁的功能并能正确操作中控门锁；如果是机械故障，必须熟练完成中控门锁的拆装；如果是电路故障，必须能识读中控门锁的电路图并在此基础上完成电路故障诊断与排除。

当客户报修一辆防盗报警装置失效时，应先确保中控门锁无故障。因此要排除此故障，要求：应熟悉对应车型中控/遥控门锁的功能、能对防盗报警装置进行设定；能够识读对应车型中控门锁及车身防盗系统电路，并在此基础上完成电路故障诊断与排除。若是电器元件的故障，应对中控门锁及防盗系统进行拆装及更换。

通过本项目的学习，应达到以下要求：

1. 知识要求
（1）掌握中控门锁及遥控门锁的功能及分类。
（2）掌握中控门锁及遥控门锁的工作原理。
（3）简单叙述中控门锁及遥控门锁电路。
（4）掌握中控门锁及遥控门锁故障诊断方法。

2. 技能要求
（1）能够确认中控门锁系统的功能。
（2）能在车上指出中控门锁及遥控门锁系统的组成部件。
（3）能识读中控门锁系统电路。
（4）会检测判断中控门锁及遥控门锁系统各元件的性能。
（5）会诊断排除汽车中控门锁及车身防盗系统故障。
（6）能按规范拆装中控门锁系统。

3. 素质要求
（1）树立安全规范意识。

（2）具备团队合作精神。
（3）具有表达沟通能力。
（4）具备5S理念。
（5）具备系统思维和创新思维。

二、项目实施

任务一　某侧车门无法实现中控上锁故障诊断与排除

（一）训练目标与要求

（1）能够正确操纵无线门锁遥控系统及中控门锁系统并演示中控门锁功能。
（2）能在车上指出无线门锁遥控系统及中控门锁系统的组成部件。
（3）会检测判断汽车中控门锁电机的性能。
（4）能识读中控门锁电路。
（5）能按规范拆装中控门锁及无线门锁遥控系统。
（6）能诊断与排除某侧中控门锁不工作故障。

（二）训练设备

整车，维修手册、电路图、诊断仪、万用表、示波器、常用拆装工具。

（三）训练步骤

1. 训练前准备

明确完成本项目所需的知识准备，请学习相关知识，并思考以下问题：
（1）何谓中控门锁？中控门锁系统的组成部件有哪些？
（2）在车外用钥匙上锁/解锁时，什么元件给车门控制单元提供信号？在车内上锁/解锁时，什么元件给车门控制单元提供信号？

2. 验证机械钥匙解锁、上锁功能

（1）用机械钥匙实现新福克斯全车上锁及解锁。
（2）用机械钥匙实现蒙迪欧致胜全车上锁及解锁。

3. 验证中控门锁功能

1）中控功能

（1）在车内用门锁控制开关开锁/闭锁。

将中控门锁控制开关（在车门内侧门把手上）推向LOCK侧，检查所有车门应闭锁；将门锁控制开关压向UNLOCK侧，所有车门应开锁。

（2）用钥匙实现单重锁功能。

将钥匙插入门锁并朝上锁侧转动，检查所有车门应闭锁；将钥匙朝开锁侧转动，检查所有车门应开锁。单锁时车内门把手与门锁机构结合，从车内可通过门把手推开车门；车外门把手与门锁机构分离，从车外拉门把手车门不能被打开。

(3) 用钥匙实现双重锁功能。

将钥匙插入锁芯，在三秒内两次转到锁定位置，此时转向灯闪烁，各车门双重上锁。车内门把手与门锁机构分离，此时无论从车内还是车外均无法打开车门。

2）遥控开闭锁

（1）整体开闭锁。

验证在按动闭锁按钮时，车辆全部门锁均开锁（包含尾门锁或行李箱门锁）；在解锁时，车辆全部门锁均开锁；

（2）分段式开锁。

验证在按动一次遥控器开锁按钮时，只有驾驶员侧车门门锁打开，其他门的门锁不解锁，连续按动两次，全部车门解锁。

提示：蒙迪欧致胜轿车整体式开锁和分段式开锁可通过按压遥控器循环实现，具体方法：可同时按住遥控器上开锁键和上锁键3s以上，转向灯闪烁时，表明设定成功。

（3）遥控器设定双重锁。

遥控器上的锁定按钮在三秒之内被按下两次，即可设定双重锁。

3）免钥匙开锁及闭锁功能

驾驶员无须操作遥控器开关或机械钥匙开锁，直接拉动车门把手（或操作外门把手上的开锁开关），便可轻松打开车门。

驾驶员通过操作车外门把手上的闭锁开关，可直接操纵车辆开锁并进入主动防盗。

3. 拆卸并认识遥控门锁组成部件

具体拆装步骤参考维修手册。在车上找出免钥匙进入系统组成部件，并说明各部件的作用。主要组成部件主要包括：内部天线（前、中、后），外部天线及上锁开关、免钥匙控制模块、智能钥匙、启动开关、电子转向柱锁、门锁机构。

4. 右前门锁无法上锁故障检修

右前门锁无法实现上锁时，应同时验证右前车窗、后视镜是否工作正常，若均不正常，应首先考虑右前车门模块供电、搭铁、网络通信及自身故障，参见项目六有关CAN通信故障检修；若右前车窗、后视镜工作正常，故障在右后门锁电机电路本身或机械部分。

1）门锁电机工作电压检测

用示波器或万用表测量车门锁电机电压，在操作开闭锁时，若出现±B电压而电机不运转，说明右前车门锁电机自身存在故障，应更换。若无电压，则测量右前车门控制模块输出电压。

2）右前车门控制单元输出电压检测

用示波器或万用表测量右前车门控制模块之间电压，在操作开闭锁时，若出现±B电压，表明车门控制单元正常，故障在车门控制单元与车门锁电机之间线路上。若电压为0V，表明车门控制单元故障或车门锁电机电路出现短路。

3）门锁电机与车门控制单元连接线路检测

关闭点火开关，断开车门控制单元和车门锁电机线束连接器，测量车门控制单元与门锁电机之间的线路，阻值应小于3Ω，否则应维修此段线路；测量控制线路之间电阻，电阻应大于10kΩ，否则应维修此段线路。

5. 训练后工作

（1）完成学习工作单。

（2）各组同学派代表完成任务汇报。

任务二　中控门锁失效故障诊断与排除

（一）训练目标与要求

（1）能更换遥控器电池。

（2）能对遥控器进行重新设定。

（3）能检测中控锁开关。

（4）能检测驾驶员门锁功能开关。

（5）能识读中控及遥控门锁系统电路。

（6）会诊断排除中控及遥控门锁系统故障。

（二）训练设备

配备遥控门锁的整车、实训车型对应维修手册、电路图、万用表、遥控电池。

（三）训练步骤

1. 训练前准备

明确完成本项目所需要的知识准备，请学习相关知识。

2. 中控锁失效故障原因分析

（1）若通过钥匙和中控开关均能实现各车门的闭锁及解锁，而遥控门锁失效，故障在遥控器本身、遥控接收器、BCM、网络通讯。

（2）若遥控器不能实现闭锁，而其他中控功能均正常，故障则可能出现在遥控上锁条件不满足，如点火钥匙占位信号、点火开关信号、车门微动开关信号等故障。

（3）若遥控门锁正常，中控开关或用钥匙不能实现门锁中控，故障在中控开关电路、驾驶员门锁功能开关电路、车门锁开关电路。

3. 遥控器电池检查与更换

以新福克斯免钥匙遥控器电池为例，检查与更换方法如下：

（1）使用一字螺丝刀抵住遥控器侧面的卡扣，轻轻推动，取下电池盖，如图7-1所示。

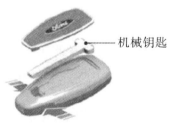

图7-1　取下电池盖

（2）按图7-2所示位置转动螺丝刀，将遥控器完全分为两部分。

图7-2　分离遥控器

（3）按图7-3示位置小心地将螺丝刀插入遥控器，可取下遥控器电池。

图7-3　取下遥控器电池

（4）用万用表测量遥控器电池电压，电压应为3V左右。电池电量低时，需要更换电池。

4. 钥匙操纵开关检测

（1）测量钥匙操作开关信号电压，当转动钥匙上锁或解锁时，对地电压会相应变化。若电压保持不变，说明驾驶员操作开关或连接电路断路；若电压一直为0V不变，说明车门控制模块故障或钥匙操作开关以及连接电路对地短路。

（2）钥匙操纵开关检测。检测钥匙操作开关各端子之间的导通状况，应符合规定要求，应更换开关。

（3）车门锁单元与车门控制单元连接线路检测。用万用表检测连接线路电阻值，阻值应小于3Ω，否则应维修此段线路；测量控制线路之间电阻，电阻应大于10kΩ，否则应维修此段线路。

4. 训练后工作

（1）完成学习工作单。

（2）各组同学派代表完成任务汇报。

任务三　防盗报警装置工作异常故障诊断与排除

（一）训练目标与要求

（1）能设定及解除防盗系统。

（2）能识读车身防盗系统电路。

（3）会诊断排除车身防盗系统故障。

（二）训练设备

配备遥控门锁的整车、实训车型对应维修手册、电路图、万用表、遥控电池。

(三) 训练步骤

1. 训练前准备

明确完成本项目所需要的知识准备,请学习相关知识,完成学习工作单,并思考以下问题:

(1) 何谓车身防盗系统?车身防盗系统的作用是什么?

(2) 何谓防盗无备状态?何谓防盗有备准备状态?何谓防盗有备状态?何谓防盗报警状态各个状态之间转换条件如何?

2. 遥控门锁系统的设定与解除

1) 遥控门锁系统的设定(防盗系统设定)

(1) 关闭所有车门、行李厢门、发动机盖。

(2) 将点火钥匙旋至OFF位置并从钥匙孔内拔出。

(3) 按遥控器上锁按钮或用机械钥匙上锁,20s后车身防盗系统启动,进入戒备状态。

注意: 请观察若设定条件不满足时,车门能否被锁上,能否进入防盗戒备状态,并将之填写在工单上。

2) 触发防盗系统

下列条件之一满足时,防盗系统被触发:报警器将鸣响30秒并伴随危险警告灯闪烁5分钟。

(1) 打开车门、行李厢门、发动机盖;

(2) 打开点火开关;

(3) 断开音响系统插头。

3) 解除防盗系统

按下遥控器解锁按钮或用机械钥匙解锁,防盗系统被解除。开锁后短暂时间后,车辆危险警告灯闪烁,再次进入防盗系统。

3. 车身防盗系统检修

防盗系统的功能是基于中控锁系统之上建立的,在对防盗系统进行故障诊断时要保证中控门锁系统工作正常。中控锁动作后,主动防盗系统同时检测门的位置与门锁的位置,如果两个位置信息同时显示关闭状态(即车门关闭并闭锁),控制模块将进入防盗启动状态;如果门位置信息与门锁电机位置信息不一致,系统将无法进入防盗启动状态。

1) 门锁位置开关电路检测

(1) 测量门锁位置开关信号电压,当车门上锁或解锁时,对地电压会相应变化。若电压保持不变,说明门锁位置开关开关或连接电路断路;若电压一直为0V不变,说明车门控制模块故障或门锁位置开关以及连接电路对地短路。

(2) 门锁位置开关检测。检测门锁位置开关各端子之间的导通状况,应符合规定要求,应更换开关。

(3) 车门锁单元与车门控制单元连接线路检测。用万用表检测连接线路电阻值,阻值应小于3Ω,否则应维修此段线路;测量控制线路之间电阻,电阻应大于10kΩ,

否则应维修此段线路。

2) 车门微动开关

(1) 测量车门微动开关信号电压,当车门上锁或解锁时,对地电压会相应变化。若电压保持不变,说明车门微动开关开关或连接电路断路;若电压一直为0V不变,说明车门控制模块故障或车门微动开关以及连接电路对地短路。

(2) 车门微动开关检测。检测车门微动开关各端子之间的导通状况,应符合规定要求,应更换开关。

(3) BCM与车门控制单元连接线路检测。

用万用表检测连接线路电阻值,阻值应小于3Ω,否则应维修此段线路;测量线路对地电阻,电阻应大于10kΩ,否则应维修此段线路。

4. 训练后工作

(1) 将故障排除过程及测试结果填写在学习工作单内。

(2) 各组同学派代表完成任务汇报。

三、相关知识

(一) 中控门锁

1. 中控门锁的功能

汽车装备中控门锁后可实现下列功能:

(1) 中央控制。当驾驶员锁住车门时,其他车门均同时锁住;驾驶员也可通过门锁开关打开所有门锁。

(2) 速度控制。当车速达到一定数值时,能自动将所有的车门锁定(有的车型上无此功能)。

(3) 单独控制。为了方便,除中央控制外,乘员仍可利用车门的机械式弹簧锁开关车门。

(4) 两级开锁功能。在钥匙联动开锁功能中:一级开锁操作,只能以机械方法打开钥匙插入的门;两级开锁操作,则同时打开其他车门。一般来说,所有车门都可以通过前右或前左侧门上的钥匙来同时关闭和打开。

(5) 钥匙占用预防功能。若已经执行了锁门操作,而钥匙仍然插在点火开关内,则所有的车门会自动打开。

(6) 安全功能。当钥匙已经从点火开关中拔出而且车门也锁住时,车门都不能用门锁控制开关打开。

(7) 电动车窗不用钥匙的动作功能。驾驶员和乘客的车门都关上,点火开关断开后,电动车窗仍可以动作约60s。

(8) 自动功能。一些高级车辆中,在用钥匙或遥控器将门锁打开或锁上时,电动车窗会自动打开或关闭。

2. 中控门锁的组成

中控门锁系统主要由开关、控制器和执行机构组成。

1）信号输入装置

（1）中控锁按钮。中控锁按钮一般安装在驾驶员侧前门内的扶手上或中控台上，通过中控锁按钮可以同时锁上和打开所有的车门，如图 7-4 所示。

（2）钥匙操纵开关。钥匙操纵开关又称钥匙锁止和开启开关，装在左前门和右前门的外侧门锁上，如图 7-5 所示。当从车外面用车门钥匙开车门或锁门时，钥匙控制开关便发出开门或锁门的信号给门锁控制 ECU，实现车门打开或锁止。车门钥匙的功能是实现在车门外面锁车或打开车门锁，同时车门钥匙也是点火开关、燃料箱、行李厢等全车设置锁的地方共用的钥匙。

（3）车门微动开关。也称门控灯开关、车门接触开关，安装在门框上，其作用是探测车门的开闭状态，并将车门状态传送给 ECU。当车门开启时，此开关接通；当车门关闭时，此开关断开。

（4）门锁开关。安装在门锁总成内，其作用与门控开关相同。

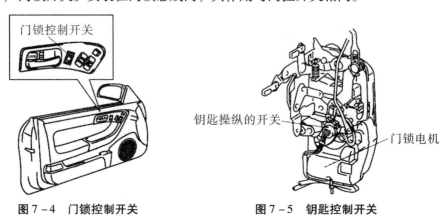

图 7-4　门锁控制开关　　　　图 7-5　钥匙控制开关

（5）尾门锁开关。也称行李厢开启器，控制行李厢门锁执行器（电磁线圈）的开关是 2 个串联开关，一个是主开关，另一个是行李厢门锁开关（位于仪表板下面或驾驶员座椅左侧车厢底板上），如图 7-6 所示。

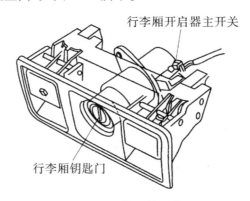

图 7-6　尾门锁开关

（6）位置开关。位置开关装在门锁总成内，其作用是探测门锁的状态。当锁杆处于锁止位置时，位置开关断开；当锁杆处于开锁位置时，开关接通。

(7) 钥匙占位开关。当钥匙插入钥匙孔内时，钥匙未锁报警开关接通；当拔离时，开关断开。当钥匙在钥匙门内且驾驶员侧车门打开时，接通报警，提示钥匙遗忘。

2) 中控门锁控制单元（模块）

接收输入装置送来的信号，并将这些信号进行处理，然后发出指令，控制执行机构，实现锁门或者开锁。

3) 执行机构

执行机构有电动机和电磁线圈式2种形式，以电动机为主。执行机构包括门锁、行李厢锁（尾门锁）、油箱盖锁。

3. 中控门锁的工作原理

中控锁控制有模块集中控制式和基于总线控制式两种。

1) 模块集中控制式

下面以图7-7所示电路为例，介绍集中控制式中控门锁的工作过程。

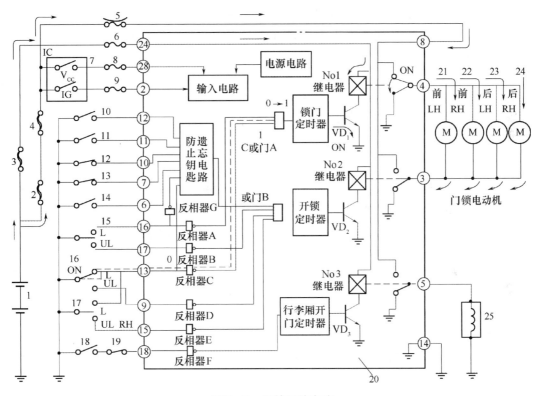

图7-7 门锁系统电路

1—蓄电池；2—易熔线（ALT）；3—易熔线（MAIN）；4—易熔线（AMI）；5—断路器；
6—DOME熔断器；7—点火开关；8—点烟器熔断器；9—ECU-LG熔断器；
10—左前门锁开关；11—右前门锁开关；12—左前位置开关；13—右前位置开关；
14—钥匙占位开关；15—中控锁按钮（双投）；16—左前钥匙操纵开关；17—右前钥匙操纵开关；
18—尾门开启器开关；19—主开关；20—防盗和门锁控制ECU；21—左前门锁电机；
22—右前门锁电机；23—左后门锁电机；24—右后门锁电机；25—尾门开启器电磁阀。

（1）用中控锁按钮开锁和上锁。

当锁门时，中控锁按钮 15 推向锁门侧，ECU 端子 16 和搭铁端接通，此信号经过反相器 A，或门 A、锁门定时器，使晶体管 VD_1 导通。结果 No.1 继电器接通，电流从蓄电池→ECU 的端子 8→No.1 继电器→ECU 端子 4→门锁电动机→ECU 端子 3→搭铁→蓄电池负极，则电机锁上全部车门。

当开门时，中控锁按钮推向开门侧，ECU 端子 17 和搭铁端接通，此信号经过反相器 B，或门 B、开锁定时器，使晶体管 VD_2 导通。结果 No.2 继电器接通，电流从蓄电池→ECU 的端子 8→No.2 继电器→ECU 端子 3→门锁电机→ECU 端子 4→搭铁→蓄电池负极，打开所有车门。

（2）用钥匙开锁和上锁。

当锁门时，钥匙被插进驾驶员或副驾侧钥匙孔内并向锁门方向转动，则钥匙操纵开关 16 向锁门侧接通，ECU 端子 13 和搭铁端接通，此信号经过反相器 C，或门 A、锁门定时器，使晶体管 VD_1 导通。结果 No.1 继电器接通，电流从蓄电池→ECU 的端子 8→No.1 继电器→ECU 端子 4→门锁电机→ECU 端子 3→搭铁→蓄电池负极，则电动机锁上全部车门。

当开门时，钥匙开关向开门侧接通，ECU 端子 9 和搭铁端接通，此信号经过反相器 D，或门 B、开锁定时器，使晶体管 VD_2 导通。No.2 继电器接通，电流从蓄电池→ECU 的端子 8→No.2 继电器→ECU 端子 3→门锁电机→ECU 端子 4→搭铁→蓄电池负极，打开所有车门。

（3）防止钥匙遗忘功能。

如果点火钥匙插在钥匙孔内，驾驶员或副驾门开着，此时门锁开关 10 和钥匙占位开关 14 都接通，这些开关经 ECU 的 12 和 6 端子将"0"信号送给防止钥匙遗忘电路。在这种状态下，若按下门锁按钮或推动门锁控制开关锁门时，门立即被锁上，但位置开关经 ECU 的 10 号端子送给防止钥匙电路，再经过反相器 D，或门 B、开锁定时器到晶体管 VD_2，使其导通，No.2 继电器电磁线圈通电，因而所有门锁打开，蜂鸣器鸣叫，提示钥匙遗忘。

（4）尾门开启器控制。

当尾门开启器开关 18 和主开关 19 接通时，ECU 的 18 端子与搭铁之间接通，此信号经过反相器 F 和尾门开门定时器，使 VD_3 导通。No.3 继电器接通，电流从蓄电池→ECU 的端子 8→No.3 继电器→ECU 端子 5→尾门电磁线圈→搭铁→蓄电池负极，打开尾门。

2）基于总线控制式

下面以图 7-8 所示电路为例，介绍基于总线控制式中控门锁的工作过程。

（1）用中控锁按钮锁门和开锁。

当按压中控锁按钮锁门和开锁时，该信号传送至 BCM，BCM 接收到上锁、解锁信号后，通过 MSCAN 给左前车门模块和右前车门模块发送上锁或开锁指令，两个前门模块接收上锁或解锁指令后，将直接控制车门锁电机执行上锁及开锁操作，同时前门模块通过 LIN 线向对应后车门模块传送该指令，后车门模块接收到该信号后，控制相应车门锁电机工作。

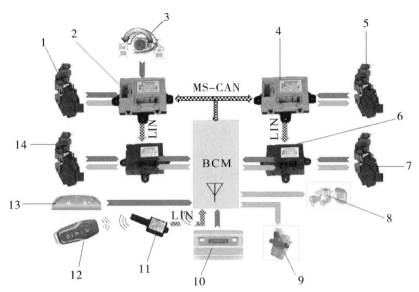

图7-8 基于总线控制式中控锁原理图

1—左前门锁电机总成；2—驾驶员侧车门控制模块；3—驾驶员侧车门锁芯；4—右前车门控制模块；5—右前门锁电机总成；6—右后车门控制模块；7—右后门锁电机总成；8—燃油箱盖板锁；9—尾门锁电机锁总成；10—尾门盖板解锁按钮；11—遥控接收天线；12—遥控器；13—中控锁按钮；14—左后门锁电机总成。

(2) 用遥控器开锁和上锁。

当按压遥控器上锁和开锁按键时，遥控器将此信号转换为高频无线信号，该信号被遥控接收器接收，遥控接收器将接收到的信息转换为电信号，通过LIN线传递至BCM模块，BCM接收到上锁或解锁信号后验证遥控器合法后，通过MSCAN向左前车门模块和右前车门模块发送上锁或开锁指令，两个前门模块接收上锁或解锁指令后，将直接控制车门锁电机执行上锁及开锁操作，同时前门模块通过LIN线向对应后车门模块传送该指令，后车门模块接收到该信号后，控制相应车门锁电机工作。

(3) 用钥匙开锁和上锁。

当驾驶员用机械钥匙转动左前门门锁锁芯时，安装在门锁锁芯上的钥匙操纵开关向左前门模块发送触发信号，左前门模块接收到上锁或解锁请求信号后，通过MSCAN向BCM传递此信息，BCM接收到开锁或上锁信号后，再次通过MSCAN向左前车门模块和右前车门模块发送上锁或开锁指令，两个前门模块接收上锁或解锁指令后，将直接控制车门锁电机执行上锁及开锁操作，同时前门模块通过LIN线向对应后车门模块传送该指令，后车门模块接收到该信号后，控制相应车门锁电机工作。

(4) 尾门盖锁按钮开启尾门。

尾门盖锁按钮开启尾门只能在中控锁解锁的状态下进行，当按下尾门盖锁按钮后，尾门盖锁将开锁信号传递到BCM，BCM验证当前中控锁处于解锁状态时，将直接驱动尾门锁电机工作，实现尾门开锁。

(5) 遥控器开启尾门。

在3s内连续按下遥控器上的尾门开启按钮两次，遥控器将此信息通过无线电信号传递到遥控接收天线，遥控接收通过LIN线将此信息传递至BCM模块，BCM接收到后尾门开锁请求信号后，验证遥控器合法后，将驱动尾门锁电机工作，开启尾门。

4. 汽车中控门锁系统检查的注意事项

在对中控锁系统进行故障诊断时，首先要了解系统的功能特点，并熟练掌握系统的控制原理，根据控制原理，对故障进行逻辑分析，并对系统的组成元件进行检测。

由于车型的不同，中控门锁系统的结构及原理有较大的差异。因此，在检修之前应查阅制造厂家的维修手册。

无论中控门锁系统出现什么故障，应先通过检查，使故障可能存在的部位缩小到一定范围以内，然后再拆下车门内饰，露出门锁机构。最好先将拨动门锁开关后的情况列出图表，然后和维修手册中的故障诊断图表相对照，以便分析故障原因和部位。

在测试电路前，应结合故障诊断图表，先弄清线路图，然后再试加蓄电池电压或用欧姆表测量。如果盲目地测试，可能会损坏昂贵的电子元件。

（二）免钥匙进入系统

下面以福特蒙迪欧致胜为例阐述免钥匙系统的组成及工作原理。致胜高配车型配备的免钥匙系统可以划分为2个子系统：免钥匙启动系统和免钥匙进入系统，系统组成及各元件布置位置如图7-1所示。

1. 免钥匙进入系统的组成

1）钥匙

与传统钥匙不一样的地方在于，免钥匙系统所使用的钥匙内部除了有一个传统的防盗系统异频雷达收发器和无线频率发射器外，还设置了一个低频接收器。其中：防盗异频雷达收发器与识读线圈结合使用，用于接收PATS编码信号；无线频率发射器用于发射遥控高频信号及发动机防盗编码信号；低频接收器用于接收免钥匙系统天线的低频信号。

2）免钥匙车辆系统控制模块KVM

KVM位于后备厢的右侧，是免钥匙系统的核心控制单元，主要用于钥匙编码（遥控器编码）的验证。在免钥匙系统控制中，KVM会利用CAN BUS和BCM（车身控制单元）进行通讯。

3）无线接收器

位于驾驶室内前顶灯附近。和传统的无线接收器一样，这个接收器可以接收来自于钥匙的高频无线电信息（遥控器编码），经过简单转换后，向KVM提供一个数字脉冲信息用于解码。

KVM会不间断地向无线接收器发送主动脉冲信号用于判断无线接收器是否工作，一旦发现无线接收器工作有故障（线路断路、模块故障等），则KVM会立即命令传统的识读线圈进入工作状态。而在无线接收器正常工作时,传统的识读线圈是不工作的。

4)天线

在免钥匙进入系统中总计有3个低频发射天线,分别位于左、右门把手内和后保险杠下面,用于免钥匙进入系统的工作,如图7-9所示。

天线由KVM控制,在适当的时候会发出低频无线电信息用于搜索钥匙,因为频率低,所以其搜索范围有限,具体的搜索范围如图7-10所示(图中单位为cm)。

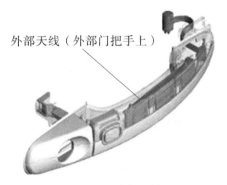
图7-9 外部天线

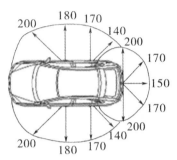
图7-10 天线的搜索范围

5)门锁

在传统的门锁系统中,如果想要开门,必须先开锁然后再拉动门拉手才能打开车门,看起来整个开门过程序要2个步骤。而KV系统使用的门锁是在传统门锁的基础上增加了一个额外电机(如图7-11所示),额外电机直接与门锁锁钩相连,它的作用是在门把手与锁钩断开连接后,额外电机替人拉开锁钩,从而使解锁和开门可以同步实现。

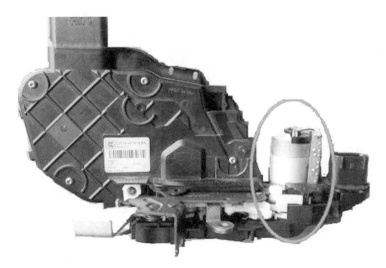
图7-11 额外电机

2. 免钥匙进入系统工作原理

免钥匙进入系统框图如图7-12所示。

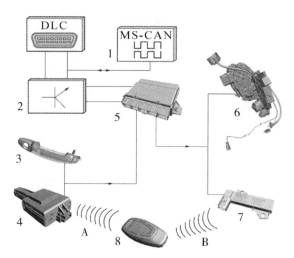

图 7-12 免钥匙进入系统的组成

A—高频信号（自钥匙到接收器）；B—低频信号（自天线到钥匙）；1—MSCANBUS；
2—网关（BCM）；3—上锁开关与解锁开关；4—无线接收器；5—KVM；6—门锁（带额外电机）；
7—外部天线；8—钥匙。

具体的工作过程如下：

1）解锁

（1）在拉动外部门拉手时，门拉手会触动与其相连的一个解锁开关。

（2）KVM 时刻检测这个开关的状态，当这个开关动作后，KVM 立刻激活 3 个外部天线。

（3）3 个外部天线发出低频无线电信号，用于搜索钥匙。

（4）低频信号被钥匙获取，之后在钥匙处理了这个信号后，会对外发出一个高频编码信号作为应答。

（5）无线接收器接收高频信号，然后把简单处理后的信息传递给 KVM。

（6）KVM 如果认为这个信息与其内部存储的钥匙编程信息一致，则控制一个独立于门锁的额外解锁电机工作，释放门锁销，使锁销和外部门拉手通过机械机构相连。

（7）在 KVM 控制门锁销释放的同时，它还会利用 MSCAN BUS 向 BCM 发出开锁执行命令。

（8）BCM 通过 MSCAN BUS 把开锁命令传递给前车门模块（前车门模块通过 LIN-BUS 传递给后车门模块），各车门模块控制门锁电机工作，从而彻底实现解锁。

2）上锁

（1）触动门拉手或后备厢上的上锁按钮（开关），会向 KVM 发出一个信号。

（2）KVM 时刻检测这个开关的状态，当这个开关动作后，KVM 立刻激活 3 个外部天线。

（3）3 个外部天线发出低频无线电信号，用于搜索钥匙。

（4）低频信号被钥匙获取，之后在钥匙处理了这个信号后，会对外发出一个高频编码信号（433MHz）作为应答。

（5）无线接收器接收高频信号，然后把简单处理后的信息传递给 KVM。

（6）KVM 如果认为这个信息与其内部储存的钥匙编程信息一致，则利用 MSCAN BUS 向 BCM 发出上锁执行命令。

（7）BCM 通过 MSCAN BUS 把上锁命令传递给前车门模块（前车门模块通过 LIN-BUS 传递给后车门模块）。

（8）车门模块控制门锁电机工作，从而实现上锁。

注意：只有在以下情况下才有可能实现上锁：①在外部天线检测范围内发现有合法的钥匙；②所有车门关闭；③变速箱处于 P 挡；④点火开关关闭。

（三）汽车车身防盗系统

1. 防盗系统的发展史

汽车防盗装置经历了机械式、电子式、芯片式和网络式 4 个发展阶段。由于世界各地经济、生产力发展不平衡，发达国家的汽车防盗技术已相当成熟，目前主要采用电子式，并正逐步向网络式过渡，而欠发达国家基本上还处于起步阶段，广泛采用机械式。

1）机械式防盗

机械式防盗装置是比较常见而又古老的装置，它主要是利用简单的机械式原理锁住汽车上的某一机构，使其不能有效发挥应有的作用，以达到防盗的目的。

目前，国内常见的机械式防盗装置有：

（1）方向盘锁。即常见的拐杖锁，主要是将方向盘与制动脚踏板连接在一起，使其不能做大角度转向或制动，有的可直接使方向盘不能正常使用，如图 7-13 所示。

（2）轮胎锁。即用一套锁具把汽车的一个轮胎固定，使之不能转动。这种方法比较麻烦，而且锁具也很笨重，如图 7-14 所示。

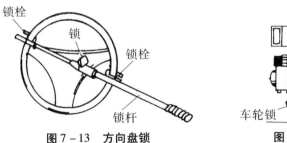

图 7-13　方向盘锁　　　　图 7-14　轮胎锁

（3）变速器锁。通常在停车后，把换挡杆推回 P 挡位置或 N 挡位置，加上变速器锁，可使汽车不能换挡，如图 7-15 所示。

（4）制动器锁。如图 7-16 所示为一种制动器锁，它可以在车主离开以后以机械或液压的方式将制动器固定在制动踏板上。

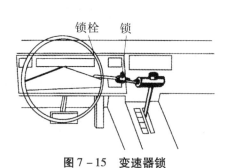 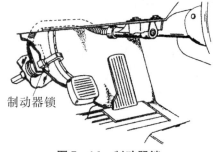

图 7-15 变速器锁　　　　　图 7-16 制动器锁

2）电子式防盗

随着电子技术在汽车上的应用，各种电子式防盗报警器应运而生。它克服了机械锁只能防盗不能报警的缺点，主要靠锁定点火或启动来达到防盗的目的，同时具有声音报警等功能。电子式防盗装置设计先进、结构复杂，包括启动控制、遥控车门和报警3部分，主要由防盗控制单元识读线圈、警告灯、汽车钥匙等元件组成。点火钥匙和信号发生器制成一体，当钥匙处于接通位置时，防启动装置向钥匙接收器发出电信号，信号接收器随即通过防启动装置向控制单元发送密码信号以供识读。车门控制和报警系统制成一体，报警系统在关闭点火开关、拔下钥匙并锁定车门、行李厢等后自动进入警戒状态，若车门或发动机罩被强行打开，报警系统将自动报警。

汽车电子防盗器一般都具有遥控功能，安装隐蔽，操作简便。缺点是容易误报，不能从根本上解决车辆丢失问题。随着科技的发展，汽车电子防盗器增加了许多方便、实用的附加功能。现在市场上出现了具有双向功能的电子防盗器，它不仅能由车主遥控车辆，车辆还能将自身状态传送给车主。

3）芯片式防盗

目前，在汽车防盗领域位居重点的当属芯片式数码防盗器。它通过锁住汽车电机、电路和油路达到防盗目的，若没有芯片钥匙便无法启动车辆。数字化的密码重码率极低，而且要用密码钥匙接触车上的密码锁才能开锁，杜绝了被扫描的可能。

由于特点突出且使用方便，大多数轿车均采用它作为原配防盗器。目前进口的很多高档车及国产大众、广州本田、派力奥等车型已装有原厂的芯片防盗系统。芯片式防盗已发展到第4代，除了比电子防盗系统更有效的防盗作用外，它还具有特殊诊断功能。如独特的射频识别技术可保证系统在任何情况下都能正确识别驾驶者，当驾驶者接近或远离车辆时可自动识别其身份，打开或关闭车锁；无论在车内还是车外，独创的TMS37211能够探测到电子钥匙的位置。

4）网络式防盗

网络式汽车防盗系统利用GPS卫星定位系统对汽车进行监控，以达到防盗目的。该防盗系统不但可以锁定汽车点火或启动，还可以通过GPS卫星定位系统（或其他网络系统）将报警信息和报警汽车所在的位置传送到报警中心。

网络式防盗系统类型主要有：全球卫星定位、通过GSM进行无线传输的GPS防盗系统；以地面信标定位，通过有线和无线通信技术对汽车进行定位跟踪和防盗劫的CAS防盗系统。

网络式汽车防盗系统大多采用卫星定位跟踪系统（GPS），除了靠锁定汽车的启动或发动机控制系统达到防盗的目的外，还可通过 GPS 系统（或其他网络系统）将报警信息和报警车辆所在位置无声地传送到报警中心。利用这个系统，还可以增加交通事故、防盗系统意外失效、抢劫等自动报警功能。

GSM（或 CDMA）无线通信手机报警器具有汽车遥控报警器的所有功能，而且基本实现了不受距离限制的双向报警控制功能，可以使用车载电话，也可以监听车内动静等。无线通信手机报警器就像是为汽车专门配置了一部手机，使用过程中需装入 SIM 卡，和使用手机一样，缴纳通信费用才能正常使用。无线通信手机报警器目前较多安装在中高档轿车上。GPS 汽车防盗报警除具有无线通信手机报警的功能外，还具有卫星定位、车载电子地图、信息服务等诸多功能。它通过地面基站（服务中心）对车辆进行跟踪控制。

GPS 汽车防盗报警器目前用在有特殊需要的车辆上（如运钞车和高档出租车）或高档轿车上。

网络式防盗突破了距离的限制，覆盖范围广，可用于被盗汽车的追踪侦查，可全天候应用，破案速度快，监测定位精度高。GPS 防盗技术可以说是一场技术革命，它一改传统防盗器被动、孤立无助的被动式服务，能为车主提供全方位的主动式服务，是目前其他类型汽车防盗系统所不能比拟的。但由于 GPS 防盗技术存在信号盲区、报警迟缓，其防盗性能无法有效保障车辆。

2. 车身防盗系统的组成和工作原理

电控防盗系统的控制目标是对无授权进入车内、启动汽车和拆卸防盗系统的企图进行监测，在检测到任何无授权侵入行为时，启动报警系统进行声光报警，并阻止汽车启动。其基本结构如图 7-17 所示。

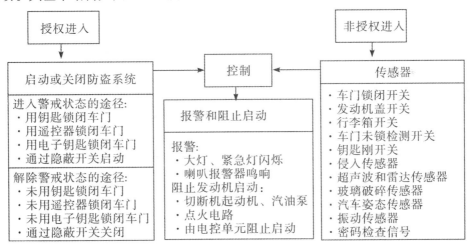

图 7-17 电控防盗系统的基本结构

通过图 7-18（a）可知，可以通过用钥匙锁闭车门、用遥控器锁闭车门、电子钥匙锁闭车门以及通过隐蔽开关等方式启动防盗系统。启动后，防盗电控单元根据车门开关、发动机罩开关、行李厢开关、点火开关和超声波传感器等输入的信号对汽车的不正常状态和非授权侵入进行监测，当判定出现不正常状态或非授权侵入时，电控单元将通过控制相应继电器使喇叭和报警器鸣响，使车灯和警告灯闪烁，发出声光报警信号。典型的车身防盗系统如图 7-18（b）所示。

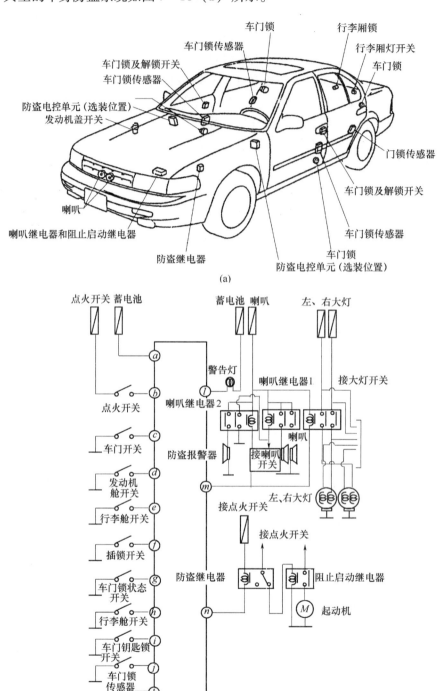

图 7-18 车身防盗系统的组成
（a）系统布置；（b）电路组成

3. 汽车车身防盗系统设定、激活与恢复

1) 汽车遥控防盗系统的设定

（1）将点火钥匙转至 OFF 位置后取出。

（2）驾乘人员全部下车。

（3）关闭并锁定所有的车门、行李厢盖及发动机罩。

完成以上 3 个步骤后，车中的安全指示灯"SECURITY"发亮（不闪烁）。2 道前门被锁定后，防盗系统将在设定之前有一定的检查时间，因为在此过程中，后门、行李厢盖和发动机罩可能还有某一道门开启着。在这段时间内，若想起车内未完成的事又用钥匙或遥控器开启某一道前门，系统的防盗功能将被解除。

（4）看清安全指示灯开始闪烁时，说明防盗系统已经自动完成，人可以走开了。

（5）如果某一车门，行李厢或发动机罩在系统设定前未关紧，系统的设定将会中断，除非重新将它们关紧和锁定。

（6）设定系统时，不能有人留在车中，因为系统设定时若有人从车内开门，将会使系统激活，发生误警报信号。

系统一经设定，尾门开启器回路便被断开，因此，尾门必须用主钥匙开启。

在以下情况下，防盗系统将受激发出声响警报，并且防启动功能开始作用：任何一道车门、尾门或发动机罩未用主钥匙开启，蓄电池电桩头拆卸后又重新装上。声响警报信号发出 1min 后将自动停止，但发动机防启动功能仍在作用。

2) 汽车遥控防盗系统报警信号的重新激活与截止

报警信号停止后，驾驶员总是将所有车门、尾门和发动机罩重新关闭。防盗系统一旦再设定，也就自动地让报警装置复位。报警信号在以下情况将被再次激活：任何一道车门、尾门或发动机罩被打开，蓄电池电桩头被拆卸后又重新装回。

将点火钥匙从锁定 OFF 位置转至附属设备 ON 位置，则报警信号截止。此时即使开启任何一道车门、尾门或发动机罩，报警信号将不再激活。

3) 汽车车身防盗系统的中断与解除

为了重新恢复防盗系统的设定过程，应关闭和锁定所有的车门、尾门和发动机罩。按压遥控器解锁按钮，可解除车身防盗系统。

四、知识链接：电动尾门系统

（一）电动尾门功能

电动尾门系统是无钥匙进入系统的组成部分，系统在设计时充分考虑驾驶员操作的便捷与安全，其工作原理与免钥匙进入系统类似。

1) 自动开闭功能

尾门由电动机驱动，驾乘人员只需按动尾门开关，电动尾门便可自动打开；在尾门处于开启状态时，按动尾门上的闭锁开关，尾门将自动关闭。通过操作尾门开关可设定尾门自动开启的位置（开启角度），如图 7-19 所示。

2）智能开启功能

尾门智能开启又称为电动感应式后尾门功能，该功能是通过感应使用者腿部和脚部的动作，自动开启后尾门的智能系统。如图 7-20 所示，只需将腿伸到保险杠下方，做出踢腿动作，尾门就会自动开启，当然使用者要携带智能钥匙，该功能也被人们亲切地称为"芝麻开门"功能。

图 7-19 尾门闭锁开关

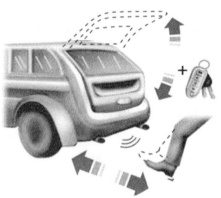

图 7-20 电动感应式尾门

（二）电动尾门系统组成

下面以长安福特翼虎电动尾门为例，其系统由传感器、执行器与控制模块等部件组成，如图 7-21 所示。

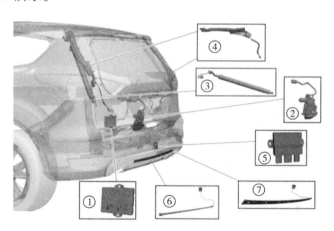

图 7-21 电动尾门系统组成

1—尾门控制模块；2—尾门锁；3—电动尾门电机；4—防夹开关（左右各一个）；
5—传感器控制模块；6—电动感应式尾门传感器（下部）；7—电动感应尾门传感器（上部）。

1）尾门控制模块 LTM

如图 7-22 所示，尾门控制模块 LTM 安装在后尾门内。尾门控制模块接收控制尾门开启、关闭与尾门位置信号，输出控制尾门电机、尾门锁与提示音扬声器。

图 7-22　尾门控制模块

2）尾门锁

尾门锁安装于尾门内，如图 7-23 所示。尾门锁包含尾门束带电机、扇形齿轮，尾门闩与传感器组成。图 7-24 所示为尾门锁电路图，尾门锁中包含有束带电机与 5 个位置传感器。当尾门关闭时（尾门关闭但未落锁），此时棘轮开关将信息传输给尾门模块，模块驱动电机旋转，电机带动扇形齿轮运动，扇形齿轮驱动门锁闩动作，从而实现尾门完全关闭。门闩开关用于监测尾门是否完全关闭；扇形齿轮开关的作用是反映

图 7-23　尾门锁

尾门在闭锁过程中电机与扇形齿轮的相对转动位置，如果扇形齿轮在电机带动下转动到极限位置，即便尾门没有闭合，电机也停止转动。

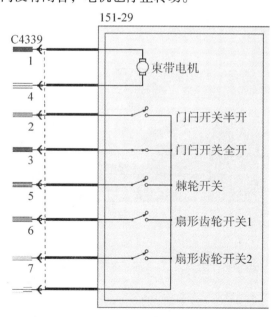

图 7-24　尾门锁内部电路

3）尾门电机

尾门电机（图7-25）的作用是在开启尾门过程中，当尾门锁解锁后，迅速将尾门打开。翼虎尾门电机安装在尾门的左边，尾门电机中安装有霍尔型位置传感器，通过检测尾门的开启和关闭速度判断尾门阻力。

4）防夹开关

如图7-26所示，翼虎电动尾门系统左右各安装两个防夹开关。防夹开关自身是一个压电传感器，其作用是检查尾门与门框之间是否存在异物，如尾门在关闭过程中防夹开关被压动，则尾门系统将停止动作。

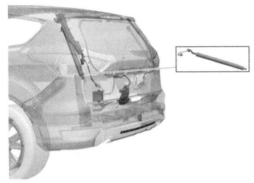

图7-25 尾门电机

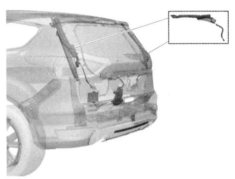

图7-26 防夹开关

5）电动感应式尾门传感器（上部）

如图7-27所示，上部电动感应式尾门传感器安装在后保险杠的中间偏下部。该传感器的功能是检测人体（开门人）膝盖的运动状态，并与下部传感器的信号一同发送至传感器控制模块。

6）电动感应式尾门传感器（下部）

如图7-28所示，下部电动感应式尾门传感器安装在后保险杠的下部。该传感器的功能是检测人体（开门人）脚的运动状态，并与下部传感器的信号一同发送至传感器控制模块。

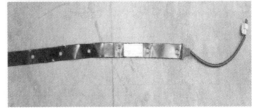

图7-27 电动感应式尾门传感器（上部）

项目七 中控门锁及防盗系统工作异常故障诊断与排除

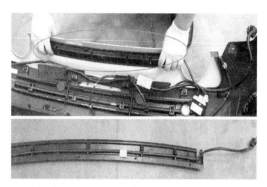

图 7-28 电动感应式尾门传感器（下部）

(三) 电动尾门系统工作原理

电动尾门系统工作原理框图如图 7-29 所示。

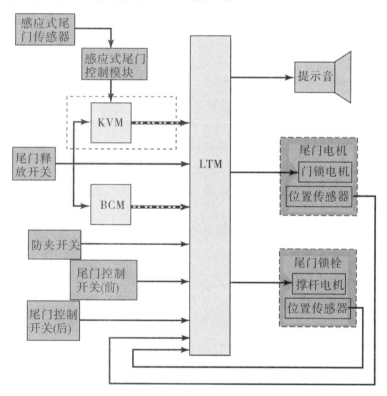

图 7-29 翼虎电动尾门系统原理

1) 自动开闭尾门工作原理

打开与关闭尾门的操作在车辆主动防盗系统处在不同状态时，其工作原理是不同的。

(1) 主动防盗系统解除状态。

在主动防盗系统解除状态下，尾门释放开关、仪表台上尾门控制开关与尾门上安装的尾门关闭开关的信号，直接传输给尾门控制模块；尾门控制模块得到开关信号后，直接控制尾门锁栓电机开锁与尾门电机动作，打开尾门。

（2）主动防盗系统启动状态。

当主动防盗系统处于启动状态时，此时操作尾门释放开关的信号传输给 KVM，KVM 激活尾门外部天线寻找智能钥匙，智能钥匙接收到寻找信号（钥匙在尾门外部天线的探测范围）后，发出携带 PATS 密码的身份信号。该信号由无线接收器接收，并传输给 KVM 进行 PATS 认证；如 PATS 通过，则 KVM 通过 MSCAN 网络将信息传输给尾门控制模块；尾门控制模块驱动尾门打开。在这种状态下，按动尾门内的关闭控制开关，尾门会自动关闭，并进入防盗启动状态。

2）智能开闭原理

智能开闭尾门的方法（通常称：芝麻开门），其开启与关闭的工作原理与自动开闭尾门的工作原理类似，不同点在于尾门模块接收的开闭尾门的请求信号不同。

感应式尾门传感器（上部与下部两个）将驾驶员开启尾门的信号传输给感应式尾门控制模块（传感器模块），控制模块对传感器信息进行分析，并判断驾驶员意图；当模块判断驾驶员此时需要打开车门时，将该信息传输给 KVM，并激活尾门外部天线寻找智能 PATS 钥匙，当 KVM 确认钥匙合法性后，通过 CAN 网络通知尾门控制模块，尾门控制模块控制打开尾门。

提示：1. 尾门在开启与关闭的过程中，当尾门控制模块通过 CAN 网络获取车辆变速器挡位与车速信号时，尾门模块发出警告提示音，1 秒后给撑杆电机供电，随后的 2 秒钟内警告提示音依旧响起。

2. 尾门在关闭过程中，尾门模块时刻检测尾门的位置、关闭速度和防夹开关信号，如果关闭过程中检测到有障碍物，尾门将停止关闭并再次打开。

3. 尾门模块检测到尾门已经盖上，则向尾门锁栓供电使其开锁，尾门锁栓开锁后，尾门模块将断开其电源。

4. 如果在尾门电动关闭过程中，按动尾门上或遥控器上的尾门控制按钮，尾门将停止关闭并保持位置。

五、自我测试题

（一）填空题

1. 蒙迪欧致胜车型使用遥控器打开车门有两种模式，分别是：_____、_____，这两种模式应采用_____的方法实现切换。

2. 当中控锁系统闭锁后，此时拉动车门外拉手将无法打开车门，拉动车门内拉手可将门打开，此种功能称之为_____，如果当中控锁系统闭锁后，此时操作车门内、外拉手均不能打开车门，这种功能称之为_____功能。

3. 若按动遥控器开锁按钮解除主动防盗后，并打开任意车门一次，此时主动防盗系统将_____。

4. 车身防盗系统工作时有防盗戒备准备状态、_____、_____、防盗解除状态等几个状态。

5. 汽车防盗系统从控制方式上可分为_____、_____及_____。

（二）判断题

1. 门锁控制开关在左前门内侧的扶手上，为杠杆型开关。将开关推向前是开门，推向后是锁门。（　　）

2. 采用电子式转向锁的车辆，只有在使用合法钥匙时，转向柱锁方可打开，转向盘才可转动。（　　）

3. 中控门锁中钥匙占位开关的作用是用来检测车门是否已经锁好。（　　）

4. GPS 的工作原理是利用接收卫星发射信号与地面监控设备和 GPS 信号接收机组成全球定位系统。（　　）

5. 有些汽车的中控门锁系统，当打开点火开关启动车辆，当车速高于规定值时，车门会自动锁定，当车速低于规定值时，车门就会自动解锁。（　　）

6. 丰田花冠轿车门锁控制系统的遥控器在一定距离内，通过无线电波借助于后窗除雾电热丝进入接收器。（　　）

7. 当汽车门锁遥控器出现问题时首先应该检测遥控器电池容量。（　　）

8. 遥控器内纽扣电池电压的标准值与汽车电源电压相同，为 12V 左右。（　　）

9. 进行防盗控制系统故障排除前，首先要确信车门锁控制系统能正常工作。（　　）

10. 防止非法进入汽车的防盗系统主要通过布置在车内的超声波传感器、振动传感器或倾斜传感器等，监测是否有人企图破坏或非法搬运汽车。（　　）

（三）选择题

1. 当所有的车门、发动机盖及行李厢关闭时，车主通过（　　）时所有的车门进行锁止。
   A. 报警装置/解除装置　　　　B. 传感器
   C. 防盗电控单元　　　　　　D. 报警装置

2. 汽车防盗系统中（　　）通常安装在汽车内部驾驶员附近，它通过红外辐射变化来探测是否有人侵入车内。
   A. 玻璃破碎传感器　　　　　B. 振动传感器
   C. 热释电式红外传感器　　　D. 超声波传感器

3. 汽车防盗系统中（　　）主要是用来检测汽车受到的冲击。
   A. 玻璃破碎传感器　　　　　B. 振动传感器
   C. 热释电式红外传感器　　　D. 超声波传感器

4. 汽车电动机式门锁执行器中（　　）在车厢内利用手操作的开关，与门钥匙开关具有相同的开关方式。
   A. 门控灯开关　　　　　　　B. 钥匙控制开关
   C. 门锁控制开关　　　　　　D. 位置开关

5. 汽车电动机式门锁执行器中（　　）直接检测车门的开与闭。
   A. 门控灯开关　　　　　　　B. 钥匙控制开关
   C. 门锁控制开关　　　　　　D. 限位开关

6. 汽车门锁中（　　）当车速超过15km/h时，除驾驶座侧车门以外，其他三个车门锁会自动锁定，以确保行车安全。
   A. 电子式电动门锁　　　　　　　B. 车速感应式中央控制电动门锁
   C. 电动门锁　　　　　　　　　　D. 普通中央控制电动门锁

7. 汽车遥控器操作的距离一般为（　　）。
   A. 1m～5m　　　B. 1m～10m　　　C. 1m～15m　　　D. 1m～20m

8. 当操作门锁控制开关，所有门锁均不动作，该故障一般出现在（　　）。
   A. 开门继电器、门锁控制开关　　B. 所有的门都出现机械问题
   C. 仅出在相应车门上　　　　　　D. 电源电路中

9. 当操作门锁控制开关时，不能开门或锁门，该故障一般出现在（　　）。
   A. 开门继电器、门锁控制开关损坏所致
   B. 车速传感器损坏或车速控制电路出现故障所致
   C. 仅出在相应车门上
   D. 电源电路中

10. 当操作门锁控制开关时，个别车门不能动作，则故障一般出现在（　　）。
    A. 开门继电器、门锁控制开关损坏所致
    B. 车速传感器损坏或车速控制电路出现故障所致
    C. 仅出在相应车门上
    D. 电源电路中

11. 关于防盗系统指示灯，下列说法正确的是（　　）。
    A. 当防盗系统进入戒备状态时，防盗指示灯是常亮的
    B. 丰田花冠轿车防盗指示灯在防盗系统进入戒备状态时，每隔2s闪烁1次
    C. 当防盗系统被激活时，防盗指示灯常亮
    D. 防盗指示灯不亮时，应首先检查中控门锁系统是否出现故障

12. 高档车采用的自动门锁式中控门锁可以根据（　　）自动锁死车门。
    A. 汽车车速　　　　　　　　　　B. 发动机转速
    C. 关闭车门的时间　　　　　　　D. 点火钥匙插入钥匙孔的时间

13. 当钥匙占位开关检测到点火钥匙未拔时，遥控门锁系统将（　　）。
    A. 先上锁后解锁　　　　　　　　B. 实现上锁
    C. 无法实现上锁　　　　　　　　D. 能实现防盗

14. 关于中控门锁中的开关信号，以下说法正确的是（　　）。
    A. 门锁控制开关一般位于驾驶员侧门的内侧扶手上
    B. 驾驶员可以通过门锁位置开关来对所有车门同时实现联锁及解锁
    C. 门控灯开关在车门关闭时，开关闭合
    D. 门锁开关是用来检测车门的锁紧状况，当门锁紧时，开关断开；当车门未锁时，开关闭合

15. 无线遥控系统不能运行但可用钥匙实现中控。技师甲说门锁控制器损坏了，技师乙说发射器和接收器可能要重新设置同步，技师丙说门锁电动机损坏。

( )的说法是正确的。

A. 技师甲　　　　B. 技师乙　　　　C. 技师丙　　　　D. 三者都不对

16. 当给车门上锁时，门锁均不工作。当上锁时，经检查门锁继电器线圈电压为12V。以下哪个是故障的原因？（　　）

A. 门锁继电器触点接地断路　　　B. 左前门锁电动机电枢断路

C. 主电源继电器绕组之间断路　　D. 与门锁开关相接的熔断器熔断

17. 下列哪一项可能引起驾驶员车门打开时门控灯不亮？（　　）

A. 车门开关短路接地　　　　　　B. 灯泡到车门开关的导线短路接地

C. 发动机ECU熔断器断路　　　　D. 车门开关有故障

18. 以下关于免钥匙进入系统的说法，叙述正确的是：（　　）

A. 驾驶员携带智能钥匙站在左前门天线检测范围内，此时，乘员开启右前车门，无钥匙系统正常工作

B. 当智能钥匙没电时，此时免钥匙进入功能将失效，可通过遥控解除防盗打开车门

C. 当智能钥匙放在车内，关闭车门，操作门外把手的闭锁按钮，此时，车辆将上锁

D. 当车内与车外都检测到智能钥匙时，操作门外把手的闭锁按钮，车辆将上锁

19. 翼虎在防盗解除状态下，使用遥控钥匙打开后尾门失效，但使用智能开启功能（芝麻开门）尾门正常开启，以下可能存在故障的部件是：（　　）

A. 接收器天线　　　　　　　　　B. KVM

C. 车辆后部外部天线　　　　　　D. 尾门传感器模块

20. 在正常使用车辆时，使用遥控器开闭锁正常；无钥匙起动正常；无钥匙进入正常，但无钥匙闭锁失效，以下可能导致该故障原因的说法，叙述正确的是：（　　）

A. 车辆内部天线故障　　　　　　B. 遥控器故障

C. 车内有另外一把合法钥匙　　　D. 信号接收器故障

（四）简述题

1. 画出汽车车身防盗系统的原理图，并分析其工作原理。
2. 简述如何设定及解除车身防盗系统。
3. 简述中控门锁常见故障及原因。
4. 简述轿车中控门锁具备的功能并加以说明。
5. 简述如何对蒙迪欧致胜轿车防盗系统进行设定，并分别阐述若点火钥匙未拔、车门未关、行李厢或发动机罩未关时会出现的现象。

项目八

发动机防盗系统工作异常故障诊断与排除

一、项目描述

发动机防盗系统故障会引起发动机不能着车。如客户报修某轿车一直运行正常,可就在前不久,突然出现了发动机无法启动运转的故障,经测试蓄电池电量充足,起动机性能也正常,仪表提示发动机防盗锁止。要完成该任务,要求:应熟悉发动机防盗系统的工作原理;能够识读发动机防盗系统电路并对相应元件进行检测;若要更换含防盗信息的控制单元或点火钥匙,更换后还需对发动机防盗系统进行匹配。

通过本项目的学习,应达到以下要求:

1. 知识要求

(1) 掌握发动机防盗系统的组成及工作原理。

(2) 掌握发动机防盗系统自诊断方法。

(3) 掌握发动机防盗系统的匹配方法。

2. 技能要求

(1) 能使用专用诊断仪对防盗系统进行自诊断。

(2) 能对发动机防盗系统相关部件进行检测。

(3) 会使用专用诊断仪对钥匙、防盗控制单元进行匹配。

3. 素质要求

(1) 树立规范操作意识。

(2) 具备团队合作精神。

(3) 具有表达沟通能力。

(4) 具备5S理念。

(5) 具备法治观念。

二、项目实施

任务一 车辆应急启动

(一) 训练目标与要求

(1) 能够正确使用车辆应急启动功能启动车辆。
(2) 能在车上指出发动机防盗系统的组成部件。
(3) 会检测判断点火开关的性能。
(4) 能识读发动机防盗系统电路。

(二) 训练设备

整车、对应车型维修手册、电路图、万用表、诊断仪、示波器。

(三) 训练步骤

1. 训练前准备

明确完成本项目所需的知识准备，请学习相关知识。

2. 车辆应急启动

如果免钥匙启动功能失效，无法实现免钥匙启动的情况下可以尝试免钥匙应急启动，操作方法如下：

将钥匙插入应急启动感应孔（图8-1）或放在扶手箱内的应急启动钥匙感应点上（图8-2）。然后踩住刹车，按下免钥匙启动开关，就可以应急启动车辆了。

图8-1 应急感应孔

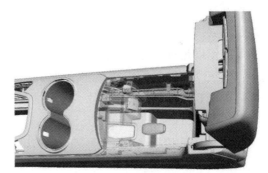

图8-2 应急感应点

3. 点火开关的检查

对点火开关进行检查时，我们应检查：
(1) 机械转动是否顺畅，挡位是否清晰。
(2) 点火开关上游电源供应是否正确。
(3) 下游输出是否正常。
(4) 开关内部断路或短路检查等。

4. 接收天线的检查

可用万用表检测接收器线圈的电源、搭铁以及信号线的接线端子。

5. 训练后工作

（1）将故障排除过程及测试结果填写在学习工作单内。

（2）各组同学派代表完成任务汇报。

任务二 动力 CAN 总线故障诊断与排除

（一）训练目标与要求

（1）能够测量动力 CAN 总线的终端电阻。

（2）能测量动力 CAN 总线电压及波形。

（3）能对动力 CAN 总线进行容错试验。

（4）能诊断及排除动力 CAN 总线故障。

（二）训练设备

整车、车型维修手册、电路图、诊断仪、示波器、万用表、常用拆装工具。

（三）训练步骤

1. 训练前准备

明确完成本项目所需的知识准备，请学习相关知识。

2. 认识诊断接口 DLC 端子

1）辨别 DLC-16 针脚布置位置

如图 8-3 所示，所有支持 OBDⅡ诊断协议的汽车 DLC 诊断接口，都有 16 针接脚。DLC 诊断插座的梯形接口是防误插设计，如果设备接口方向不对就无法插入，以防错误地插入导致短路或者出现其他状况，影响车辆的正常使用。DLC 接口的大头从左往右数，针脚号从 1 至 8；小头从左往右数，针脚号从 9 至 16。

2）测量 DLC 接口各针脚状态

根据 OBDⅡ诊断协议的统一定义：16 号针脚为蓄电池正极（KL.30 常火）；4 号针脚为车身搭铁；5 号为信号回路搭铁；1、3、8、9、11、12、13 一般由制造厂的功能预留；2、6、10、14 为美国车诊断用传输端子；7、15 为欧洲车诊断用诊断端子。

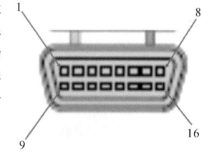

图 8-3 DLC 接口

完成实训车型 DLC 接口端子电压测量，并完成学习工作单。

3. 基本检查

（1）用诊断仪进入动力控制单元 PCM，诊断仪无法与 PCM 通信。

（2）用诊断仪进入动力 CAN 总线中其他控制单元，读取故障码，是否存在网络系统故障码，若存在，则进行动力 CAN 总线检测。

4. 动力 CAN 总线终端电阻测量

1) 断开蓄电池负极

断开蓄电池负极后,等待 3min,待控制模块内电容器放电完成后,方可测量终端电阻。

2) 查阅网络电路图,画出实训车辆的网络拓扑图

3) 测量终端电阻

(1) 用万用表分别测量 CAN-H 与 CAN-L 之间的电阻值,其分别对地电阻、对电源电阻。

(2) 断开网络中间插接器,测量插接器两端 CAN-H 与 CAN-L 之间的电阻值。

5. 动力 CAN 总线电压测量

打开点火开关,用万用表分别测量 DLC 接口 6、14 对地电压,CAN-L 对地电压为 2.2V~2.4V,CAN-H 对地电压为 2.6V~2.8V。

6. 动力 CAN 总线波形测量

1) 测量 CAN 总线休眠波形

当 CAN 总线处于休眠状态时,CAN-H 与 CAN-L 对地波形均为 0V 的一条直线。

2) 测量动力 CAN 波形

动力 CAN 在通信时,CAN-H 的显性电压约为 3.7V 左右,隐性电压约为 2.5V;CAN-L 的显性电压约为 1.3V 左右,隐性电压约为 2.5V;通信速率为 500Kb/s;其波形如图 8-4 所示。

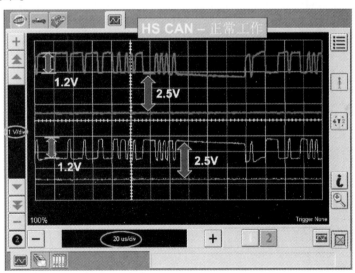

图 8-4 动力 CAN 信号波形

7. 动力 CAN 总线容错试验

1) 动力 CAN-L 线对地短路

动力 CAN-L 对地短路时,CAN-L 的电压为 0V,CAN-H 在 0~3V 之间变化,信号波形如图 8-5 所示。此时 CAN 网络能够继续传输信号。

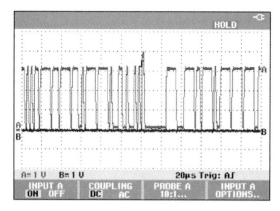

图 8-5　CAN-L 线对地短路

2）动力 CAN-L 线对电源短路

CAN-L 对电源短路时，CAN-H 与 CAN-L 对地电压均为 12V，如图 8-6 所示。此时动力 CAN 总线整体失效。

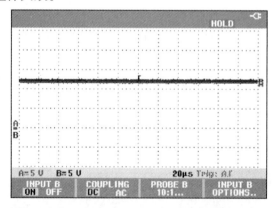

图 8-6　CAN-L 线对电源短路

3）CAN-H 线对地短路

CAN-H 对地短路时，CAN-H 线与 CAN-L 线对地电压均为 0V，如图 8-7 所示。此时 CAN 总线整体失效。

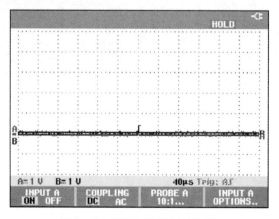

图 8-7　CAN-H 线对地短路

4）CAN-H线对电源短路

CAN-H线对电源短路时，CAN-H线对地的电压为12V，CAN-L线对地电压在12V～7V之间变化，如图8-8所示。此时CAN网络仍然具备数据传输的能力。

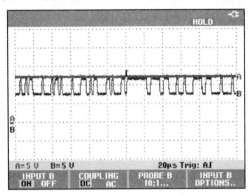

图8-8　CAN-H线对电源短路

5）CAN-H线与CAN-L线短路

CAN-H线与CAN-L线短路，CAN-H线与CAN-L的对地电压相等，均为2.5V，如图8-9所示。此时CAN总线整体失效。

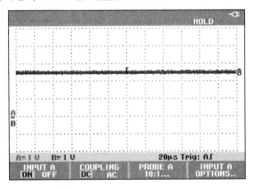

图8-9　CAN-H线与CAN-L线短路

8. 训练后工作

（1）将故障排除过程及测试结果填写在学习工作单内。

（2）各组同学派代表完成任务汇报。

任务三　钥匙更换与编程

（一）训练目标与要求

（1）会使用典型车型厂家维修网站。

（2）能对钥匙进行编程操作。

（二）训练设备

整车、车型维修手册、万用表、诊断仪。

(三) 训练步骤

1. 训练前准备

明确完成本项目所需的知识准备,请学习相关知识。

2. 防盗钥匙匹配

各车型防盗钥匙匹配路径存在较大差异,详情请查询维修资料。接下来以新福克斯为例介绍其防盗钥匙匹配功能。

(1) 打开 IDS,自动识别车辆。从工具箱菜单中选择"车身""安全""启动 PATS",然后确定。

(2) 输入进入长安福特 PTS 网站的经销商代码和密码,输入正确的登陆 PTS 用户名和密码才能使用该软件,如图 8-10 所示。

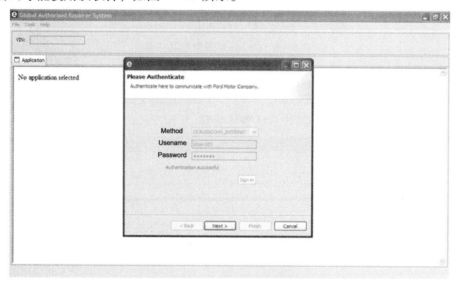

图 8-10 输入用户名和密码

(3) 从列表中选择车型后,然后选择"Next",如图 8-11 所示。

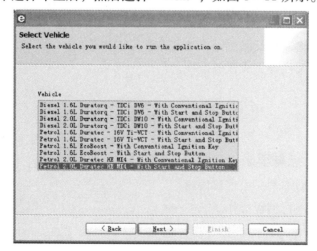

图 8-11 选择车型

（4）输入车辆 VIN 码，然后选择"完成 Finish"，如图 8-12 所示。

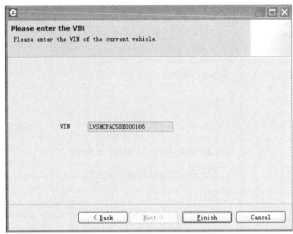

图 8-12 输入车辆 VIN 码

（5）按照界面提示启动 PATS 功能（图 8-13），并选择相应的 PATS 功能（计算当前钥匙数量、清除钥匙、钥匙编程、模块初始化），如图 8-14 所示。

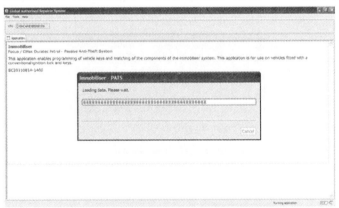

图 8-13 启动 PATS 功能

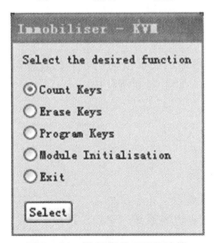

图 8-14 选择相关 PATS 功能

（6）若要清除钥匙，可选择清除所有钥匙、紧急启动钥匙获 PATS 钥匙，如图 8-15 所示。

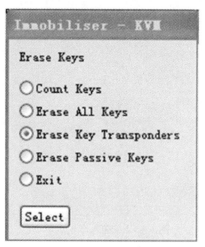

图 8-15 清除钥匙

（7）若要对钥匙进行编程，可选择编程紧急启动钥匙和编程 PATS 钥匙，如图 8-16 所示。

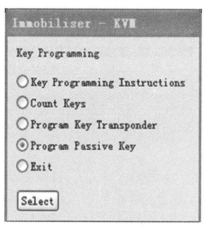

图 8-16 钥匙编程

若要编程 PATS 钥匙，会提示要求按动钥匙上的解锁键一次。在编紧急启动钥匙过程中，会提示要求将钥匙插入紧急启动槽孔内。

三、相关知识

（一）发动机防盗系统

1. 发动机防盗系统的组成

发动机防盗系统又称被动防盗系统（PATS 系统）、发动机锁止系统。发动机防盗系统主要由点火开关、带脉冲转发器的钥匙、接收线圈、防盗系统主控制单元、发动机控制单元、其他含防盗信息的控制单元、防盗警告灯等组成。

1)点火开关

点火开关用于给各控制单元、传感器和执行元件供电。

2)带应答器钥匙

每一把钥匙都有一只棒状应答器,应答器内含有运算芯片和1个细小的电磁线圈。在系统工作期间,它与识读线圈一起完成防盗控制器与应答器中运算芯片的信号及能量传递工作。

应答器是一种不需要电池驱动的感应和发射元件,每一把钥匙(应答器)都有不同的程控代码。

3)识读线圈

识读线圈包在机械点火开关外面,把能量传送给钥匙中的应答器,并把应答器中存储的代码输送给防盗控制单元。

4)防盗器主控制单元

防盗器主控制单元是用于验证钥匙是否合法的控制单元。

5)发动机控制单元

如果防盗信息认证没有通过,此时发动机控制单元将控制发动机不起动(起动电路、点火电路、喷油电路)。

6)防盗指示灯

当使用合法钥匙时,警告灯亮一下就会熄灭。如果使用非法钥匙或在系统中存在故障时,打开点火开关后,警告灯就连续不停地闪亮。

2. 发动机防盗系统的工作原理

发动机防盗系统原理图如图8-17所示。

1)询问过程

将点火开关闭合,防盗主控制单元通过识读线圈给转发器提供能量。

2)应答过程

转发器感应到能量后产生交流感应电压,通过内部电路转换成直流电压为电容充电,同时依靠此电能驱动芯片电路工作,将认证编码转换成交流电压脉冲信号通过环形天线发送给收发器;收发器将此编码转换成数字信息(固定码)传送给防盗主控制单元。

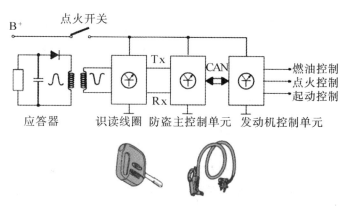

图8-17 发动机防盗系统原理图

3）核对过程

防盗主控制单元将接收到的程序代码与本身存储的固定代码进行比较，看是否吻合。若吻合，产生 1 个随机数，随同识读线圈与发动机防盗系统最后一次通信所存储的值一起进行编码。这个数据编码通过收发器传送给识读线圈；应答器对这个编码进行解码，还原出随机数通过识读线圈返还给防盗主控制单元；防盗主控制单元随机产生 1 个可变代码，用于钥匙和防盗主控制单元计算。在钥匙内和防盗主控制单元内各有 1 套变码术公式和 1 个永远相同的 SKC（隐秘的钥匙代码）。在钥匙和防盗主控制单元分别计算出结果，钥匙发送计算结果给防盗主控制单元，防盗主控制单元与自己的计算结果进行比较，相同钥匙确认完成。

4）与含防盗信息控制单元的通信过程

上述吻合后，启动发动机，防盗主控制单元与含防盗信息的控制单元进行通信，若认证通过，则允许发动机启动；若认证不通过，则发动机控制单元锁定点火、喷油、启动程序，发动机无法启动运行。同时，防盗指示灯闪烁或仪表有相应提示。

（二）免钥匙启动系统

下面以蒙迪欧致胜免钥匙启动为例，介绍其组成及工作原理。

1. 免钥匙启动系统组成

免钥匙启动系统由智能钥匙、免钥匙车辆系统控制模块、电子转向柱锁、无线接收器、启动开关、天线、刹车开关组成。

1）钥匙

免钥匙系统所使用的钥匙内部除了有 1 个传统的防盗系统异频雷达收发器和无线频率发射器外，还设置了 1 个低频接收器。其中：防盗异频雷达收发器与识读线圈结合使用，用于接收 PATS 编码信号；无线频率发射器用于发射遥控高频信号及发动机防盗编码信号；低频接收器用于接收免钥匙系统天线的低频信号。

2）免钥匙车辆系统控制模块 KVM

KVM 位于后备厢的右侧，是免钥匙系统的核心控制单元，主要用于发动机防盗编码的验证。在关闭点火开关后的 1min 内 KVM 将不再对发动机防盗信息进行匹配验证，即在这 1min 范围内，即便是把钥匙从车内取走，发动机照样可以发动，这样可以保证车辆迅速的再次启动。

在免钥匙系统控制中，KVM 会利用 CANBUS 和 BCM（车身控制单元）、PCM（发动机控制单元）、ABS（防抱死控制单元）、ICM（组合仪表单元）等控制单元进行交流，利用 K 线与无线接收器和 ESCL 沟通。

3）电子转向柱锁（ESCL）

ESCL 取代了传统的机械转向柱锁，是一种安全装置。KVM 既控制了 ESCL 的电源输入，又控制了它的上锁接地端，这样在车辆行驶过程中就使 ESCL 因线路故障而造成上锁的可能性大大减小。同时在 2 个模块之间还连接有专用数据线（K 线）。ESCL 和遥控接收器模块可以通过这条数据线传递匹配验证编码信息，因此只有与当前 ESCL 正确匹配的 KVM 才可以控制 ESCL 解锁。

ESCL 在下面情况下会解锁：

（1）按下启动开关的时候可以检测到合法钥匙。

（2）踩下刹车踏板的时候可以检测到合法钥匙。

（3）利用合法钥匙开门后。

4）无线接收器

位于驾驶室内前顶灯附近。和传统的无线接收器一样，这个接收器可以接收来自于钥匙的高频无线电信息（发动机防盗系统编码），经过简单转换后，向 KVM 提供一个数字脉冲信息用于解码。

KVM 会不间断地向无线接收器发送主动脉冲信号用于判断无线接收器是否工作，一旦发现无线接收器工作有故障（线路断路、模块故障等），则 KVM 会立即命令传统的识读线圈进入工作状态。而在无线接收器正常工作时，传统的识读线圈是不工作的。

5）启动开关

与传统的点火不同，启动/熄火开关（POWER 按钮）只有 3 种工作状态：关闭点火开关、打开点火开关、启动发动机。通过不同的操作方法就可以实现不同的功能，如表 8-1 所示。

表 8-1 启动/熄火开关的操作方法

操作前的车辆状态	操作方法	操作后的车辆状态
点火开关关闭	短按 1 次	点火开关打开
点火开关关闭	踩下刹车踏板，长按 1 次	发动机启动
点火开关打开	踩下刹车踏板，长按 1 次	发动机启动
点火开关打开	短按 1 次	点火开关关闭
发动机工作，车速不为 0	长按/重复按 2 次	点火开关关闭、发动机关闭
发动机工作，车速为 0	短按 1 次	点火开关关闭、发动机关闭

6）天线

免钥匙启动系统中总计有 3 个低频发射天线，里面的 3 个天线分别位于前点烟器下端、扶手箱点烟器下端和第 2 排座椅后面，用于免钥匙发动机启动系统的工作，如图 8-18 所示。

图 8-18 内部天线

天线由 KVM 控制，在适当的时候会发出低频无线电信息用于搜索钥匙，因为频率低，所以其搜索范围有限，具体的搜索范围如图 8-19 所示。

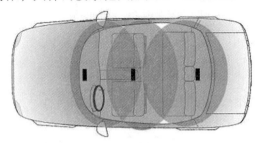

图 8-19　天线的搜索范围

7）刹车开关

在制动踏板上有 2 个开关用于车辆的控制。制动灯开关（常开状态）主要用于控制车辆外部的刹车灯，当踩下制动踏板时，制动灯开关会接合，刹车灯点亮。刹车开关（常闭状态）主要用于控制免钥匙发动机启动、巡航、变速箱等控制功能，当踩下制动踏板时，制动灯开关会断开，此时变速箱可以挂挡，发动机也可以在启动开关按下的情况下发动。

2. 免钥匙发动机启动系统

免钥匙发动机启动系统组成如图 8-20 所示。

具体的工作过程如下：

（1）驾驶员按动仪表台上的启动开关，启动开关利用与其相连的线路向 KVM 提供一个信息输入。

（2）KVM 接收到来自于启动开关的信号后，同时激活 3 个内部天线。

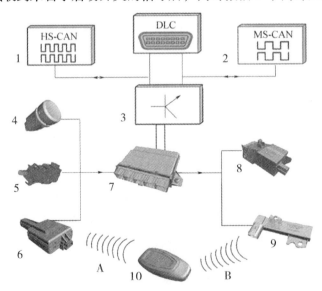

图 8-20　免钥匙启动系统组成

A—高频信号（自钥匙到接收器）；B—低信号（自天线到钥匙）。
1—HS-CAN BUS；2—MS-CAN BUS；3—网关；4—启动开关；5—BPP；
6—无线接收器；7—KVM；8—ESCL；9—内部天线；10—钥匙

(3) 内部天线对外发射低频信号，用于搜索钥匙。

(4) 低频信号被钥匙获取，钥匙在处理了这个信号后，会对外发出 1 个高频编码信号作为应答。

(5) 无线接收器用于接收高频信号，然后把简单处理后的数字编码信息传递给 KVM。

(6) KVM 如果认为这个编码信息与其内部储存的钥匙编程信息一致，则立刻为 ESCL 供电。

(7) ESCL 得到来自于 KVM 的电源后开始工作，它们两者通过专用的数据线路（K 线）发送 1 个软件匹配编码，用于判断 KVM 和 ESCL 控制软件是否相互匹配。

(8) KVM 和 ESCL 控制软件匹配成功后，由 KVM 向 ESCL 发出解锁指令。

(9) 如果 ESCL 成功解锁，则会经由 K 线向 KVM 反馈这个成功解锁信息。

(10) KVM 得到 ESCL 反馈信息后，会立即把点火继电器开启请求指令通过单线传递给 BCM（C2PK28 - E 针脚），同时也会利用 HS - CAN BUS 把 PATS 编码信息传递给 BCM。

(11) BCM 在接收到来自于 KVM 的点火继电器开启请求指令后会立即控制点火继电器接合，从而为车辆上其他模块供应工作电压。

(12) 点火继电器打开后，其他各个模块和网络系统开始正常工作。BCM 此时会经由 HS - CAN BUS 向 PCM 和 ABS 传递 PATS 编码信息，让 PCM 和 ABS 来比较这个编码信息是否与其内部存储的钥匙编程信息一致。

(13) 如果 PCM 和 ABS 都认为当前的 PATS 编码是正确的，则会利用 HS - CAN BUS 向 KVM 反馈"钥匙合法"这样的信息，同时 PCM 也会进入正常的工作状态。

(14) 最终，KVM 在得到这个"钥匙合法"的反馈信息后就会进入启动预备状态，如果在此时踩下刹车踏板的同时再次按动启动开关，则发动机就可以启动了。

四、自我测试题

（一）填空题

1. 发动机防盗系统一般由_____、_____、_____、_____、_____组成。

2. 蒙迪欧致胜轿车免钥匙启动系统室内天线分别位于_____、_____、_____。

3. 蒙迪欧致胜免钥匙启动系统中认证钥匙信息的是_____。

4. 蒙迪欧致胜轿车中含防盗信息的控制单元有_____、_____、_____。

5. 蒙迪欧致胜轿车当更换防盗主控制单元时，需执行_____和_____操作。

（二）判断题

1. 识读线圈在点火开关接通时，把能量传送给钥匙中的脉冲转发器。（   ）

2. 更换防盗控制单元和更换汽车钥匙，都需要对汽车钥匙进行匹配。（   ）
3. 如果车钥匙丢失，剩下的钥匙重新匹配一次，这样丢失的钥匙就不能再起动车辆，也无法开启车门锁。（   ）
4. 只有更换防盗控制单元才需要对防盗系统进行匹配。（   ）
5. 点火开关打开一定时间若不动作，电子转向柱锁 ESCL 会自动上锁。（   ）
6. 免钥匙启动系统中应急启动需要接收免钥匙天线的信号。（   ）
7. 只要点火钥匙合法，发动机防盗系统就会解除工作。（   ）
8. 发动机防盗系统通过禁止起动机转动来阻止发动机启动。（   ）

（三）选择题

1. 以下叙述的元件中，哪个不属于发动机防盗系统（   ）。
   A. 油泵控制模块　　B. 点火开关　　C. 接收器线圈　　D. PCM
2. 根据发动机防盗系统工作原理分析，以下哪些故障现象与发动机防盗系统有关（   ）。
   A. 发动机故障灯点亮，发动机工作不稳
   B. 防盗指示灯点亮，3 秒后熄灭
   C. 防盗指示灯闪烁，发动机不能够起动
   D. 防盗指示灯点亮，发动机能够起动
3. 以下关于电子转向柱锁的说法，叙述正确的是（   ）。
   A. 电子转向柱锁是无钥匙进入系统启动时，解除对转向柱的锁止
   B. 如果电子转向柱锁没有解除，发动机无法起动
   C. 无钥匙起动系统，在不踩制动踏板起动发动机时，发动机不起动，电子转向柱锁不解除
   D. 如果电子转向柱锁卡滞在开启位置，则无法执行无钥匙闭锁功能
4. 点火开关接通时，读识线圈把能量用（   ）的方式传送给脉冲转发器。
   A. 导线传输　　B. 互感　　C. 感应　　D. 电源供应
5. 对于一般大众系列车的防盗系统，匹配钥匙的数量最多不能超过（   ）。
   A. 32 把　　B. 4 把　　C. 8 把　　D. 6 把
6. 在发动机防盗系统中，一般情况下装在机械点火开关外面的是（   ）。
   A. 应答器　　B. 识读线圈　　C. 防盗控制单元　　D. 防盗指示灯

（四）简述题

1. 画出发动机防盗系统的原理图，并分析其工作原理。
2. 简述免钥匙启动系统的组成及工作原理。
3. 简述免钥匙启动系统工作不正常故障诊断思路。

项目九

汽车安全气囊故障指示灯常见故障诊断与排除

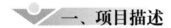

一、项目描述

客户报修安全气囊指示灯常亮,请进行故障分析并排除之。

要完成该任务,要求首先应熟悉汽车安全气囊系统的工作原理;能够识读安全气囊系统电路;熟悉安全气囊系统的注意事项及维修安全气囊系统的注意事项;在此基础上能够对安全气囊系统进行故障自诊断并完成相应元件的检测与拆装。

通过本项目的学习,应达到以下要求。

1. 知识要求

(1) 熟悉汽车安全气囊系统的组成及分类。

(2) 熟悉汽车安全气囊系统的功能。

(3) 掌握安全气囊系统的工作原理。

(4) 掌握安全气囊系统的控制电路。

(5) 掌握安全气囊系统使用注意事项。

(6) 掌握安全气囊系统的故障诊断与检测方法。

(7) 熟悉废旧安全气囊的处理方法。

2. 技能要求

(1) 在台架上找出汽车安全气囊系统的组成部件。

(2) 能识读典型车型安全气囊系统电路。

(3) 会使用专用诊断仪器读取汽车安全气囊系统故障码、清除故障码。

(4) 会正确拆装安全气囊系统各部件。

(5) 能对安全气囊系统进行正确使用和维护。

(6) 能够对安全气囊系统进行检修。

(7) 会正确处理废旧安全气囊。

3. 素质要求

（1）树立安全规范意识。

（2）具备团队合作精神。

（3）具有表达沟通能力。

（4）具备 5S 理念。

（5）建立"以人为本、生命至上"理念。

二、项目实施

任务一　汽车安全气囊系统自诊断与检修

（一）训练目标与要求

（1）识读典型车型安全气囊系统电路。

（2）使用专用诊断仪器读取汽车安全气囊系统故障码、清除故障码。

（3）能够对安全气囊系统进行检修。

（二）训练设备

安全气囊台架、对应车型维修手粗额、诊断仪、万用表。

（三）训练步骤

1. 训练前准备

明确完成本项目所需的知识准备，请学习相关知识，并完成学习工作单。

2. 安全气囊系统的故障诊断

安全气囊系统的诊断与维修主要包括安全气囊指示灯检查、故障码诊断、数据流诊断以及气囊组件的检查维修。并通过相关的维修手册进行更为细致的测量操作。

1）安全气囊指示灯检查

在启动发动机之前，点火开关位于 ACC 或 ON 位时，SRS 指示灯应该亮起。大约 6s 后，指示灯应自动熄灭，且在发动机启动后及正常行驶中，SRS 指示灯都不应该亮，这时系统是正常的。当点火开关位于 ACC 或 ON 位时，SRS 指示灯一直亮或是闪烁，说明气囊 ECU 已经检测出了系统的故障并存储了故障码。如果 6s 后，SRS 指示灯有时还亮或点火开关位于 OFF 位时还亮，很可能是 SRS 指示灯电路出现了短路。

2）故障码诊断

由于安全气囊系统的特殊性，很多部件无法使用万用表、试灯等工具测量，所以故障码的诊断显得很重要，特别针对于间歇性故障。安全气囊模块监测下列部件信号，如果信号异常，就会产故障码，提醒驾驶员。

（1）监测碰撞传感器、重量传感器、安全带开关线路断路与短路情况；

（2）监测输出执行器线路断路与短路以及电阻接触情况；

(3) 监测仪表指示灯的工作情况（针对硬线控制的气囊指示灯）；

(4) 系统配置监测，如果监测到实际中引爆器数量超过配置中要求数量，会提示配置错误故障码。

3) 数据流诊断

数据流诊断可以告诉我们气囊模块的一些状态参数，帮助我们诊断系统故障。气囊模块的数据流包括，碰撞信息显示；执行器接触电阻情况；安全带开关的故障状态检查；安全带开关的工作状态等。见表 9-1 安全气囊系统数据流。

表 9-1　安全气囊数据流

序号	项目	值	说明
1	驾驶员气囊状态级别	引爆装置可操作	
2	乘客气囊状态	引爆装置可操作	
3	碰撞记录	无/有碰撞记录	计数器记录安全气囊 ECU 碰撞总数
4	左前安全带预张紧器状态	引爆装置可操作	
5	右前安全带预张紧器状态	引爆装置可操作	
6	左后安全带预张紧器状态	引爆装置可操作	
7	右后安全带预张紧器状态	引爆装置可操作	
8	右前座椅占用传感器状态	是/否	检测右前座椅是否有人员
9	左侧气帘状态	引爆装置可操作	
10	右侧气帘状态	引爆装置可操作	
11	各点火器电阻	2-4Ω	
12	安全气囊绝对锁止状态	控制单元未永久锁止	
13	安全气囊售后锁止状态	控制单元售后未锁止	
14	故障警告灯状态		系统故障对外指示指令

3. 气囊组件的检查与维修

1) 气囊执行器的检查

气囊系统不允许使用电阻档或电压档测量气囊执行器，因为这种操作可能导致气囊意外引爆。当气囊系统报气囊执行器短路与断路等故障码时，我们可以通过模块判断故障为气囊执行器故障还是线路故障。程序如下：

(1) 拆除气囊执行器，把图 9-1 所示的电阻连接线路中。

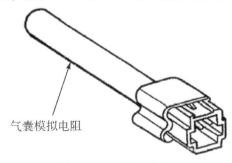

图 9-1　气囊模拟电阻

(2）清除故障码。

(3）重新打开点火开关，验证是否还存在故障码，如果故障码消失，说明气囊执行器故障，如果仍然存在，说明线路故障。

(4）使用欧姆表检查安全气囊模块可能使安全气囊引爆，引起严重的人员伤害。所以不要用欧姆表检查安全气囊模块。

2）安全带检查

安全带检查包括以下检查：

(1）外观有无破损；

(2）反复拉动安全带，测试能否正确锁止；

(3）检查安全带能否自动收回；

(4）检查安全带插入卡槽有无异常。

3）气囊线束维修

对安全气囊系统线束发生故障，需要更换线束，不得进行修理。维修后的线束可能导致气囊不引爆，会气囊指示灯非正常点亮。

4．训练后工作

(1）将故障排除过程及测试结果填写在学习工作单内。

(2）各组同学派代表完成任务汇报。

任务二　汽车安全气囊系统拆装

（一）训练目标与要求

(1）在车上或台架上找出汽车安全气囊系统的组成部件。

(2）会正确拆装安全气囊系统各部件。

（二）训练设备

整车或安全气囊台架、维修手册、常用拆装工具、专用拆装工具。

（三）训练步骤

1．训练前准备

(1）明确完成本项目所需要的知识准备，请学习相关知识，并完成学习工作单。

(2）识别所见车型安全气囊的数量及功能。

2．在台架上找出汽车安全气囊系统的组成部件并演示安全气囊动作情况

3．安全气囊系统的拆装

1）检修安全气囊时的安全注意事项

(1）检测安装和维修工作必须由专业人员来完成。

(2）对安全气囊进行除电气检测以外的工作时，必须关闭点火开关，将蓄电池负极断开90s后才可进行。

(3）在开始安装或更换SRS装置之前，应先关闭点火开关，断开蓄电池负极电缆并等候90s以上，然后断开安全气囊ECU插头。

(4) 只能使用数字式万用表检查此系统，并确认在电阻挡的最小量程时，其输出电流不超过 10mA。若输出电流高于 10mA，则可能导致气囊电路的损坏，甚至导致气囊意外爆炸而造成人身伤害。

(5) 在拆卸 SRS 的任何零部件之前，一定要先将气囊插头断开。

(6) 在拆卸和更换过程中，应注意不要使用冲击扳手或锤子等工具，以免气囊受震动后意外爆炸。

(7) 安全气囊总成从包装中取出后，必须马上安装。

(8) 不应安装从其他车辆中卸下的 SRS 零部件，维修时只能使用新的纯正部件。

(9) 在安装任何 SRS 零部件前均应仔细检查，不应安装任何表面有凹陷、裂纹或变形等现象的零件。

(10) 在发生碰撞而使气囊引爆后应更换新气囊。如气囊未被引爆，则检查 SRS 装置是否有损坏或变形；如有损坏，则应更换 SRS 装置。

(11) 安全气囊有一定的寿命（见 B 柱标签），安全气囊和标签每 14 年必须更换。

(12) 必须按规定的拧紧力将 SRS 装置可靠拧紧至标准力矩。

(13) 为防止 SRS 装置产生间歇性故障，要求 SRS 搭铁部位要干净，搭铁应可靠。

(14) 在使用电气检测装置进行有关 SRS 装置的电气检查时，应将检测仪探针从插头导线侧插入，切勿从插头端子侧插入或随意测量插头。否则，可能造成 SRS 系统故障或检查失准。

(15) 使用尖形探针插入插座的导线侧时，不可用力过大。

(16) 在进行故障分析时，应使用专用维修插头，否则将因金属接触不良而导致测量失准。

(17) 首次使用此类插头进行电压或电阻测量时，应将该插头的定位块拆下，以便从引线端插进检测探针。定位块拆下后，无须再安装，因为端子在插孔中一直处于锁定状态。

2）汽车安全气囊系统元部件的拆装步骤

(1) 拆装驾驶席气囊组件（图 9-2）步骤如下：

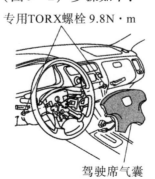

图 9-2 驾驶席气囊组件的拆装

①断开蓄电池的负极电缆，并等待 90s 以上。

②拆下方向盘的检修板，然后断开螺旋导线线盘的 2 芯插头和驾驶席气囊 2 芯插头之间的连接。

③拆卸方向盘的护盖，然后用TORX T30钻头卸下2条专用TORX螺栓，最后拆下驾驶席气囊。

④安装时，应使用新的驾驶席气囊，并按拆卸时相反的顺序进行。

⑤气囊安装后，接通点火开关至ON（Ⅱ），SRS指示灯应亮约6s后熄灭，且喇叭按钮正常，否则应进行检修。

（2）拆装副驾驶席气囊组件（图9-3）步骤如下：

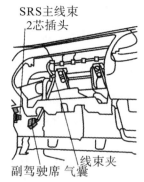

图9-3 副驾驶席气囊组件的拆装

①断开蓄电池的负极电缆，并等待90s以上。

②拆下杂物箱，然后断开SRS主线束2芯插头和副驾驶席气囊2芯插头之间的连接，拆下线束夹。

③从支架上拆下4个固定螺母，用布遮住盖子和仪表板，使用螺钉旋具小心的将副驾驶席气囊从仪表板上撬起并拆下。

④安装时，应使用新的副驾驶席气囊，并按拆卸时相反的顺序进行。

⑤气囊安装后，接通点火开关至ON（Ⅱ），SRS指示灯应亮约6s后熄灭，否则应进行检修。

3）螺旋线束的拆装

（1）螺旋线束的拆卸步骤如下（图9-4）：

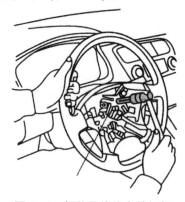

图9-4 螺旋导线线盘的拆卸

①使车辆车轮处于直线行驶状态。

②断开蓄电池的负极电缆，并等待90s以上。

③拆下驾驶席气囊。

④从定速巡航控制设置/恢复/取消开关上断开插头，然后拆下方向盘螺栓。

⑤使汽车前轮处于直线行驶的位置，然后用方向盘拆卸器将方向盘拆下。在拆卸方向盘时，禁止敲打方向盘或转向柱轴。

⑥拆卸仪表板下部护盖。

⑦拆卸转向柱护盖。

⑧将SRS主线束2芯插头与螺旋导线线盘2芯插头断开，然后将转向横梁线束4芯插头从螺旋线束上断开。

⑨卸下螺旋线束线盘螺钉，从转向柱上拆下螺旋线束。

（2）螺旋线束的安装步骤如下：

①使车辆前轮处在直线行驶的位置。

②断开蓄电池负极电缆，并等候90s以上。

③调整取消套，以保证凸块对准（图9-5）。

图9-5 凸块垂直对准示意图

④小心地将螺旋线束安装到转向柱轴上，然后分别将4芯插头与螺旋线束连接，将2芯插头与SRS主线束连接。

⑤安装转向柱护盖。

⑥如有必要，矫正螺旋线束的中心（新更换的螺旋线束都已经过矫正）。螺旋线束中心的矫正方法：先将螺旋线束顺时针旋转到不动为止，然后将螺旋线束逆时针旋转大约2.5圈，直到螺旋线束上面的箭头标记指向上为止，如图9-6所示。

⑦将螺旋线束上的凸块与方向盘上的孔对正，并用新的方向盘螺栓安装方向盘。

⑧安装驾驶席侧气囊。

⑨重新连接蓄电池负极电缆。

⑩螺旋线束安装完毕后，应确认系统工作正常。

⑪接通点火开关ON（Ⅱ），SRS指示灯应亮约6s后自行熄灭。将方向盘分别向左、右转至极限位置，以确认SRS指示灯不亮，且喇叭按钮正常。否则应进行检修。

4) SRS ECU的拆装

（1）拆开蓄电池负极电缆，并等候90s以上。

（2）拆开气囊插头。

（3）拆卸控制台总成。

（4）从SRS装置上断开SRS主线束18芯插头，如图9-7所示。

图9-6 螺旋线束上面箭头示意图

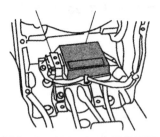

图9-7 SRS ECU安装位置图

(5) 从 SRS 装置上拆下 3 个专用 TORX 螺栓,然后将 SRS 装置从支架上拉下。

(6) 使用新的专用 TORX 螺栓安装新的 SRS 装置,然后将 SRS 主线束的 18 芯插头连接到 SRS 装置上,将 SRS 装置推回原位,直到锁定为止。

(7) 按拆卸时的相反顺序安装 SRS 装置。

(8) SRS 装置安装后,应确认系统工作正常。接通点火开关 ON(Ⅱ),SRS 指示灯应亮约 6s 后熄灭。否则应进行检修。

4. 训练后工作

完成学习工作单。

三、汽车安全气囊系统基本知识

(一) 安全气囊作用

安全气囊系统(Supplemental Restraint System,SRS),又称辅助乘员保护系统,当汽车遇到碰撞而急剧减速时能很快膨胀的缓冲垫。主要用于防止头部和胸部的损伤,其作用与使用三点式安全带的效果相辅相成。安全带吸收乘员大部分的运动能量,安全气囊可以展开汽车内部气囊进一步吸收乘员的运动能量,在正面碰撞时可以有效保护前排人员的头部和胸部免受致命伤害,如图9-8所示。而且前座侧面安全气囊以及高端车型配备的前后贯穿式头部安全气囊(即气帘),可以在遭受侧面撞击时,有效防止前排乘员头部、侧胸、骨盆等部位与车体部件的刚性碰撞,给予乘员最全面的侧面保护。

图9-8 安全气囊工作

（二）安全气囊系统的分类

1. 按数量分类

安全气囊系统按气囊数量可以分为单气囊、双气囊和多气囊。在国内生产的中低档轿车中标配的气囊个数是1-2个，一般都是在车辆的驾驶和副驾驶位置各一个，如图9-9所示，用来保护前排成员在车辆发生猛烈撞击时对胸部和脑部的有效保护。在一些中档的B级车中，一般都会装有四个气囊除了位于驾驶、副驾驶位的两个，在它的侧面车门内也装有两个，有效地缓冲了来自前方和侧面的强大冲击力，如图9-10所示。在一些高档车中，配备有6个气囊和4个气帘，分别位于车内前排正副驾驶位，前后车门两侧各两个，4个气帘分布在前后挡风玻璃处，侧面视窗处，对来自各个方向的撞击提供最有效的保护。

图9-9　主副气囊

图9-10　侧气囊及侧气帘

2. 按保护对象位置分

安全气囊系统按保护对象的位置可分为以下类型：

(1) 前方气囊：驾驶气囊（Driver Front Airbag；DA）；
(2) 乘客气囊（Passenger Front Airbag；PA）；
(3) 侧边气囊：前座侧边气囊（Front Side Airbag；FSA）；
(4) 后座侧边气囊（Rear Side Airbag；RSA）；
(5) 侧边气帘（Side Tubular or Side Curtain Airbag）；
(6) 膝部气囊（Knee Airbag），如图9-11所示；
(7) 气囊式安全带，如图9-12所示。

图9-11　膝部气囊

图9-12　气囊式安全带

侧气囊是安装在座椅外侧的，目的是减缓侧面撞击造成的伤害。很多厂家的车型都会标配前排两个座椅的侧气囊，而装配后排侧气囊的车型则很少。

大多数车型都只配备了主、副驾驶安全气囊、侧气囊等，其实车辆在真正发生正面碰撞时，下面是更应该受保护的，下面的膝部与中控台的距离最短，是最易造成骨折损伤的部位。膝部安全气囊，用来降低乘员在二次碰撞中车内饰对乘员膝部的伤害。膝盖部分的气囊位于前排驾驶座椅内，一旦打开能够有效保护后排乘客的腰下肢体部位，从而也能缓解来自正面碰撞的前冲力。

头部气囊也叫侧气帘，在碰撞时弹出遮盖车窗，以达到保护乘客的效果。头部气囊主要针对侧撞时乘车人的头部进行保护。B 柱侧、窗玻璃，甚至安全带侧面支撑扣都有可能成为车祸中的杀手。那么头部气囊就会把成员和这些东西隔开。头部气囊安装在车顶弧形钢梁内，通常贯穿前后，受车身内横向加速度传感器控制。当横向加速度大于正常值，且达到危险值时就会控制起爆。对于侧撞、翻车等严重事故有着很好的人员保护功能。

（三）安全气囊的展开条件

1. 正面气囊展开条件

汽车安全气囊并非在所有碰撞情况下都能起作用。如图 9-13 所示，正面 SRS 只有在汽车正前方 30 角范围内发生碰撞，纵向减速度达到设定阈值，且防护传感器和任意一只前碰撞传感器接通时，才能引爆气囊充气。

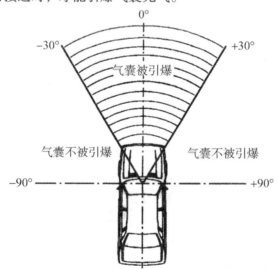

图 9-13 正面碰撞时 SRS 的有效范围

在下列条件之一的情况下，正面气囊不会引爆充气：
（1）汽车遭受侧面碰撞超过斜前方 30 角时；
（2）汽车遭受后方碰撞时；
（3）汽车遭受横向碰撞时；
（4）汽车发生绕纵向轴线侧翻时；
（5）纵向减速度未达到设定阈值时；
（6）所有前碰撞传感器都未接通或 SRS ECU 内部的防护传感器未接通时；
（7）汽车正常行驶、正常制动或在路面不平的道路条件下行驶时。

此外，以下情况可能导致误触发，应引起注意：

（1）温度过高，引起充气装置中火药燃烧；

（2）过分撞击，使雷管引爆；

（3）电磁波引起误触发，如大功率手提电话等；

（4）修理时操作不慎。

2. 侧面气囊（气帘）展开条件

1）侧面气囊＋帘式气囊（只是前面有）

侧面气囊和帘式气囊被设计成当车辆受到侧面碰撞能展开。当车辆受到来自对角线方向或图中左方的侧面碰撞时，但是不是车厢处，侧面气囊和帘式气囊可能不会展开，如图 9-14。

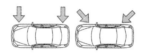

图 9-14 侧面撞击

2）侧面气囊＋帘式气囊（前面＋后面）

侧面气囊和帘式气囊被设计成当车厢受到侧面碰撞或后侧碰撞时能展开。当车辆受到来自对角线方向或图中左方的侧面碰撞时，但是不是车厢处，侧面气囊和帘式气囊可能不会展开，如图 9-15。

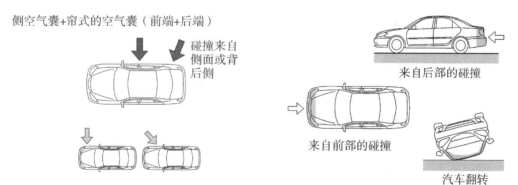

图 9-15 侧、后面撞击

四、汽车安全气囊系统组成与工作原理

电子式安全气囊系统的组成部分分布在汽车的不同位置，各型汽车所采用部件的结构和数量有所不同，但其基本组成和工作原理都大致相同。安全气囊系统主要包括气囊传感器、气囊控制单元、气囊组件、气囊系统指示灯以及连接线路。

(一) 气囊传感器

气囊传感器主要包括碰撞传感器、座椅位置传感器、安全带开关等。

1. 碰撞传感器

1) 碰撞传感器作用

碰撞传感器按安装位置可分为前部碰撞传感器、中央碰撞传感器（集成在电脑内部）、B柱碰撞传感器、C柱碰撞传感器等四种，如图9-16所示。

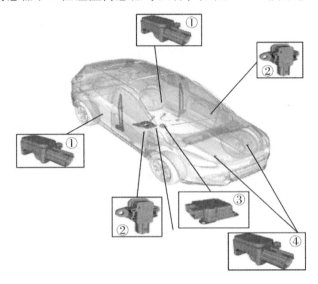

图9-16 碰撞传感器分布

1—C柱碰撞传感器；2—B柱碰撞传感器；3—中央碰撞传感器；4—前部碰撞传感器

（1）前部碰撞传感器

主要用于感知前部碰撞强度，它比中央碰撞传感器感知的速度更快。主要用于判断前部主副安全气囊是否引爆。

（2）中央碰撞传感器

用于感知车身中部的碰撞强度，这个信号用于佐证前部碰撞传感器的有效性。

（3）B柱碰撞传感器：用于感知B柱的碰撞强度，用于判断是否引爆前排侧部安全气囊、侧部安全气帘及安全带。

（4）C柱碰撞传感器：用于感知C柱的碰撞强度，用于判断是否引爆后排侧部安全气囊、侧部安全气帘及安全带。

为了真实地感知碰撞，碰撞传感器必须按照要求的力矩在正确的位置。安装不正确，可能导致气囊不在正确的时刻引爆。

2) 碰撞传感器的工作原理

碰撞传感器按工作原理可分为硅体积微机械加速度传感器、硅表面微机械加速度传感器、压电晶体加速度传感器三种。图9-17展示的是微机械加速度传感器的工作示意图，当受到碰撞时，传感器内部的移动片产生位移，从而引起电容的变化，通过运算器，计算判断出碰撞强度。

项目九 汽车安全气囊故障指示灯常见故障诊断与排除

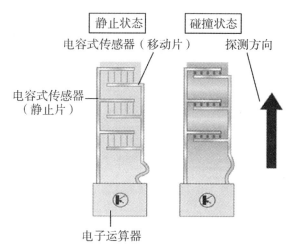

图 9-17 碰撞传感器工作原理

2. 座椅位置传感器

座椅位置传感器（也称为座椅导轨位置传感器）通知气囊模块司机座椅所处的位置。气囊控制模块利用该信息来决定双级司机安全气囊组件的展开率。

1）座椅位置传感器的作用

座椅位置传感器装设于驾驶座椅滑轨上。如图 9-18。座椅位置传感器用来判断驾驶座椅的位置，再将此信息传送到气囊控制模块。若驾驶侧座椅在前移位置时，第二级安全气囊将要调整起爆开始时间点。

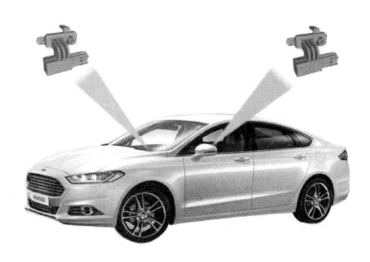

图 9-18 座椅位置传感器的位置

2）座椅位置传感器的工作原理

座椅位置传感器为一个霍尔传感器，它根据座椅的位置改变磁场强度。如图 9-19。座椅位置传感器区分为以下两种类别：体型小的乘客：表示座椅距离最前的座椅位置距离约 10 厘米（4 英寸）或更短；体型大的乘客：其他位置皆分类为体型大的乘客。

图9-19 座椅位置传感器工作原理

3. 安全带开关

所有安全带开关扣环都包含霍尔传感器并连接到安全气囊控制单元。如图9-20所示。霍尔传感器侦测安全带是否扣于扣环内并传送安全带侦测的信息至安全气囊控制单元。安全带侦测的相关信息用于调整气囊与皮带张紧轮展开层级。

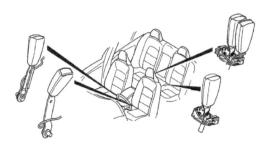

图9-20 安全带开关

（二）安全气囊控制单元

气囊控制单元是安全气囊系统的控制中心，其功能是接受传感器输入的信号，判断是否启动安全气囊系统，并进行故障自诊断。一般安装在换挡操作手柄前面或后面的装饰板内、后排座椅下面中部位置或后备箱内。当气囊控制单元内部装有碰撞传感器时，气囊控制单元应当安装在汽车纵向轴线上，以便该传感器准确检测碰撞信号。

气囊控制单元根据碰撞方向及事故严重程度的不同决定激活哪些安全装置。带压电式传感器及安全传感器的控制单元，如图9-21所示。仅当两个传感器同时触发时才会点燃安全气囊。安全传感器可防止因可能发生的碰撞传感器故障而导致错误触发。安全传感器由一个舌簧触点及一个磁铁组成，该磁铁由弹簧逆舌簧触点行驶方向来保持距离。

在碰撞时，磁铁逆弹力方向向舌簧触点运动，回路即被接通。选择弹簧预张力时，应保证在正常的及外部的行驶条件下不会触发传感器。为了安全起见，在正面安全气囊被触发后必须更换该控制单元。

在装有侧面安全气囊的汽车上，控制单元中的安全传感器中是一个可360°转动的压电式传感器。机械式安全传感器则被取消。在比较新款的控制单元中，由微机械传感器承担碰撞传感器及安全传感器的功能。除此之外，有些汽车中的控制单元还能识别翻车可能。

图 9-21 安全气囊控制单元

安全气囊控制单元一般装置于换档操纵机构下部，驻车制动手刹前部的车体中央通道上，如图 9-22 所示。

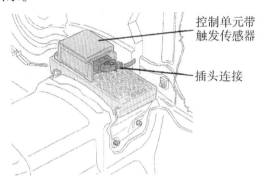

图 9-22 安全气囊控制单元安装位置

安全气囊控制单元结构框图如图 9-23 所示，由备用电源电路、故障记忆电路、故障诊断与监测电路和点火引爆电路等组成。

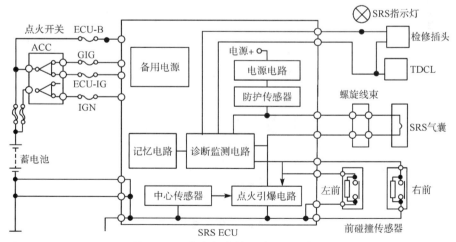

图 9-23 安全气囊控制单元结构框图

(三) 气囊组件

1. 主驾驶气囊

主驾驶气囊有单级、双级两种不同类型。

1) 单级气囊

单级气囊内部只有一个点火器。如图9-24所示。点火器点火后，叠氮化物产生大量氮气，通过过滤网后，氮气充入气袋，起到保护驾驶员的作用。

2) 双级气囊

单级气囊在气囊引爆时，如果驾驶员没有在合适的位置或安全带没有系、以及儿童，由于气体冲击力很大，容易造成驾驶员受到伤害或造成死亡。

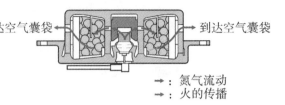

图9-24 单级气囊

双级气囊可根据碰撞强度的大小，调节气囊自身展开刚度，提供更好的保护。双级气囊有两个点火器，这个我们可以从插头数量上加以区分。如图9-25所示。

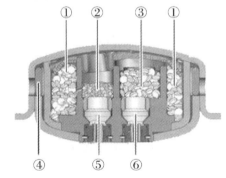

图9-25 双级气囊

1——一级气体发生剂；2—气体增强剂；3—二级气体发生剂；
4—过滤网；5—点火器1；6—点火器2

（1）一级气囊引爆。发生事故碰撞时，气囊控制单元先引爆点火器1，点火器1引爆约75%的气体发生剂，产生大量的气体填充气囊。如图9-26所示。

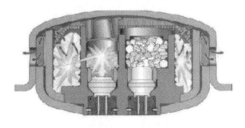

图9-26 一级气囊引爆

（2）二级气囊引爆。一级气囊引爆后，一定时间再引爆点火器2，引爆剩余的25%气体发生剂，使气囊完全充气，最大限度地降低碰撞伤害。如图9-27所示。

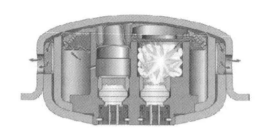

图 9-27 二级气囊引爆

2. 副驾驶气囊

副驾驶气囊与主驾驶气囊的工作原理相同,不同的是副驾驶气囊的容积要更大。如图 9-28 所示。副驾驶气囊现在多为整体式气囊,在仪表台上无法看到气囊的位置,气囊爆破后,需更换仪表台总成。

图 9-28 副驾驶气囊

3. 侧气囊

侧安全气囊安装在前座椅背外部边缘上的椅套下方。如图 9-29 所示。其功能是在发生侧撞时保护臀部、胸部和肩部。主要部件包括气囊和加压的气体发生器。填充气囊的时间约为 10 毫秒。为获得最佳排气并使施加在乘员身上的应力尽可能小,通过校准管和 2 个通风孔进行排气。该设计能够确保更快的通风。

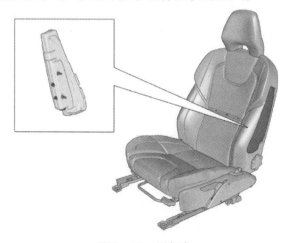

图 9-29 侧气囊

4. 头部安全气囊（气帘）

安全充气帘的作用是在发生侧撞时保护车内人员的头部和身体上部。如图 9-30 所示。安全充气帘的主要部件包括气囊和混合气体发生器，混合气体发生器包括爆炸物包和混合气体（氩气和氦气，封装在圆柱容器内）。激活时点燃粉末，从而将混合气体释放到容器中，并填充安全充气帘的气囊。气体混合物填充安全充气帘，可沿门板和 B 柱降低并覆盖侧车窗。

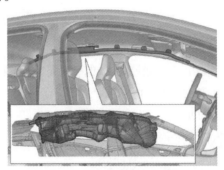

图 9-30　头部安全气囊（气帘）

5. 膝部气囊

膝部气囊位于仪表台左侧下部，发生碰撞时保护驾驶员膝部、腿部，减少受伤。膝部气囊的作用是抵消正面碰撞时膝部和腿的向前运动。如图 9-31 所示。

图 9-31　膝部气囊及气体发生器

6. 预紧式安全带

安全带张力器系统可在正面碰撞时拉紧安全带，并与安全气囊系统共同起作用。如图 9-32 所示。安全带张力器的作用是确保发生事故时乘客能够完全保持在合适的位置上。

图 9-32　预紧式安全带
1—安全带转轮；2—点火器

1）预紧式安全带结构组成

预紧式安全带由包含多个钢球的弯管组成，管子位于安装在中央转轴上的齿轮周围。钢球与点火器直接相连。齿轮与卷带轴一体，当齿轮转到时，安全带同时运转。如图9-33所示。

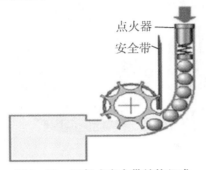

图9-33 预紧式安全带结构组成

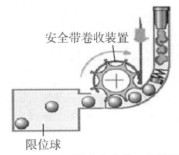

图9-34 预紧式安全带工作原理

2）预紧式安全带工作原理

在预紧式安全带激活时，钢球在气体的作用下从管子中滚过。钢球击到齿轮，齿轮然后会转动。由此，中央转轴也会转动，从而使安全带张紧。如图9-34所示。

7. 后座充气式安全带

置于后座位置的气囊式安全带，特别用以保护孩童或是年长者较脆弱之头、胸与颈部安全。气囊式安全带可以分散撞击时传统安全带紧束人体之压力高达5倍之多，有效减轻人体胸、颈之压迫受力，亦能缓和剧烈的头部甩鞭效应。如图9-35所示。

后座充气式安全带工作原理是利用置于座椅下的低温瓦斯罐，气囊式安全带，可以在40毫秒内完成安全带内管状囊的气体塞填。充气膨胀后的安全带与乘客躯体的间隙缩小，在车身发生侧撞与前撞的情况下，形成紧密包覆与固定。如图9-36所示。

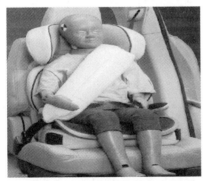

图9-35 后座充气式安全带

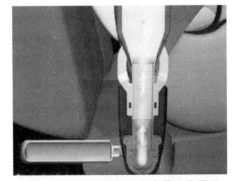

图9-36 后座充气式安全带工作原理

（四）安全气囊系统指示灯

安全气囊指示灯指示由安全气囊控制单元所确定的整个安全气囊系统的功能准备情况，安装在仪表板上，安全气囊指示灯位置如图9-37所示。通过安全气囊指示灯持续亮起发出故障信号。

在新型号的车辆上通过CAN数据总线进行控制。点火开关打开安感气囊指示灯点亮，如果系统无故障，指示灯闪亮后自动熄灭。如果指示灯不亮、一直发亮或在汽车行驶途中突然发亮或闪亮，表示自诊断系统发现安全气囊系统有故障，应及时排除。发生撞车后，指示灯会一直亮。

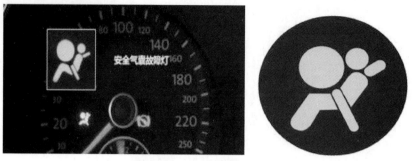

图 9-37　安全气囊指示灯

（五）安全气囊系统工作原理

1. 基本原理

当汽车行驶中遭受到正面或侧面碰撞时，安全气囊系统的工作原理基本相同。现以图 9-38 所示的正面碰撞为例，说明安全气囊系统的工作原理。

当汽车受到前方一定角度范围内的高速碰撞时，车体会受到强烈的振动，同时车速急剧下降。安装在汽车前端的碰撞传感器和与气囊模块安装在一起的防护碰撞传感器（安全传感器）就会检测到汽车突然减速和撞击强度的信号，当达到规定的强度时，传感器即向气囊模块发出信号。气囊模块接收到信号后，与其原存储信号进行比较，若达到气囊的展开条件，则由驱动电路向安全气囊组件中的气体发生器送去启动信号。气体发生器接到启动信号后，引爆电雷管引燃气体发生剂，产生大量气体，经过滤并冷却后进入安全气囊，使气囊在极短的时间内突破衬垫迅速展开，在驾驶员或乘客的前部形成弹性气垫，并及时泄露、收缩，将人体与车内构件之间的碰撞变为弹性碰撞，通过气囊产生的变形吸收人体碰撞产生的动能，从而有效地保护人体头部和胸部，使之免于伤害或减轻伤害程度。

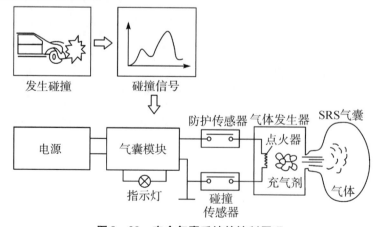

图 8-38　安全气囊系统的控制原理

2. 工作过程

根据的德国博世公司的实验研究表明：当汽车以 50 km/h 的速度与前面障碍物碰撞时，安全气囊的动作时序如图 9-39 所示。

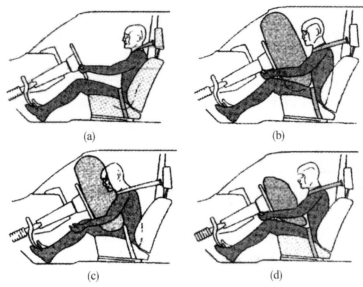

图 9-39 安全气囊动作时序
(a) 尚未引爆；(b) 气囊充满；(c) 能量吸收；(d) 气体逸出。

（1）碰撞约 10ms 后，安全气囊系统达到引爆极限，点火器引爆点火剂并产生大量热量，使充气剂（叠氮化钠药片）受热分解，驾驶员尚未动作，如图 9-34（a）所示；

（2）碰撞约 20ms 后，驾驶员开始移动，但还没有到达气囊。

（3）碰撞约 40ms 后，气囊完全充满，体积最大，驾驶员向前移动，安全带斜系在驾驶员身上并拉紧，部分冲击能量已被吸收，如图 9-34（b）所示；

（4）碰撞约 60ms 后，驾驶员头部及身体上部压向气囊，气囊的排气孔在气体和人体压力作用下排气节流吸收人体与气囊之间弹性碰撞产生的动能，如图 9-34（c）所示；

（5）碰撞约 110ms 后，大部分气体已从气囊逸出，驾驶员身体上部回到座椅靠背上，汽车前方恢复视野，如图 9-34（d）所示；

（6）碰撞约 120ms 后，膨胀危害解除，车速降低直至为零。

由此可见，从开始充气到完全充满约为 30ms；从汽车碰撞遭受碰撞开始到气囊收缩为止，所用时间约为 120ms 左右，而人们眨一下眼皮所用时间约为 200ms。因此，安全气囊在碰撞过程中动作时间极短，气囊动作状态和经历时间无法用肉眼确认。目前世界各国广泛采用模拟人体进行碰撞试验。

五、汽车安全气囊系统储存、安装、运输的要求

1. 对测量和是实验的要求

对安全气囊模块和气体发生器的特殊测量和试验，必须使用符合安全要求的特殊测量和试验仪器，并由接受过培训的专门人员按规定的操作程序进行。

对安装和储存的要求如下：

（1）气体发生器及安全气囊模块必须储存于干燥的环境中，远离热源、火源、水或其他腐蚀性化学物质。储存环境温度为常温条件下。对于储存和使用的环境温度不得高于 85 摄氏度。

（2）安全气囊储存处周围不要放置易燃物品。建议安全气囊模块采用单独区域存放。

（3）对于储存和安装环境，一般情况下不需要进行特殊处理但对储存和装配过程应严格管理，应指定专门人员负责，不相关人员不要随意搬运和拆装。与安全气囊安装和检测相关的设备必须具有良好的接地。接地应采用独立的接地线路，接地线路的要求按防雷接地的要求。

（4）产品应尽量保持在合格的原始包装状态下，直至安装。

（5）储存场地必须符合国家及地方法规的要求，必须配备足够的灭火器或其他灭火设备。

（6）对于安全气囊模块，保管、装配、检测、试验人员不要穿戴会产生静电的服装、鞋帽、手套。手指严禁触摸安全气囊的两个接电极。

（7）对于安全气囊模块的安装，必须严格遵循安全气囊模块的安装定向且应在规定的定位角内。

（8）安全气囊模块的固定螺栓或螺母必须是规定的数量且拧紧力矩必须在规定的范围内。

（9）安全气囊模块的安装底面应保证无油脂，无金属屑，无斑点，无锉屑，而且通常情况下没有可能会损坏或污染气囊模块及其连接件的东西。

（10）汽车底盘与安全气囊模块的金属盒体相连（通过固定），以保证将辐射干扰造成的影响降到最小。

（11）如果构成安全系统的各部件没有连接到气囊模块上，应避免把气囊模块置于电压作用下。

（12）在拆卸安全气囊模块时不应给安全气囊模块供电。

2. 对运输的要求

（1）在原始包装的状态下，该产品可通过储路运输、水路运输、海运和空运等方式运输，但应注意控制温度及防潮。

（2）在运输过程中严禁擅自改变产品的包装方式、增加叠放层数和在产品包装上压放其它产品。如在运输过程或移库过程中发生产品跌落、因运输事故而使产品受到冲击、因过压使产品外包装变形或破损，应视这些产品为可疑产品并予以隔离。严禁擅自使用上述可疑产品。

（3）如产品遭遇运输事故，受到强烈撞击并破损的气体发生器必须被销毁。如气体发生器已损坏，泄漏的燃料块具有可燃性但不会爆炸。

六、汽车安全气囊系统应急处理方式

（1）如遇安全气囊意外展开或气体发生器的意外起爆，请不要立刻接触安全气囊

模块或气体发生器的金属件。

（2）如遇安全气囊意外展开或气体发生器的意外起爆，应避免燃烧残留物与皮肤和眼睛接触。应避免吸入或食入燃烧残留物。如吸入燃烧残留物，应大量呼吸新鲜空气。如接触燃烧残留物，应大量用水冲洗。

（3）如气囊模块或气体发生器存放区着火。应立刻将安全气囊或气体发生器撤离着火区域，并向着火区域大量喷水以免火势蔓延。

（4）如安全气囊模块或气体发生器着火后，应向安全气囊模块或气体发生器大量喷水以免火势蔓延。同时，应建立一个安全区域以避免碎片爆射。着火后的安全气囊模块或气体发生器应认为仍处于可起爆状态，必须通过引爆消除危险。

七、废旧气囊处理

对于未展开的气囊组件，在回收前一定要将其引爆。未引爆的气囊可能会自动引爆，导致人员伤害或物品损失。

废旧气囊引爆程序如下：

（1）按维修手册流程从汽车上卸下安全气囊。且断开靠近电气插头的导线并剥去外皮。如图9-40所示。

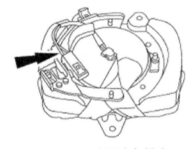
图9-40 断开电气插头

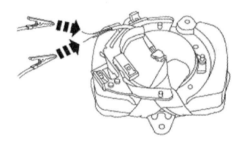
图9-41 跨接导线

（2）找两根至少6.1米（20英尺）长的导线（最小20号），然后将每根导线的一端与剥去外皮的安全气囊组件导线分别连接。如图9-41所示。

（3）将安全气囊组件放在一个露天开阔地带的平面上，装饰盖朝上。与安全气囊组件保持至少6.1米（20英尺）的距离。将两根导线的另一端与12伏蓄电池的端子触碰，引爆安全气囊组件。如图9-42所示。

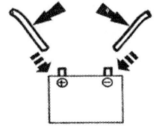
图9-42 引爆气囊

（4）十分钟后，将爆开的安全气囊组件按废弃零件的方式进行处理。

参考文献

[1] 边焕鹤. 汽车电气与电子设备 [M]. 北京：人民交通出版社，2002.

[2] 周建平. 汽车电气设备构造与维修 [M]. 北京：人民交通出版社，2005.

[3] 一汽丰田威驰维修手册. 一汽丰田汽车有限公司，2004.

[4] TEAM21 丰田诊断技术员/电气课程. 一汽丰田汽车有限公司，2004.

[5] 马华祥，朱建风. 自动空调系统 [M]. 福州：福建科学技术出版社，2001.

[6] 朱建风. 汽车自动空调系统检测与维修 [M]. 北京：人民交通出版社，2003.

[7] 潘伟荣. 汽车空调系统 [M]. 北京：机械工业出版社，2004.

[8] 冀旺年. 汽车车身电气设备系统及附属电气设备 [M]. 北京：电子工业出版社，2004.

[9] 一汽丰田花冠维修手册. 丰田汽车有限公司，2004.

[10] 宋年秀，张照文. 汽车中控门锁/防盗系统 [M]. 北京：人民交通出版社，2004.

[11] 李春明. 汽车车身电子技术 [M]. 北京：北京理工大学出版社，2003.

[12] 田夏. 桑塔纳 2000 俊杰轿车使用与维修手册 [M]. 北京：机械工业出版社，2002.

[13] 栾琪文，金星波. 北京现代索纳塔轿车维修手册 [M]. 北京：机械工业出版社，2004.

[14] 何风，陈燕. 新款广州本田雅阁轿车维修手册 [M]. 北京：人民交通出版社，2004.

[15] 高晗，王彬. 进口汽车防盗及中控系统维修精华 [M]. 北京：机械工业出版社，2005.

[16] 杨柳青. 汽车空调构造与维修 [M]. 北京：人民交通出版社，2008.

[17] 程丽群. 汽车电工（中级）[M]. 北京：中国劳动社会保障出版社，2008.

[18] 程丽群. 汽车车身电气系统检修 [M]. 北京：国防工业出版社，2011.

[19] 程丽群. 汽车车身电气系统检修（第 2 版）[M]. 北京：国防工业出版社，2015.